幼儿园爱国主义教育课程系列丛书

心田启蒙：播种爱的种子

孙淑宏 主　编
刘　冰　董小红　任志华　韩　丽 副主编

图书在版编目(CIP)数据

心田启蒙:播种爱的种子/孙淑宏主编. —哈尔滨:哈尔滨工业大学出版社,2025.2. —ISBN 978-7-5767-1735-8

Ⅰ.G613

中国国家版本馆 CIP 数据核字第 202476WB36 号

策划编辑	张　荣
责任编辑	马　媛
出版发行	哈尔滨工业大学出版社
社　　址	哈尔滨市南岗区复华四道街 10 号　邮编 150006
传　　真	0451-86414749
网　　址	http://hitpress.hit.edu.cn
印　　刷	哈尔滨博奇印刷有限公司
开　　本	787 mm×1 092 mm　1/16　印张 22.5　字数 427 千字
版　　次	2025 年 2 月第 1 版　2025 年 2 月第 1 次印刷
书　　号	ISBN 978-7-5767-1735-8
定　　价	68.00 元

(如因印装质量问题影响阅读,我社负责调换)

编 委 会

主　编　孙淑宏

副主编　刘　冰　董小红　任志华　韩　丽

编　委　（按姓氏笔画排序）

马　蕾　王　晶　王　燕　王一淳　王子玲

石丽丽　朱心月　李雨珊　李泠锐　李美荣

杨增桂　张立红　张环宇　张晓曦　张潆玉

陈梦柔　郝　燕　施　偲　徐　旭　高云淼

黄　璐　曹晨蕊　韩彦群　魏　娆

序 言

　　2014 年，习近平总书记在文艺工作座谈会上发表重要讲话指出："在社会主义核心价值观中，最深层、最根本、最永恒的是爱国主义。"党的十八大以来，以习近平同志为核心的党中央始终高举爱国主义的伟大旗帜。爱国主义是中华民族精神的核心，幼儿期是塑造良好道德品质的关键时期，所以对幼儿进行爱国主义教育具有十分重要且长远的意义。

　　2019 年，中共中央、国务院印发的《新时代爱国主义教育实施纲要》指出："爱国主义精神深深植根于中华民族心中，维系着中华大地上各个民族的团结统一，激励着一代又一代中华儿女为祖国发展繁荣而自强不息、不懈奋斗。"新时代教育应大力弘扬爱国主义精神，要开展深入、持久、生动的爱国主义教育，引导幼儿从小厚植爱国主义情怀，热爱和拥护中国共产党，从小听党话、跟党走，长大立志扎根人民、奉献国家。

　　通过爱国主义启蒙教育，引领幼儿穿越历史长河，探寻我国悠久的文化底蕴与辉煌的成就篇章，从而在幼小的心田播撒下对伟大祖国深沉热爱的种子，让其随着岁月的流转而茁壮成长。幼儿园应帮助幼儿树立中华民族自信心，树立正确的世界观、人生观和价值观，培养幼儿的责任感、荣誉感、集体意识和社会责任感。对幼儿进行爱国主义启蒙教育能促进家庭、幼儿园和社会的协同育人，形成全社会共同培育爱国主义精神的良好氛围，家园共同唱响爱国主义主旋律，激励幼儿从小传承红色基因，将爱国深情、强国宏愿、报国行动，汇聚成推动中国特色社会主义强国建设的磅礴力量，共筑中华民族伟大复兴的中国梦。

前　言

　　《中华人民共和国爱国主义教育法》强调指出："爱国主义教育应当坚持传承和发展中华优秀传统文化，弘扬社会主义核心价值观……针对各年龄段幼儿特点，确定爱国主义教育的重点内容……引导、鼓励未成年人参加爱国主义教育活动。"

　　3~6岁是幼儿个性塑造与价值体系建构的黄金期，其正处于生活态度与道德观念形成的关键阶段，是培养高尚品德与优良行为的最佳时期。我们充分利用一日生活的各个环节，通过精心设计的集体活动、丰富多彩的主题班会活动以及寓教于乐的游戏时光，将红色教育的精髓巧妙融入课程体系之中。以"家"为起点，根植爱国情怀，以"国"为延续，让幼儿理解"家"与"国"的情感联结，同时紧紧依托北大荒本土红色文化资源，将其所承载的勇于开拓、甘于奉献等精神内涵，与幼儿园课程紧密结合，为幼儿创建学习红色文化的氛围，开展丰富多彩的爱国主义教育活动，培养幼儿自信、坚强、阳光、向上的良好品质，促进幼儿身心和谐发展，激发幼儿爱家乡、爱祖国的情感，增强幼儿的民族认同感、归属感、自豪感，让幼儿在先辈们优秀的精神品质的熏陶中成长，传承红色基因，弘扬爱国精神，以润物无声的爱国主义启蒙教育培育具有中国情、中国心的中国娃，使其从小树立正确的人生观，"扣好人生第一粒扣子"。

　　鉴于本土红色文化的内容极为丰富，教师广搜材料，梳理红色文化脉络，以整体性原则、层次性原则、发展性原则、兴趣性原则、可行性原则为准绳，多角度融合，深入挖掘革命战争时期、社会主义建设时期、改革开放时期等的红色文化资源，通过环境创设、讲故事、绘本剧创编、实地探索等多种形式获取红色文化信息，在符合幼儿认

心田启蒙：播种爱的种子

知特点的基础上融入园本课程，完善园本课程体系的目标，构建园本课程框架，将红色文化的深厚底蕴与幼儿日常教育环节紧密融合，提升红色文化传播的实效性，为幼儿创造更多沉浸式的红色文化教育体验机会，让其在感知丰富的实践性活动中内化红色文化知识。

本书精选小班39节、中班42节、大班47节活动文案，所有内容都特别关注爱国主义教育价值，我们希望读者通过这些具体的活动，体会如何把爱国主义启蒙教育融入幼儿一日生活实践，获得有益的情感体验。这些内容经过多轮筛选、实践验证，操作性强，可为热爱幼儿爱国主义启蒙教育的一线教育工作者提供借鉴，希望他们能将之付诸实践并提出宝贵建议。在践行爱国主义启蒙教育的过程中，我们得到各级领导、社会、广大幼儿、家长的积极参与和大力支持，在此一并表示衷心的感谢！

孩童之风貌，映射未来国家之轮廓。只有立足幼儿的生活与学习，从小在幼儿心中种下爱国的种子，把爱国主义启蒙教育"融"进幼儿的生活，"化"进幼儿的心田，才能真正让"中国红"成为幼儿的生命底色。

目录

小班

- ☆ 社会领域《你好》/3
- ☆ 语言领域《这是谁的幼儿园》/4
- ☆ 社会领域《爱上我的幼儿园》/6
- ☆ 社会领域《幼儿园，我的家》/7

大班

- ☆ 艺术领域《我爱我家》/18
- ☆ 艺术领域《爱在人间》/20
- ☆ 社会领域《孝道》/22
- ☆ 整合《泥巴乐》/24
- ☆ 科学领域《消失的文字》/26

九月 爱在"我"家

中班

- ☆ 整合《我的智慧爷爷》/9
- ☆ 语言领域《小兔子的问题》/11
- ☆ 社会领域《我是小小宣传员》/14
- ☆ 社会领域《生活中的二维码》/15

主题班会

- ☆ 秋分主题班会活动方案建议 /28
- ☆ 国庆节主题班会活动方案建议 /30

亲子活动

- ☆ 中秋节亲子活动方案建议 /35

心田启蒙：播种爱的种子

十月 我爱祖国

小班

- ☆整合《"地道"里的小乐趣》/41
- ☆艺术领域《祖国大花园》/42
- ☆社会领域《中国红》/44
- ☆艺术领域《我爱北京天安门》/46
- ☆艺术领域《节日的烟花》/47

中班

- ☆社会领域《五星红旗冉冉升起》/50
- ☆语言领域《小小的心儿爱祖国》/51
- ☆整合《我为祖国过生日》/53
- ☆社会领域《了不起的中国人》/55
- ☆艺术领域《唱国歌》/56

大班

- ☆艺术领域《祖国祖国我们爱你》/58
- ☆艺术领域《我眼中的黄河》/59
- ☆社会领域《"共和国勋章"》/61
- ☆艺术领域《56个民族一家亲》/63
- ☆语言领域《祖国妈妈》/65
- ☆语言领域《我们的祖国真大》/67

主题班会

- ☆世界粮食日主题班会活动方案建议/70
- ☆寒露主题班会活动方案建议/74
- ☆霜降主题班会活动方案建议/77

亲子活动

- ☆重阳节亲子活动方案建议/81

目 录

小 班

☆艺术领域《国旗国旗红红的哩》/87
☆语言领域《嗨！北京》/89
☆艺术领域《东方明珠》/90
☆艺术领域《东北秧歌扭起来》/92
☆艺术领域《一个都不能少》/94

大 班

☆艺术领域《国粹京剧》/107
☆艺术领域《有趣的行当》/109
☆社会领域《祖籍里的秘密》/110
☆社会领域《顶天立地的中国人》/112
☆社会领域《跟着刘宽学做"仁"》/115
☆艺术领域《美轮美奂中国扇》/118

十一月 美丽中国

中 班

☆语言领域《美丽的祖国》/96
☆社会领域《中国的筷子文化》/98
☆社会领域《筷子礼仪知多少》/100
☆社会领域《国旗我爱你》/101
☆社会领域《美丽中国》/103
☆语言领域《国徽在我心》/104

主题班会

☆立冬主题班会活动方案建议/120

亲子活动

☆冰雪乐亲子活动方案建议/122

心田启蒙：播种爱的种子

十二月
爱我家乡

小班

- ☆语言领域《三江美》/127
- ☆整合《大荒娃娃爱家乡》/128
- ☆社会领域《家乡特产》/130
- ☆社会领域《我的"家"在这里》/132
- ☆社会领域《认识马哈鱼》/133
- ☆整合《淘气的小豆子》/135

中班

- ☆语言领域《禾下乘凉梦》/138
- ☆社会领域《珍惜粮食》/140
- ☆语言领域《梦中北大荒》/142
- ☆艺术领域《家乡的芦苇花》/143
- ☆社会领域《北大荒的一粒米》/145
- ☆艺术领域《劳动欢歌》/146

大班

- ☆艺术领域《家乡的稻田》/150
- ☆整合《我们家是世界上最好的家》/151
- ☆艺术领域《小小冰雪设计师》/153
- ☆整合《元宵节》/155
- ☆整合《米都风光游》/157
- ☆整合《神奇的冰雪世界》/159

主题班会

- ☆冬至主题班会活动方案建议/162

亲子活动

- ☆元旦亲子活动方案建议/166

目录

三月 中国"迹"忆

小班

- ☆ 社会领域《学雷锋 好娃娃》/171
- ☆ 艺术领域《学习雷锋好榜样》/173
- ☆ 语言领域《一封鸡毛信》/174
- ☆ 社会领域《一袋干粮》/176
- ☆ 语言领域《长征路上红小丫》/178
- ☆ 艺术领域《小手枪 瞄得准》/180

中班

- ☆ 社会领域《学习雷锋》/182
- ☆ 科学领域《盐宝贝搬家记》/183
- ☆ 社会领域《美丽的"邱小姐"》/185
- ☆ 健康领域《过雪山》/186
- ☆ 健康领域《重走长征路》/188
- ☆ 社会领域《长津湖战役》/190

大班

- ☆ 艺术领域《一滴水墨开出花》/193
- ☆ 整合《石壁上的九色鹿》/194
- ☆ 艺术领域《小唐俑》/196
- ☆ 艺术领域《美丽的中国结》/198
- ☆ 艺术领域《捏面人》/200
- ☆ 艺术领域《国家宝藏——青铜剑》/201

主题班会

- ☆ 学雷锋纪念日主题班会活动方案建议 /204
- ☆ 世界气象日主题班会活动方案建议 /205

亲子活动

- ☆ 三八节亲子活动方案建议 /209

心田启蒙：播种爱的种子

四月 智慧中国

小班

- ☆ 科学领域《"火箭"飞起来》/215
- ☆ 整合《"蘑菇云"的故事》/217
- ☆ 健康领域《有趣的火箭发射》/218
- ☆ 科学领域《小小"蛟龙"号》/220

中班

- ☆ 科学领域《中国桥梁》/222
- ☆ 科学领域《天宫课堂》/224
- ☆ 科学领域《探秘航天》/226
- ☆ 整合《中国航天员了不起》/228
- ☆ 社会领域《中国速度》/229

大班

- ☆ 社会领域《海上霸主——航空母舰》/233
- ☆ 艺术领域《遨游太空》/235
- ☆ 社会领域《马兰开花》/237
- ☆ 科学领域《发射吧，火箭》/238
- ☆ 社会领域《厉害了 我的国》/240
- ☆ 科学领域《火神"祝融"》/242

主题班会

- ☆ 世界地球日主题班会活动方案建议 /244
- ☆ 清明节主题班会活动方案建议 /247

亲子活动

- ☆ 世界读书日亲子活动方案建议 /251

目录

小班

- ☆ 社会领域《美丽的国旗》/257
- ☆ 艺术领域《我们的国歌》/258
- ☆ 语言领域《红军帽》/260
- ☆ 艺术领域《我是小小兵》/261
- ☆ 健康领域《出发吧！小红军》/263

五月 中国力量

中班

- ☆ 健康领域《穿越火线》/265
- ☆ 健康领域《中国武术——象形拳》/266
- ☆ 社会领域《我是小海军》/268
- ☆ 社会领域《"海上雄狮"》/270
- ☆ 艺术领域《中国人民志愿军战歌》/272

大班

- ☆ 健康领域《排雷小工兵》/276
- ☆ 整合《兵器大观》/277
- ☆ 科学领域《奇妙的月相变化》/279
- ☆ 科学领域《桥梁梦想家》/281
- ☆ 健康领域《小勇士的极限挑战》/283
- ☆ 健康领域《学做解放军》/286

主题班会

- ☆ 母亲节主题班会活动方案建议 /289
- ☆ 立夏主题班会活动方案建议 /291

亲子活动

- ☆ 社会拓展亲子活动方案建议 /294

心田启蒙：播种爱的种子

六月 文明生活

小班

- ☆ 语言领域《生活礼仪——礼貌用语》/299
- ☆ 健康领域《男孩女孩不一样》/300
- ☆ 健康领域《我能行》/302
- ☆ 社会领域《我是中国人》/304

中班

- ☆ 社会领域《奇妙商店》/306
- ☆ 社会领域《小标志　大文明》/307
- ☆ 健康领域《魔幻消气屋》/309
- ☆ 社会领域《垃圾分类大挑战》/310
- ☆ 科学领域《造纸术》/312

大班

- ☆ 社会领域《我们一起来喝茶》/314
- ☆ 健康领域《舞龙》/315
- ☆ 艺术领域《美丽的汉服》/317
- ☆ 整合《小小水利工程师——"水到渠成"》/319
- ☆ 健康领域《热闹的龙舟比赛》/321
- ☆ 艺术领域《布艺扎染》/323

主题班会

- ☆ 端午节主题班会活动方案建议/325
- ☆ 芒种主题班会活动方案建议/328
- ☆ 世界环境日主题班会活动方案建议/330

亲子活动

- ☆ 父亲节亲子活动方案建议/333

☆ 附录/336

九月
爱在"我"家

小班

社会领域《你好》

设计思想：

小班幼儿初来幼儿园，早晨入园还不会和教师主动打招呼，或是害羞，或是直接跑掉，因此选择绘本《你好》开展此次活动。这个故事讲述的是一只有礼貌的小熊，它在路上见到各种小动物都会主动打招呼。故事中生动有趣的形象契合小班幼儿的年龄特征和兴趣爱好，可以巧妙地吸引小班幼儿的注意力，让学习过程变得既愉悦又高效。

活动目标：

1. 理解故事内容，知道见面要互相问好。
2. 能够用语言和肢体动作跟朋友打招呼。
3. 感受和同伴之间交往的快乐。

活动准备：

音乐《你好》、课件、绘本《你好》。

活动过程：

一、谈话导入

1. 伴随音乐《你好》律动，打招呼。
2. 今天老师请来了一位小伙伴和你们一起做游戏，看看它是谁。（小熊）让我们一起和它打个招呼吧！

二、分段欣赏故事，感受各种问候方式

1. 小熊去春游，说了一句话，我们来听听它说了什么。
2. 它为什么要说"你好"？
3. 在什么情况下说"你好"？
（和认识的人见面或者第一次见面的时候要有礼貌地说"你好"；幼儿互相问好）
4. 小熊和小猴是怎么说"你好"的？你会用抱一抱的方式和好朋友说"你好"吗？（幼儿互相拥抱体验）
5. 你觉得小熊会怎么和小刺猬说"你好"呢？

6. 你会和朋友鞠躬问好吗？（幼儿体验鞠躬问好）

7. 看一看小熊和鼹鼠又是怎样问好的呢？

小结：小伙伴之间问好、介绍、握手、让座要微微弯下腰；给老师和长辈问好要45°鞠躬；在庄重场合拜见德高望重的人要90°鞠躬。鞠躬问好表示谦虚和对他人的尊敬，是我们中华民族的传统美德之一。

三、情景表演：和好朋友问好

你喜欢用什么样的方式和好朋友问好？我们一起去体验吧！

1. 教师创设多种问好方式的使用场景。

2. 幼儿根据不同情景进行表演。

小结：有礼貌的好宝宝能够收获很多好朋友，在生活中除了同伴，当我们遇到老师、长辈时也要问好，做有礼貌的好宝宝。

四、活动延伸

将问好的礼貌行为延伸到家庭中，做好家园共育，家长在生活中也要鼓励幼儿见到客人礼貌问好。

活动设计：黑龙江省农垦建三江管理局中心幼儿园　陈旭

语言领域《这是谁的幼儿园》

设计思想：

《幼儿园教育指导纲要（试行）》中指出："教育活动内容的选择应……既适合幼儿的现有水平，又有一定的挑战性。"由于小班幼儿刚上幼儿园，与同伴和老师交流时不够大胆和自然，因此根据幼儿需要设计"这是谁的幼儿园"活动，用听故事、看表演的方式，帮助幼儿养成安静倾听的良好习惯。让幼儿了解故事的主要内容，鼓励幼儿积极、大胆地表演故事，培养喜欢上幼儿园的情感，在游戏化的活动中获得感悟。

活动目标：

1. 理解故事内容，认识故事中的人物。

2. 能够在集体活动中安静地听故事，会说"这是××的幼儿园"。

3. 体验小动物喜欢上幼儿园的情感。

活动准备：

PPT和小鸟、兔子、梅花鹿头饰等。

活动过程：

一、音乐导入，激发兴趣

1. 播放儿歌《爸爸妈妈去上班，我去幼儿园》。
2. 问：小朋友们，爸爸妈妈每天去上班，你们去哪儿呢？
我们一起来听一个关于幼儿园的有趣故事吧！

二、倾听、理解故事

1. 教师有感情地讲述故事《嘟嘟爱上幼儿园》，幼儿安静倾听。
2. 引导幼儿观察背景图，结合故事内容提问。
（1）妈妈带嘟嘟去幼儿园，刚开始时嘟嘟开心吗？
（2）嘟嘟路过一棵大树，看到了什么？妈妈对嘟嘟说了什么？
（3）嘟嘟路过草地，看到了什么？兔子在干什么？妈妈对嘟嘟说了什么？
（4）嘟嘟路过树林，看到了什么？它们在干什么？妈妈对嘟嘟说了什么？
（5）嘟嘟最后到哪里去了？他在幼儿园里快乐吗？你是怎么知道的？说一说：嘟嘟看到小朋友在幼儿园里是怎么做的，又是怎么说的呢？
3. 说一说嘟嘟沿路的表现，学一学妈妈对嘟嘟说的话，激发幼儿喜欢幼儿园的情感。

三、结合相关画面，鼓励幼儿说完整的话

1. 观察故事《嘟嘟爱上幼儿园》的图片，按照故事发展顺序引导幼儿说一说不同的画面所表达的不同内容。
2. 幼儿能够完整地说出"这是××的幼儿园"。
3. 请你说一说，幼儿园里有些什么？自己在幼儿园里做了些什么？感受在幼儿园里生活的乐趣，分享和小伙伴在一起的快乐。

四、故事表演

1. 教师与幼儿分角色合作表演故事，幼儿加深对故事内容的理解。
2. 可根据幼儿的兴趣互换角色表演。

五、活动延伸

将动物头饰投放到表演区，幼儿可以在表演区进行故事表演。

附故事《嘟嘟爱上幼儿园》：

嘟嘟3岁了，妈妈带他去幼儿园，他不想去，一路上都不高兴。妈妈和嘟嘟路过一棵大树，树枝上许多小鸟在唱歌。妈妈对嘟嘟说："这是小鸟的幼儿园。"妈妈和嘟嘟路过一片绿草地，草地上一群兔子在做游戏。妈妈对嘟嘟说："这是兔子的幼儿园。"妈妈和嘟嘟路过一片树林，树林里一群漂亮的梅花鹿在

散步。妈妈对嘟嘟说:"这是梅花鹿的幼儿园。"咦,这里是什么地方?有的小朋友在唱歌,有的小朋友在做游戏。原来,这里就是小朋友的幼儿园。嘟嘟放开妈妈的手,高高兴兴地跑了进去。嘟嘟说:"这里真好。"

活动设计:黑龙江省农垦建三江管理局中心幼儿园　段婕雯

社会领域《爱上我的幼儿园》

设计思想:

　　小班幼儿对家庭的依赖性非常强,刚上幼儿园,会出现分离焦虑,表现出各种不安或不适应。老师应帮助幼儿尽快适应幼儿园的生活节奏,及时缓解内心的焦虑不安情绪。通过参观活动,帮助幼儿感受幼儿园的新环境。幼儿与家人约定分离的方式,合理表达自己的心理活动,既可以培养幼儿的任务意识,又可以增强与亲人的亲密度。

活动目标:

　　1. 仔细观察幼儿园的新环境。
　　2. 能用语言表达自己最喜欢幼儿园哪里。
　　3. 乐于和小伙伴互相交流,对幼儿园发生的事情有所期待。

活动准备:

　　教师自制玩教具、幼儿假期活动照片(全家福)。

活动过程:

一、我的分享

　　1. 要上幼儿园,我准备好了。

　　爸爸妈妈帮助我做了什么?我的换洗衣物及室内鞋是怎样被送到幼儿园来的?

　　为了上幼儿园,我自己做了哪些准备呢?

　　2. 给幼儿心理暗示,让其知道要开心上幼儿园了。

二、参观活动

　　1. 现在我们来参观一下幼儿园吧!

　　带领幼儿从一楼参观到四楼,教师详细介绍幼儿园的环境。

　　2. 说一说,你最喜欢幼儿园哪里?

三、我和妈妈的约定

　　1. 出示幼儿的全家福照片。

2．我们的约定。

请幼儿学习和爸爸妈妈入园分别的方式。(亲一亲、抱一抱、击个掌等)

幼儿每天早上与爸爸妈妈或家人设置一个分别约定,按约定共同完成。

四、体验幼儿园玩具的玩法

1．体验幼儿园益智玩具的玩法。

教师用自制的玩教具吸引幼儿,让幼儿体验新玩法。

2．体验幼儿园体能玩具的玩法。

组织幼儿到体育室、淘气堡、感觉统合室训练活动,幼儿积极体验,释放自己的情绪。

五、活动延伸

家园共育:周末和家人一起制作一个手工玩具,带到幼儿园与小伙伴分享。

活动设计:黑龙江省农垦建三江管理局中心幼儿园　王沐

社会领域《幼儿园,我的家》

设计思想:

对于幼儿来说,家是一个温暖且安全的地方。3～4岁的幼儿刚刚从熟悉的家庭环境走入幼儿园,陌生的环境会让幼儿产生恐惧,导致出现分离焦虑症。本次活动通过有趣的游戏、讨论等让幼儿认识"家"与"家人",培养幼儿将情感认知从自己的家迁移到幼儿园,知道幼儿园和班级是小伙伴们共同的家、每一名小伙伴都是自己的家人,与小伙伴之间相处时要互相关心、爱护。同时创造语言环境,发展幼儿的语言表达能力和社会交往能力。

活动目标:

1．知道幼儿园、班级也是自己的家,小伙伴是自己的家人。

2．学会用合适的方式与同伴、老师相处,并尝试表达自己的友好。

3．喜欢自己的班级和班级中的小伙伴,愿意上幼儿园。

活动准备:

小话筒、铃铛、幼儿的照片、幼儿与家人的照片、班级幼儿活动瞬间的照片、游戏音乐。

活动过程:

一、游戏导入:师幼互动,传递话筒

教师摇铃,幼儿手拿小话筒依次传递,铃声停止时,话筒传到谁的手里就请

他介绍自己的家人。

二、幼儿园——我们的家

1．请小朋友们来说一说,你们的家在哪里?
2．每个小朋友都有家,家里都有谁呢?
3．出示班级幼儿合影,幼儿自由讲述。

当小朋友们进入幼儿园的那一刻,便拥有了更多"家人",有了一个更大的家,这个家就是我们××班,××班就是我们共同的家。这里的每一名小朋友、每一位老师都是我们的"家人"。

4．幼儿介绍自己在幼儿园中最喜欢的人。

三、我爱我家

1．教师出示幼儿在幼儿园中生活、游戏时不同场景的照片,幼儿进行简单说明。

××班是小朋友们共同的家,我们在这个家里面要怎样相处呢?

2．依次出示幼儿推搡、抢玩具等行为的照片。

小朋友们,当我们在家里遇到这种情况时应该怎样做呢?

小结:班级中的每一个小朋友都是我们的"家人",我们应该互相帮助、互相爱护。在生活中我们可以用抱一抱、手拉手等方式表达自己对小朋友的喜欢,也可以在他们遇到困难时给予帮助等。

四、结束环节——音乐游戏"抱一抱"

组织幼儿手拉手围成一个大圆圈,幼儿随音乐绕着圆圈开"汽车",听到"打开手臂抱一抱"时,幼儿迅速找到自己的"家人"并给对方一个大大的拥抱。

小结:幼儿园、班级是我们共同的家,小伙伴们像家人一样每天彼此陪伴,我们要珍惜、爱护这个家。对其他小伙伴要友好,关心、帮助他人,不吵不闹,和睦相处。

五、活动延伸

在班级中设置"我的故事盒子",幼儿利用业余时间用自己的方式将自己和家人(家里的家人、幼儿园中的"家人")的故事记录下来,在班级中进行定期的故事分享。

活动设计:黑龙江省农垦建三江管理局中心幼儿园　王璇

中 班

整合《我的智慧爷爷》

设计思想:

绘本《爷爷一定有办法》讲述了一个叫约瑟的小男孩,妈妈让他扔掉破旧的小毯子,他却舍不得。聪明的爷爷用巧思妙想把孙子心爱的破毯子变成了外套、背心、领带、手帕、纽扣。爷爷的爱和陪伴贯穿整个故事,同时传递了创造和环保理念。《幼儿园教育指导纲要(试行)》中指出:"创造一个自由、宽松的语言交往环境,支持、鼓励、吸引幼儿与教师、同伴或其他人交谈,体验语言交流的乐趣……发展语言表达能力和思维能力。"通过对这个故事的理解,挖掘故事中隐含的爷爷对孙子浓浓的爱,引导幼儿学习勤俭节约,感受长辈的关爱,学会对长辈感恩。

活动目标:

1．理解绘本内容,认识到可以充分利用旧物。
2．大胆猜测故事中人物的对话,并积极表达、讲述。
3．感受爷爷的智慧,体会与家人之间的亲情,学会感恩长辈。

活动准备:

儿童剪刀、蓝色手工纸、教学课件、绘本《爷爷一定有办法》。

活动过程:

一、谈话导入

宝贝们,可以说一说你心中的爷爷或姥爷吗,他们是什么样的人呢?

老师今天带来一个故事,故事里也有一位爷爷,他是什么样子的呢?让我们一起走进故事吧!

二、欣赏并理解故事

1．观察绘本封面。

问:图上都画了谁?

小男孩的名字叫约瑟,牵着他手的人是他的爷爷,约瑟和爷爷之间会发生怎样有趣的事情呢?

2．分段欣赏、理解故事。

问：毯子小了,妈妈说了什么？约瑟是怎样回答的？爷爷又是怎样说的？他为约瑟做了什么？（一件奇妙的外套）

3．我学爷爷做外套。

教师出示范图,幼儿根据图示,初步尝试用对称的方法剪出外套,完成后展示作品,交流欣赏。

4．继续欣赏故事。

外套变背心——背心变领带——领带变手帕——手帕变纽扣。

①师幼互动：每次发现新问题时,自选角色,尝试进行妈妈、约瑟和爷爷的对话表演。

②讨论：背心和外套有什么不一样？外套怎样能变成背心呢？

动手操作：幼儿将自己刚才剪的外套剪成背心,再次分享作品。

③随着约瑟渐渐长大,背心小了,不能穿了,小朋友们开动脑筋帮约瑟想一想：可以把背心变成什么？

鼓励幼儿根据自己的想法大胆进行操作,将自己的背心剪出自己想要的物品。

5．幼儿之间相互欣赏,并用完整的语言描述自己把背心做成了什么、是怎样剪的。

三、自由讨论

1．约瑟为什么舍不得扔掉爷爷做的这些东西呢？

2．在你的生活中,你的长辈怎样表达对你的爱？

3．引导幼儿表达自己对长辈感恩的情感。

小结：约瑟的爷爷心里满满的都是对孙子的爱,他才会想出这么多的好办法,给约瑟变出了一个又一个惊喜。我们也要学习约瑟的爷爷,碰到困难的时候换个角度想想,就会有意想不到的收获。

四、活动延伸

鼓励幼儿在美工区用废旧材料制作礼物,回家送给自己的家人,并表达对他们的爱和感恩。

附故事《爷爷一定有办法》：

睡在摇篮里的小约瑟,盖着爷爷缝制的这条蓝颜色的小毯子,那么温暖和舒服,噩梦一个也不会来。可是约瑟渐渐地长大了,奇妙的蓝毯子太小了,也旧了。妈妈说："约瑟,看看你的毯子,又破又旧,好难看,真该把它丢了。"

可是约瑟不舍得,他说："不,爷爷一定有办法。"爷爷拿起了毯子,翻过来

又翻过去。"嗯。"爷爷拿起剪刀开始咯吱咯吱地剪,再用针飞快地缝进缝出,缝进缝出。爷爷说:"这块材料还够做……"

爷爷为约瑟做了一件奇妙的外套,约瑟穿上它开心地跑出去玩了。不过约瑟渐渐长大了,奇妙的外套又变得又小又旧了。有一天妈妈对他说:"约瑟,看看你的外套,太小了,一点儿也不合身了,真该把它丢了。"

约瑟不同意,说:"不,爷爷一定有办法。"爷爷拿起了外套,翻过来又翻过去。"嗯。"爷爷拿起剪刀开始咯吱咯吱地剪,再用针飞快地缝进缝出,缝进缝出。爷爷用这块材料做了一件奇妙的背心,约瑟穿着这件奇妙的背心去上学了。他好喜欢这件背心啊!不过,约瑟渐渐地长大了,奇妙的背心也显得小了、旧了。

有一天妈妈对他说:"约瑟,看看你的背心又小又旧,还沾了胶水和颜料,真该把它丢了。"可是约瑟怎么会同意呢?他说:"爷爷一定有办法。"

爷爷拿起了背心,翻过来又翻过去,用剪刀咯吱咯吱地剪,又用针飞快地缝进缝出,缝进缝出。爷爷用这块材料做成了一条奇妙的领带,对呀,蓝颜色的领带。你想想啊,蓝颜色的领带,约瑟戴着是怎样一个小酷人呢?不过,约瑟还是在渐渐地长大,奇妙的蓝领带肯定又小又旧了,而且上面还沾了一层汤。不用说,妈妈又想把它丢了,可是约瑟肯定还是不同意,因为约瑟会说:"爷爷一定有办法。"

那么现在爷爷用这块材料,用他咯吱咯吱的剪刀、缝进缝出的针,又会给约瑟做出一件什么东西呢?他做出的是一块奇妙的手帕。约瑟收集的各种各样的小石头,就是用这块奇妙的手帕包得好好的。约瑟还是在长大,手帕也变得又小又旧了。照样,约瑟还是没有把手帕丢掉,因为有办法的爷爷用这块材料为约瑟做出了一颗纽扣。是呀,一颗小小的奇妙纽扣,蓝颜色的纽扣,就装在了裤子的背带上。

活动设计:黑龙江省农垦建三江管理局中心幼儿园　贾春影

语言领域《小兔子的问题》

设计思想:

中班幼儿逐渐展现出更为持久的专注力,同时其阅读、观察及理解能力均有了显著的提升与进步。设计此次活动,让幼儿从读图开始到倾听,循序渐进投入故事。故事画面以中国水墨画风呈现。身穿旗袍的兔妈妈温柔婉约,其衣服具有浓郁的民族特色。幼儿通过仔细观察画面,悉心倾听故事,激发对语言活动的兴趣,发展理解能力和表达能力,培养良好的倾听习惯,并在看一看、听

一听、说一说的过程中感受中国旗袍之美,体会小兔子与兔妈妈之间深厚的母女情。

活动目标:

1．仔细观察画面,理解故事内容。

2．发展幼儿的理解能力和表达能力,使其养成良好的倾听习惯。

3．体会小兔子与兔妈妈之间深厚的母女情。

活动准备:

PPT课件、故事情节图示。

活动过程:

一、观察画面,激发阅读兴趣

今天老师带来了一个好听的故事,在这个故事里有漂亮的兔妈妈和可爱的小兔子,我们一起来认识一下它们。

二、阅读图画,感受民族文化特色

1．你们看看,兔妈妈的裙子是什么样子的呢?

这条裙子长长的,遮住了膝盖,像这样有高高的领子、高高的开衩、精致的盘扣的裙子就叫作旗袍,这是我们中国一种美丽的服饰,也是很多人特别喜欢的裙子。

2．第二天早上,还是在这个花园里,兔妈妈一下子挂出了4件新衣服,猜一猜,哪一件是为小兔子改的呢?

小结:你们的小脑袋真灵光,一下就找到了兔妈妈为小兔子特地做的旗袍,它和妈妈身上的裙子一模一样,有高高的领子、高高的开衩,还有精致的盘扣,真的美极了!

三、倾听故事,体会深厚的母女情

1．回忆一下,小兔子问了什么问题,兔妈妈又是怎么说的呢?你们猜猜,小兔子听了兔妈妈的话心里会怎么想?

小结:兔妈妈要用自己能干的双手为小兔子做好多衣服,这样无论小兔子走到哪里都能感受到兔妈妈带来的温暖。

2．在这3幅图里,小兔子又问了什么问题,兔妈妈是怎么说的呢?

小结:兔妈妈实在是太爱小兔子了,它要用大大的眼睛看到很远的地方,用长长的耳朵听到很远的声音,用呼哧呼哧的鼻子闻到很温暖的味道,这样无论小兔子离兔妈妈多远,兔妈妈都能找到心爱的小兔子。

3．你们听了兔妈妈的回答有什么感受?小兔子听了兔妈妈的回答,你们猜

猜,接下来小兔子会怎么做呢?

小结:小兔子在兔妈妈的衣服上亲了一口,这样兔妈妈的旗袍上便留下了小兔子的香味,无论彼此离得多远,都能找到自己爱的人。

四、爱要大胆说出来

幼儿踊跃展示,大声表达自己的爱。

五、活动延伸

在美工区投放卡纸、画笔、黏土、线绳等材料,幼儿自主选择材料,设计一件漂亮的中国旗袍当作礼物送给兔妈妈,表达对兔妈妈的爱。

附故事《小兔子的问题》:

一天,兔妈妈和小兔子在花园里玩。忽然,小兔子有了一个问题:"妈妈,妈妈,为什么你的眼睛大大的?"兔妈妈说:"因为那样妈妈就能看见很高很高的地方了。"

"可是,为什么要看那样高的地方呢?"小兔子问。

"因为妈妈要一直看啊看啊,看小兔子飞到哪儿去了。"

"可是小兔子不会飞。"小兔子说。

"等小兔子长大了,就会离开妈妈飞走了。"

"妈妈,妈妈,为什么你的耳朵长长的?"小兔子问。

"因为那样妈妈就能听见很远很远的声音了。"兔妈妈说。

"可是,为什么要听那样远的声音呢?"小兔子问。

"因为妈妈要一直听啊听啊,好听到小兔子传来的消息。"

"可是小兔子就在你身边呢!"小兔子说。

"等小兔子长大了,就要离开妈妈去很远很远的地方了。"

"妈妈,妈妈,为什么你的鼻子呼哧呼哧的?"小兔子问。

"因为那样妈妈就可以闻到很温暖很温暖的味道了。"

"什么味道是很温暖很温暖的?"小兔子问。

"就是小兔子的味道啊,不管小兔子长大变成什么样子,妈妈闻一闻,就知道是不是我的小兔子了。"

"妈妈,你的嘴巴为什么那么大?"小兔子问。

"因为那样妈妈就可以很大声很大声地说话了。"

"为什么要那样大声地说话?"小兔子问。

"因为小兔子离开家的时候,妈妈会很想和她说说话。"

"要很大声说话小兔子才能听见吗?"小兔子问。

"是啊,因为小兔子离妈妈很远,妈妈怕小兔子听不见。"

"妈妈,妈妈,你的腿为什么那么有力?"小兔子问。

"因为那样妈妈就可以跑得很快很快。"

"为什么要跑得那样快?"小兔子问。

"因为妈妈有时会很想很想小兔子。"

"那你会跑来看我吗?"小兔子问。

"会啊,我会跑去看你的。"

"妈妈,妈妈,为什么会有大兔子?"小兔子问。

"因为有了大兔子才有小兔子呀!"兔妈妈说。

"那为什么要有小兔子呢?"小兔子问。

"因为有了小兔子将来才会变成大兔子啊!"

"会变成大眼睛、长耳朵、鼻子呼哧呼哧、大嘴巴、跑起来飞快的大兔子吗?"小兔子问。

"是啊,会变成那样的大兔子。不过现在它要变回一只安静的小兔子了。"兔妈妈说。

"妈妈,和你在一起真好!"小兔子说。

活动设计:黑龙江省农垦建三江管理局中心幼儿园　张鑫伟

社会领域《我是小小宣传员》

设计思想:

　　《3—6岁儿童学习与发展指南》中社会领域的教育建议指出:"运用幼儿喜闻乐见和能够理解的方式激发幼儿爱家乡、爱祖国的情感。"哈尔滨作为黑龙江省省会,吸引了全国各地的游客来此感受东北的特色地域文化。哈尔滨人也在全力宣传着自己家乡的文化,用各种宣传方式努力把自己家乡的特色展示在全国人民面前,这些见闻耳濡目染地影响着幼儿,使其爱家乡的情感受到感染。开展本次活动,帮助幼儿梳理家乡有哪些美景、美食及特产,并以"我是小小宣传员"的游戏体验,大胆并积极宣传自己的家乡,提升做家乡主人的自豪感和责任感。

活动目标:

　　1.知道家乡有哪些美景、美食、特产。

　　2.能够大胆地组织语言宣传家乡的特产。

　　3.乐于尽自己的一分力量宣传家乡,为身为家乡小主人而感到自豪。

活动准备:

　　1.相关视频、家乡美食及特产的图片。

2. 家乡特产和美食摊位、导游小旗子、道具钱币等。

活动过程:

一、活动导入

1. 观看哈尔滨宣传视频。

2. 视频中都展示了哈尔滨的哪些特色？看完视频有什么感受？

我们的家乡在黑龙江省,哈尔滨是我们的省会。其实我们的家乡还有很多特色与特产,我们一起来看看吧！

二、我的家乡有特色

1. 谈话活动:说说你知道的家乡特色。

2. 欣赏宣传视频:幼儿描述视频中家乡的美丽风景,并说说自己的观看感受。

3. 出示家乡特产图,幼儿讲述家乡有什么特产。

4. 出示家乡美食图,幼儿依次说一说图片中美食的名称。

小结:我们可以宣传家乡的冰雪文化、特产和美食,吸引全国各地的游客来我们家乡旅游。

三、体验游戏:我是小小宣传员

1. 玩法。

幼儿自由分成两组,一组扮演家乡特产店的店主,另一组扮演游客。一名幼儿手拿小旗子扮演导游。导游手拿小旗子带领旅游团选择并购买特产,店主积极向游客宣传自己家乡的特产,吸引游客购买。

2. 幼儿游戏,教师巡回指导。

3. 整理物品,结束活动。

四、活动延伸

家园共育:利用多种方式了解祖国各地的风景和特产,在幼儿园与班级小伙伴分享。

活动设计:黑龙江省农垦建三江管理局中心幼儿园　张潆玉

社会领域《生活中的二维码》

设计思想:

信息化时代,二维码已经融入我们日常生活的各个领域,从购物支付到信息获取,它的便捷性和高效性让我们的生活更加丰富多彩。结合《3—6岁儿童学习与发展指南》的要求,注重培养幼儿的观察力、思考力和动手实践能力,设计"生活中的二维码"活动,引导幼儿通过观察、探索和实践,了解二维码的基本概念和特点,以及它在日常生活中的应用。这样的活动不仅能让幼儿对现代科技有初步的认识,还能激发他们对未知世界的好奇心和探索欲望。

活动目标:

1. 进一步了解二维码的特点和作用,知道二维码给生活带来的便利。
2. 积极动手创作,尝试制作未来的二维码。
3. 感受祖国的强大和科技的高速发展,萌发身为中国人的自豪感。

活动准备:

1. 经验准备:

家长带领幼儿观察、了解生活中的二维码,对二维码有一定的认识。

2. 物质准备:

(1)PPT课件。

(2)动画视频《二维码的秘密》。

(3)手机、二维码图片人手一张、勾线笔、水彩笔、幼儿头像照片等。

活动过程:

一、出示二维码图片,激发幼儿的活动兴趣

问:这是什么?你在哪里见过它?二维码可以帮助人们做哪些事情?

小结:二维码是近几年流行的一种编码方式,最常使用的移动设备是手机,我们去商场、超市购买东西,吃饭付款等,都可以用二维码支付,听有声读物、加微信好友、骑共享单车等也可以扫二维码。

二、观看《二维码的秘密》,了解二维码的结构和作用

1. 思考:二维码上的大方块和小方块代表什么?科学家是怎么设计出二维码的?

2. 师幼共同讨论二维码的组成。

问:二维码主要是什么颜色的?二维码上面的3个大方块是做什么用的?(扫码时用来定位)

小结:二维码是在一个方形的框内,由不同的图形分布组成的,大多数是白色底,黑、白色方块交错,也有一部分二维码是彩色的。

3. 教师简单介绍二维码的起源,感受中国科技的强大。

问:你知道二维码是谁最先发明的吗?

小结:二维码由日本人发明,但是其仅仅用于消费支付,后来二维码引入中国,科学家对其进行开发推广,使二维码有了更强大的功能,给我们的生活提供了便利,所以要给我国的科学家点赞。

4.出示图片,感受生活中的二维码。

二维码会出现在我们生活的哪些地方呢?

5.安全教育,引导幼儿明白不能随意将二维码出示给他人,或者扫别人的二维码,可以在爸爸妈妈的指导下扫码,增强安全意识。

三、师幼互动小游戏

1.幼儿辨别本班教师的微信二维码,感受二维码的神奇。

在二维码的中间位置加上自己的照片或者独特的图片标记,我们一眼就能知道这是谁的二维码。

2.互动体验游戏:扫二维码,师幼互动。

四、出示多张二维码图片,幼儿操作扫码,感受二维码带来的便利

1.幼儿操作扫码,教师指导。

2.幼儿分享自己扫码获得的信息。

3.出示实物,请幼儿找一找实物上的二维码,并扫一扫获取相关的信息。

五、尝试设计属于自己的独特的二维码,体验创作的乐趣

1.自由分组,明确设计任务。

2.认识二维码的制作材料,提出制作要求。

3.幼儿自主选择材料,设计二维码。

4.展示分享二维码,感受制作完成的成就感。

六、活动延伸

请幼儿回家后收集其他有关二维码的信息。

活动设计:黑龙江省农垦建三江管理局中心幼儿园　赵立梅

心田启蒙:播种爱的种子

大 班

艺术领域《我爱我家》

设计思想：

家是孩子们成长的摇篮,是温馨和幸福的港湾,爸爸妈妈的爱是幼儿健康快乐成长的基石,是幼儿产生幸福感的源泉。本次活动通过歌曲《我爱我家》,引导幼儿理解歌词内容,感受歌曲所表达的温馨的氛围及爸爸妈妈对自己的爱,增加幼儿表现美的情趣,并感受家庭成员之间和睦相处的美好情感。

活动目标：

1. 理解歌词内容,体会歌词意境。
2. 学唱歌曲,并能在教师引导下自主创编动作。
3. 乐于参与音乐活动,深刻体验并珍惜家庭成员之间和谐相处、温馨美好的情感纽带。

活动准备：

PPT课件、音乐等。

活动过程：

一、谈话导入

幼儿讨论：

1. 你的家庭成员都有谁？
2. 你家里最快乐的事情是什么？
3. 请你用一个词语来表达对家的理解。

二、看歌词图谱,熟读歌词

1. 歌曲里的小朋友认为,快乐幸福的家是什么样子的？
2. 出示《我爱我家》的歌词图谱(可网络检索),幼儿看图创编歌词。
3. 播放音乐《我爱我家》,观察图谱上的歌词。
4. 发现节奏型。

歌曲是有节奏的,小字要读得快一些,大字要读得慢一些。一起来试一试吧！

三、熟悉旋律

1.播放音乐,幼儿感受歌曲节奏。

2.幼儿跟随音乐节奏说歌词。

3.拍打节奏,随音乐唱歌。

四、动作创编

1.幼儿根据歌词创编动作。

(1)幼儿分小组进行分句创编动作。

(2)教师巡回指导,提示幼儿根据歌词或节奏进行动作的创编。

(3)小组进行分句对应动作展示。

2. 幼儿边做动作边唱歌。

3. 规范幼儿动作，并集体进行展示。

五、活动延伸

表演区投放打击乐器，幼儿分角色进行表演。

活动设计：黑龙江省鸭绿河农场幼儿园　王丽娟

艺术领域《爱在人间》

设计思想：

《3—6岁儿童学习与发展指南》中艺术领域的教育建议指出："艺术是人类感受美、表现美和创造美的重要形式，也是表达自己对周围世界的认识和情绪态度的独特方式。"歌曲《爱在人间》是作曲家谷建芬专为盲童创作的一首歌，借助该歌曲开展本次活动，利用图片、视频等直观的教学手段，引导幼儿更加深入地了解盲人的生活。让幼儿感受到人与人之间相互关怀的美好情感，了解盲人群体的生活状态，关注身边的弱势群体。

活动目标：

1. 了解盲人群体的生活状态，关注身边的弱势群体，学会主动伸出援手，传递爱与温暖。

2. 学习歌曲，用优美、轻柔的声音演唱歌曲，培养幼儿的音乐感受力和表现力。

3. 感受并理解歌曲《爱在人间》所表达的美好情感，激发幼儿的爱心与关怀之心。

活动准备：

《爱在人间》课件、盲童生活的相关图片或视频资料、打击乐器、眼罩若干。

活动过程：

一、游戏"蒙眼闯关"导入

1. 幼儿分组进行蒙眼挑战，完成教师口令。

2. 幼儿分享蒙眼游戏的感受。

3. 教师出示盲童生活的相关图片或视频。

你们看完这些图片或视频有什么感受？

小结：我们能看到美丽的太阳、山川，可是却有很多人无法欣赏到这些美景，我们应该怎样帮助这些人呢？

二、理解歌词,学唱歌曲

1. 幼儿欣赏歌曲《爱在人间》,感受歌曲的旋律和氛围,体会盲人的内心世界。

2. 借助图谱,按节奏读歌词。

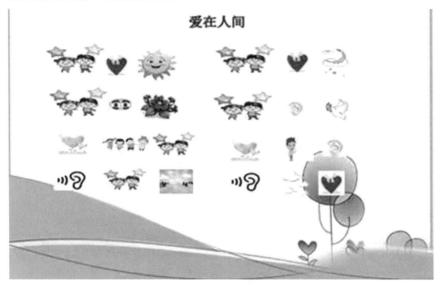

3. 熟悉歌曲节奏和旋律,学唱歌曲,引导幼儿用优美、轻柔的声音演唱歌曲。

4. 幼儿每人一句接唱歌曲《爱在人间》,初步体会爱的传递。

三、歌曲表演

出示图谱,引导幼儿用打击乐器分句为歌曲伴奏。

四、情感分享

引导幼儿分享自己在生活中感受到的爱的瞬间和经历。

小结:歌曲《爱在人间》传递出对爱与关怀的呼唤,我们每个人都应该积极参与到关爱弱势群体的行动中来,用爱和关怀温暖他们的心灵,共同创造一个更加美好、和谐的社会。

五、活动延伸

1. 绘画活动:"我心中的爱与关怀"。

以"爱在人间"为主题,画出自己要爱与关怀的人或物。

2. 角色扮演活动:准备一些角色扮演的道具,引导幼儿扮演不同的社会角色(如医生、警察、消防员等),模拟他们在工作中如何传递爱与关怀。

3. 手语表演《爱在人间》(参考的图谱可网络检索)。

活动设计:黑龙江省农垦建三江管理局中心幼儿园　卢雪

社会领域《孝道》

设计思想：

《3—6岁儿童学习与发展指南》中社会领域的教育建议指出："成人以身作则，以尊重、关心的态度对待自己的父母、长辈和其他人，如：经常问候父母，主动做家务。"尊祖敬宗是中华民族的传统美德，孝道不仅是个人心灵和谐的基础，也是家庭和谐、社会和谐的基础和起点。在成人的影响下，大班幼儿知道要孝顺父母，但对于具体的行为和做法还需进一步引导。本次活动通过具体实例探讨孝道的表现方式，帮助幼儿领会、感悟和反思，理解孝道不限于物质上的供养，还包括精神上的尊重和关怀。本着以情育德、以情导行的原则，注重以情感教育给予幼儿潜移默化的影响，促进幼儿育孝心、传孝德、扬孝行。

活动目标：

1. 引导幼儿了解"孝"的含义，懂得孝敬父母、尊敬长辈是我们中华民族的传统美德。
2. 能说出故事中人物的孝心、孝行。
3. 懂得要积极主动传孝道、扬孝行，做一个孝顺的好孩子。

活动准备：

PPT课件、视频。

活动过程：

一、视频导入

观看纪实故事视频《恪守孝道的平凡女孩》，让幼儿从5岁女孩王安娜的辛苦生活中，读懂她以中国儿童坚韧不拔、吃苦耐劳的精神，传承了最朴实无华的孝道。

对比小安娜的生活状况，说一说自己的幸福生活。

问：你喜欢这个女孩吗？从她身上你看到了什么？生活那么苦，她为什么还笑得那么开心？

小结：小安娜行孝虽然辛苦，但与亲人在一起的生活是快乐的、幸福的，再苦再累都值得，这就是爱亲人。

二、理解"孝"的含义

1. "孝"字解读。

"孝"的上半部分是"老"字，下半部分是"子"字，意思就是一个老人把自己的拐杖扔了,孩子马上跑过去扶住老人,这就是最基本的"孝"。

2.讨论:我们为什么要孝顺父母呢?父母对于我们来说是什么人?

3.怎样做才是孝顺父母呢?

小结:父母养育我们非常辛苦,为了我们可以不顾自身的安危。我们曾经听过的故事《羔羊跪乳》表达的就是感恩母亲的辛苦,《乌鸦反哺》表达的就是回报母爱,小动物都知道要孝顺父母,我们更要孝顺父母。

三、传承孝道

1.欣赏古代孝道故事:《百里负米》《卧冰求鲤》《黄香温席》。

讨论:你知道这些故事的含义吗?说一说故事里的人是怎样行孝的?

小结:小朋友们,孝顺父母不是心里想想、嘴上说说就可以了,要用实际行动去关心和照顾父母,即使遇到困难,也要学习仲由、王祥的毅力和坚韧不拔的精神,不怕困难,勇往直前,而且孝顺父母不是一朝一夕的事,要持之以恒,像黄香一样始终坚持。

2.现代孝道。

(1)(物质上)要孝养父母,满足其衣食住行。

(2)(精神上)体谅他们的心情和感受,关心、尊重他们,不惹他们生气。

(3)(情感上)努力做出成绩,让父母、民族、国家为你骄傲。

小结:小朋友们,虽然我们很小,但尽孝的方式很多,比如不顶嘴、不耍脾气、不给父母添麻烦,要多分担一些家务,自立自强,不让父母操心,等等。

四、加深巩固理解孝道内容,弘扬孝道

师幼共唱《中华孝道歌》。

小结:孝道文化是传承千年的文化传统,我们要继承和发扬下去。孩子们,孝顺父母要从小做起,从每一件小事做起。让我们一起行动起来,做一个孝顺父母、长辈的好孩子吧!

五、活动延伸

1.家园共育:请小朋友回家和爸爸妈妈一起讲一讲二十四孝的故事,并能够完整讲述。

2.举行故事大会:将小朋友搜集来的故事进行汇总,在班级举行孝道故事大会,让幼儿从故事中学习孝道。

3.在一日活动中利用过渡时间播放歌曲《我爱爸爸妈妈》。

活动设计:黑龙江省农垦建三江管理局中心幼儿园　徐旭

整合《泥巴乐》

设计思想:

我们的家乡北大荒盛产粮食,而泥土是粮食的根基,是农业发展的宝贵资源。泥巴来源于大自然,作为一种随处可见的天然材料,具有可塑性和极强的趣味性,是幼儿自由发挥创意、尽情表达的天然材料。利用这一宝贵的自然资源,设计融合民间泥巴游戏元素的教育活动,引导幼儿在亲近自然、享受游戏乐趣的同时,挖掘探索精神与创造力。幼儿在与泥土的玩耍中,发现新知,感受喜悦,教师在潜移默化中渗透爱国、爱家乡的教育。

活动目标:

1. 了解泥土的作用、特性及多种玩法。
2. 通过游戏掌握摔泥炮的方法和团、揉、捏、压等基本技能。
3. 感受家乡丰富的泥土资源,体验游戏与创造的快乐,初步形成环保意识。

活动准备:

1. 经验准备:会唱歌曲《玩泥巴》。
2. 物质准备:课件1《泥土的作用》、课件2《泥工作品》、课件3《泥土污染》、黄泥若干、水盆若干、手巾若干、桌布两块、围裙十个、音乐《泥娃娃》和《玩泥巴》。

活动过程:

一、导入部分

1. 欣赏歌曲《泥娃娃》。
2. 谈话导入:刚才的歌曲里提到了什么?它是用什么做成的?
3. 出示泥土,幼儿观察、体验。

根据自己的观察和采集经验,分享、交流。

(1)捏捏泥土,有什么样的感觉?
(2)什么样的泥土是硬的?什么样的泥土是软的?(干、湿)
(3)仔细观察,泥土都有什么颜色?

师:泥土的种类还有很多,等待着我们小朋友去发现,如常见的黑土、黄土、沙土等,我们可以在日常生活中多多留意。

(4)泥土都能做些什么呢?

4. 播放课件1。

我们的家乡北大荒盛产粮食,而这些粮食的生产都离不开泥土。我们的生活也离不开泥土,土壤是人类赖以生存的主要条件之一。

二、民间游戏:摔泥炮

1．泥土还可以给我们的生活带来很多意想不到的快乐,今天我们就用泥土玩一个非常有意思的游戏——"摔泥炮"。

2．教师边念儿歌边摔泥巴,引起幼儿的兴趣。

儿歌:"东洼里,西洼里,都来看我放炮哩!"

教师将捏好的泥巴摔下,发出"啪"的响声。

3．师幼共同游戏,教师引导幼儿掌握摔泥炮的要领:将泥巴捏成小碗状,边缘厚,中间薄,摔泥炮的时候碗口朝下,快速用力摔出。

4．与幼儿一起讨论:怎样才能让泥炮摔得更响?

5．幼儿自由分组玩游戏,教师巡回指导。

三、引导幼儿展开想象,激起创作的欲望

1．观看课件2。

泥巴真是太神奇了,可以变成很多有趣、好玩的东西,只要你开动小脑筋,就一定会有意想不到的惊喜。现在我们就一起来把泥巴变成好玩的东西吧!

2．引导幼儿探索最基本的玩泥巴的方法——团、搓、压、捏,鼓励幼儿大胆尝试。

3．播放歌曲《玩泥巴》,鼓励幼儿在音乐中创新玩法,能根据教师提供的模型和图片来捏自己喜欢的形象。

4．请个别幼儿分享自己玩泥巴的方法,以拓宽其他幼儿的思路。

四、"泥工展"

幼儿相互欣赏小伙伴的作品,教师做小结。

五、简单了解土壤污染,进行初步的环保教育

播放课件3,引导幼儿观看视频《泥土污染》,培养幼儿的环保意识。

小结:我们应该保护泥土,做一个爱环境、讲文明的好孩子。我们也要告诉身边的人,大家一起爱护环境。泥土这么珍贵,我们把剩下的泥土收拾好,送回大自然中去吧!

六、活动延伸

家园共育:开展泥土大调查活动,制作泥土调查表(包括泥土的特征、泥土的种类、泥土的作用、泥土的成分等)。

活动设计:黑龙江省农垦建三江管理局中心幼儿园　文静

科学领域《消失的文字》

设计思想：

在电影《永不消逝的电波》的片段中,幼儿看到白纸经过火烤后上面出现了文字,十分感兴趣。区域活动时发现他们在益智区用各种材料在纸上探索:怎么才能让文字"不见"呢?为充分满足幼儿的好奇心及探究欲望,根据幼儿的兴趣点设计本次活动。引导幼儿通过涂抹、"烤火"的方法,了解碘伏与淀粉、白醋两种物质相遇后产生的化学变化,从而激发幼儿对科学的向往。在活动中证实科学家的伟大研究成果,加强幼儿对科学家的崇拜。

活动目标：

1．幼儿了解碘伏与淀粉、白醋两种物质相遇后产生的化学变化。
2．通过操作,探索,总结实验过程中采用的方法,提高幼儿的探究能力。
3．激起幼儿对科学家的崇拜之情。

活动准备：

蜡烛、清水、碘伏、颜料水、蜡笔、淀粉、白醋、小喷壶、火柴、信纸、笔刷、自制记录卡。

活动过程：

一、谈话导入

小朋友们,你们之间有秘密吗?你们是怎样传递秘密的呢?
幼儿自由讲述。

二、教师出示材料,幼儿探索并记录

1．出示写好的信纸,请幼儿观察,说出自己的观察结果。
探讨信纸上面为什么没有显示文字。
2．自由探索:幼儿拿到带编号的信纸,去选择材料并尝试用其中一种方法来揭秘。如果揭秘成功,就把方法和探索结果填到记录卡上。
3．安全教育。
（1）液体取放安全提示——要轻拿轻放,在实验过程中不可以与小朋友打闹嬉戏,并且不要对着他人喷雾。
（2）烛火使用安全提示——手要离开火源。如果纸着火了,要马上把它扔到地上踩灭。

三、揭秘消失的文字

1．幼儿分享自己的操作方法及结果。

引导幼儿按这样的顺序说一说自己的实验方法：选择了几号信纸，先用的是什么方法（没成功），接着又采取了什么方法进行探索。

2．教师揭秘——会"隐身"的信件。

一号信纸——用白醋书写；二号信纸——用淀粉书写；三号信纸——用白色蜡笔书写。

说说信纸上的文字用什么写才会隐身。

3．想一想：为什么用这种方法传递信件？

小结：聪明的人们用小妙招创造了这些消失的文字，战士们在战争时期可以用这些方法躲避敌人的搜查，传递重要的信息。让我们为他们的智慧点赞吧！

四、知识迁移，引导幼儿简单了解科学家的发明

1．战斗机的"隐身术"。

2．迷彩服的保护色。

小结：这些神奇的科学小妙招可以帮助我们顺利完成想做的事情，也助力先辈实现了祖国的强大。小朋友们，你们在今后的生活中要多加努力，好好学习，发明更多的小妙招，为强国建设贡献一分力量。让我们一起加油吧！

五、活动延伸

在益智区投放实验材料，让幼儿继续探索。

活动设计：黑龙江省农垦建三江管理局中心幼儿园　韩彦群

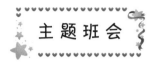

秋分主题班会活动方案建议

指导思想：

　　秋分作为秋季的中点，在农历二十四节气中占据独特地位，它蕴含着丰富的民俗风情与习俗。正值秋季，自然界展现出了一系列迷人的变化：清晨，草叶上点缀着晶莹的小露珠；果树上的果实化上迷人的妆；大雁成群结队，展翅南飞；各类瓜果也露出丰收的笑脸。依据《幼儿园教育指导纲要（试行）》的核心理念——"呵护幼儿的好奇心，激发其探索世界的兴趣"，精心策划一系列丰富多彩的秋分主题班会活动。通过音乐、美术、诗歌等多种艺术形式，引领幼儿深入感受秋分时节那份独特的和谐与美好。用旋律悠扬的音乐，唤醒幼儿对秋天的感知；用画笔和色彩，鼓励幼儿表现对大自然的无限热爱；用诗歌朗诵，让幼儿进一步加深对秋天的情感的理解与表达。通过这些实践活动，幼儿的审美能力将得到显著提升，幼儿将学会如何以美的眼光去观察和感受这个世界，让心灵在秋日的温柔中得到滋养与成长。

活动主题：

　　"秋分乐"。

活动目标：

　　* 引导幼儿认识秋分这一节气，激发幼儿对二十四节气的浓厚兴趣。

　　* 在特色活动中体验秋分节气特有的民俗风情。

　　* 引导幼儿通过观察、体验、操作实践等多种形式，感知秋分时节周围环境和动植物的变化。

　　* 对大自然产生深厚的喜爱之情，乐于通过多样化的方式，表达自己在自然中的所见所感。

活动形式建议：

　　主题班会、主题展览、亲子活动、户外拓展、习俗体验。

活动时间：

　　9月。

活动内容建议：

1. 知秋分。

· 了解秋分的节气特点。

"秋分"的意思有两个：一是日夜等长，昼短夜长越来越明显；二是暑凉相分，气候由热转凉，昼夜温差也逐渐增大。

· 调查秋分节气的由来。

制作亲子调查表——"秋分的由来"、谈话、绘制秋分图、说祝福语等活动。

· 认识秋天的植物、花卉、水果等。

· 秋天的悄悄话。

通过吟诵诗歌《悯农》，观看爱粮、节粮的图片、视频，让幼儿看到农民伯伯的辛勤劳动，了解粮食来之不易，引导幼儿感受"谁知盘中餐，粒粒皆辛苦"，倡议幼儿要爱惜粮食。

在语言区投放有关节气的图卡、书籍，或者有关节气的童谣、诗歌。

2. 传统习俗。

（1）吃秋菜。

"秋分吃野菜，身体长得快。"秋分时节是野苋菜生长得最旺盛的时间，人们纷纷借此机会出游田间，寻觅田野上包括苋菜在内的各色野菜，以为家人准备一顿丰富的"野菜"盛宴。

（2）竖蛋。

"秋分到，蛋儿俏。"竖蛋成了孩童、大人争相体验的竞赛游戏。在民间传说中，竖蛋成功预示着好运、吉祥。

（3）粘雀子嘴。

在秋分时节，民间有吃汤圆的习俗，并将糯米所制的汤圆用竹签插在田埂上，以粘住前来偷吃稻谷的鸟类，俗称"粘雀子嘴"，以保护庄稼不受破坏。

（4）量身高。

秋分这天平分了整个秋季的天数，还平分了一天的白天与黑夜的时长，而且，这一天物体与其影子的长度是相同的。可以通过量身高来感受这一现象，将"秋分这一天身高和影子是等长的"记录下来。

（5）制作和品尝秋分美食。

如南瓜饼等。

3. 秋分主题展览。

展示秋分的历史渊源、民俗文化和相关艺术品。

4. 秋分亲子活动。

组织亲子游戏，如手工艺品制作、立鸡蛋（彩绘鸡蛋）、落叶作画、做香囊等,增进亲子间的感情。

5. 秋分户外拓展。

组织户外徒步、登高、钓鱼等秋季特色活动,感受大自然的魅力。

国庆节主题班会活动方案建议

指导思想:

国庆节是祖国妈妈的生日,是对幼儿进行德育教育的最佳时机。开展国庆节主题班会活动,可以满足幼儿认识祖国的强烈欲望。通过观看天安门广场的阅兵仪式,幼儿看到军人叔叔们铿锵有力的步伐和现代化的导弹、坦克、飞机,感受到祖国国防力量的强大,从而萌发强烈的民族自豪感。

活动主题:

"童心向祖国,共筑中国梦"。

活动目标:

* 引导幼儿了解国庆节的由来和意义。

* 通过观看阅兵式,感受中国科技、国防力量的强大,引导幼儿更加了解我们的祖国。

* 激发幼儿对祖国的热爱之情,感受身为中国人的骄傲和自豪。

活动形式建议:

主题班会、集体活动。

活动时间:

9月。

活动内容建议:

1. 国庆节的由来和意义。

· 观看PPT或视频等了解1949年10月1日,伟大的毛泽东主席宣告中华人民共和国成立,并按动电钮,第一面鲜艳的五星红旗冉冉升起,从此每年的10月1日被定为国庆节。每到这一天,中国人举国欢庆,共同庆祝祖国的繁荣和强大。让幼儿了解祖国的名胜古迹和悠久历史,认识国旗、国徽的特征,认识中国地图和首都北京,充分感知祖国的地大物博和历史的源远流长。

· 观看图片、视频等了解国庆节的庆祝方式、历史背景等。

· 观看国庆大典的升旗仪式和阅兵仪式,感受祖国的强大和中国军队的威武,从而增强对国家的认同感和归属感。

2．国旗下讲话。

向幼儿讲述五星红旗的来历及其象征意义,让幼儿了解五星红旗的重要性。然后,邀请幼儿轮流上前,手握国旗,发表自己的爱国感言。

3．学唱国歌。

幼儿学唱国歌,感受国歌的庄严和激昂。

4．国庆节知识问答。

（1）你是哪个国家的人？中国的全称是什么？（中国;中华人民共和国）

（2）中华人民共和国国歌叫什么名字？（《义勇军进行曲》）

（3）我国的第一大岛是哪里？（台湾岛）

（4）中华人民共和国是何时成立的？（1949年10月1日）

（5）国庆节是哪一天？（每年的10月1日）

（6）我国的地图像什么？（雄鸡）

（7）你生活在哪个城市？请你说出这个城市的特产。（建三江;大米、木耳、蜂蜜、大豆油、长乐挂面）

（8）我国垃圾分为哪几类？（干垃圾、湿垃圾、可回收垃圾、有害垃圾）

（9）我国国旗的名称是什么？有几颗大星星？有几颗小星星？（五星红旗;1颗大星星;4颗小星星）

（10）我国的"两弹一星"是指什么？（原子弹、氢弹、人造卫星）

（11）我国的母亲河是什么河？（黄河）

（12）请说出我国的四大传统节日。（春节、清明节、端午节、中秋节）

（13）升国旗时小朋友应行什么礼？（注目礼）

（14）我国的国宝是什么动物？（熊猫）

（15）我国的国花是什么？（牡丹）

（16）我国的首都在哪里？（北京市）

（17）请说出北京的3座著名建筑。（天安门、故宫、长城等）

（18）2024年是中华人民共和国成立多少周年？（75周年）

（19）中华人民共和国国徽的图案主要由什么构成？（五星、天安门、齿轮和谷穗）

（20）哪个国家的高铁速度是最快的？（中国）

（21）我国有多少个民族？请说出你知道的5个民族。（56个民族;汉族、回族、维吾尔族、苗族、壮族、藏族等）

（22）我国哪个少数民族的人数最多？哪个少数民族的人数最少？（壮族是人数最多的少数民族;珞巴族是人数最少的少数民族）

（23）我国分布最广泛的少数民族是哪个民族？（回族）

（24）哪些垃圾是可回收垃圾？请你至少说出3个。（废纸张、废塑料、废玻璃制品、废金属等）

（25）我国四大高原是指哪4个高原？（青藏高原、云贵高原、内蒙古高原、黄土高原）

（26）我国海拔最高的山脉是哪座？（喜马拉雅山脉）

（27）世界上最长的城墙是哪座？（万里长城）

（28）哈尔滨市的市花是什么？（丁香花）

（29）我国古代的四大发明是什么？（造纸术、印刷术、指南针、火药）

（30）我国的国粹是什么？（京剧）

（31）中华人民共和国成立时，在天安门城楼上讲话的是谁？（毛泽东）

（32）请你说出我国的5个城市的名称。（北京、深圳、上海、广州、长沙等）

（33）我国的官方语言是什么？（汉语——通用普通话）

（34）请说出我们幼儿园的全称。（××××幼儿园）

（35）你知道我们国家的国球是什么球吗？（乒乓球）

（36）我国现任国家主席是谁？（习近平）

（37）最早、最完备的文字是什么文字？（甲骨文）

（38）12月13日南京为什么拉警报？（为南京大屠杀遇难者举行公祭活动）

（39）哪些垃圾是有害垃圾？请你说出3个。（废电池、废油漆、废药品等）

（40）我国第一艘登上浩瀚太空的载人飞船叫什么？（神舟五号）

（41）由我国建造的世界上最长的跨海大桥叫什么？（港珠澳大桥）

（42）被称为"中国杂交水稻之父"的是谁？（袁隆平）

（43）港珠澳大桥连接哪几座城市？（香港、珠海、澳门）

（44）香港是哪年回归的？澳门是哪年回归的？（1997年香港回归；1999年澳门回归）

（45）中国人民解放军"三军"是指哪三军？（海军、陆军、空军）

（46）把飞船发射到月球的工程叫作什么工程？（嫦娥工程）

（47）请你说出3位"共和国勋章"获得者。（袁隆平、屠呦呦、张富清等）

（48）你生活的地方属于哪个省？省会是哪个城市？（黑龙江省；哈尔滨市）

（49）说出你知道的5个省份。（山东省、湖南省、湖北省、江苏省、浙江省等）

（50）东北三省指的是哪3个省？（黑龙江省、吉林省、辽宁省）

九月　爱在"我"家

5．手工制作五星红旗。

指导幼儿动手制作五星红旗,让他们在制作过程中进一步加深对五星红旗的认识。

6．国庆歌曲推荐。

《祖国大花园》《我爱北京天安门》《团结就是力量》《祖国祖国真美丽》《学习雷锋好榜样》《爱我中华》《红星闪闪》《卖报歌》《没有共产党就没有新中国》《妈妈教我一支歌》《祖国祖国我们爱你》《五环童话》《北京欢迎你》《我的中国心》《我和我的祖国》《今天是你的生日》《歌唱祖国》《国家》。

7．国庆童谣推荐。

《国庆节儿歌》(之一)

十月一日国庆节,五星红旗迎风飘。

小朋友们拍手笑,祖国妈妈生日好。

《国庆节儿歌》(之二)

金秋时节国庆到,小朋友们齐欢笑。

爸爸妈妈都休息,带我游山和玩水。

十月大街也热闹,处处挂着红灯笼。

天安门前人潮涌,同祝祖国万万年。

《国庆节》

国庆节,真热闹,

什么旗子空中飘?

什么鸟儿飞满天?

谁在唱歌和舞蹈?

国庆节,真热闹,

五星红旗空中飘,

和平鸽,飞满天。

宝宝唱歌和舞蹈。

《祖国妈妈真漂亮》

祖国妈妈真漂亮,两条彩带披身上。

一条名字叫黄河,一条名字叫长江。

黄河黄,长江长,江河两岸鱼米香。

亿万儿女齐打扮,祖国妈妈真漂亮。

《祖国是妈妈》

妈妈从小告诉我,我有两个好妈妈。

一个妈妈生了我,祖国妈妈养育我。

两个妈妈都爱我,我爱她们一样多。

我在爱的怀抱里,聪明又健康,幸福又快乐!

亲子活动

中秋节亲子活动方案建议

指导思想：

　　中秋节是中华民族的传统节日,又称团圆节,寓意着团圆和丰收。在这一天,人们通常会与家人团聚、赏月、吃月饼,共度佳节。为了让幼儿深刻体验中秋节深厚的文化底蕴,感受阖家团圆的美好氛围,同时增进亲子间的感情,我们特举办此次中秋节亲子活动。

活动主题：

　　"月满中秋话团圆"。

活动目标：

　　＊让幼儿了解中秋节的起源、相关传说和习俗,感受传统文化的魅力。

　　＊通过温馨的亲子互动,构建家长与幼儿之间情感的桥梁,营造和谐美满的家庭氛围。

　　＊为幼儿提供展示自己的平台,学会相互配合,在团结合作中感受乐趣。

活动时间：

　　9月。

活动形式：

　　亲子活动。

活动内容建议：

　　1. 中秋节故事会。

　　（1）讲述中秋节的相关故事,如"嫦娥奔月""吴刚伐桂"等,让孩子们了解中秋节的起源和传说。

　　中秋节的起源：

　　①由古代祭月演变而来。农历八月十五日正好是秋季的一半,所以被称为"中秋"。最初这一天被定为古代帝王祭月的节日,后来慢慢演变为中秋节。在中国传统文化中,月亮和太阳这两个交替出现的天体成为先民崇拜的对象。中秋节起源于古人对月亮的祭祀,是中华民族祭月习俗的遗存和衍生。

　　②与嫦娥奔月的故事有关。传说后羿射下了9个多余的太阳,得到了长生

不老的仙药。他的妻子嫦娥偷吃了仙药,飞上了天,成为长住月宫的仙女。后羿为了寄托对她的思念,便在每年的农历八月十五日摆上瓜果食品,由此演变成了中秋节这个节日。

③与古代的土地崇拜有关。秋天是收获的季节,为了感谢土地的恩赐,人们会进行一系列的仪式和庆祝活动,称为"秋报",八月十五日正是举行这些活动的日子之一,因此逐渐发展出中秋节这个节日。

④中秋节起源于隋末唐初。大业十三年八月十五日,唐军裴寂受圆月启发发明了月饼,并广发军中作为军饷,成功解决了军粮短缺问题。

⑤朱元璋"月饼起义"。为反抗元朝暴政,朱元璋与各地起义军约定于八月十五日这一天起义,并把字条夹在月饼中传递消息。自此中秋节吃月饼的习俗便在民间流传开来。

总体来说,中秋节是融合了多种文化和历史因素的产物。无论其真正的起源如何,中秋节都已经成为一个重要的中国传统节日,承载着人们的团圆、思乡之情。

（2）邀请家长和幼儿一起分享关于中秋节的家庭故事和习俗,增进亲子间的情感交流。

2．中秋节相关诗词等欣赏。

• 邀请家长和幼儿一起朗诵与中秋节相关的诗词,如《静夜思》《水调歌头》《古朗月行》等。

• 欣赏歌曲《爷爷为我打月饼》、乐曲《春江花月夜》等。

• 猜谜语:有时落在山腰,有时挂在树梢,有时像只圆盘,有时像把镰刀。

• 欣赏绘本故事《到月亮婆婆家做客》,观察月亮的变化,让幼儿知道农历八月十五是我国中秋佳节,也是阖家团圆的日子。

3．亲子才艺展示。

• 鼓励家长和幼儿提前准备与中秋节相关的才艺节目,如诗歌朗诵、歌曲演唱等,在中秋节亲子活动现场进行展示。

4．亲子制作月饼。

（1）准备月饼制作材料,如面粉、馅料、模具等。

（2）家长和幼儿一起动手制作月饼,体验传统手工艺的乐趣。

（3）可以组织一场小比赛,评选出最佳创意月饼,鼓励幼儿发挥想象力和创造力。

5．户外亲子游戏。

（1）设置"猜灯谜""寻找玉兔"等中秋节主题的户外亲子游戏。

（2）家长和幼儿共同参与游戏,增进亲子间的默契。

6.亲子灯笼制作与展示。

(1)提供制作灯笼的材料,如纸、彩笔、线等。

(2)家长和幼儿一起设计并制作灯笼,发挥创造力和想象力。

(3)组织灯笼展示活动,增强幼儿的自信心和成就感。

7.品尝月饼与赏月。

(1)品尝亲子制作的月饼,分享制作过程中的趣事。

(2)若天气允许,可组织家长和幼儿到户外赏月,感受中秋夜的宁静与美好。

十月
我爱祖国

小班

整合《"地道"里的小乐趣》

设计思想：

听了《地道战》的故事,幼儿很佩服英雄们的智慧、机警和勇敢。因此利用这一教育契机,结合小班幼儿的年龄特点,用废旧的纸壳设计"地道"游戏。由"地道战"转变为"地道"游戏,重点尝试多种方式爬行,同时亲身体验地道战的特点。幼儿能够在"地道"游戏中学习快速爬这一技能,同时面对突发问题能尝试着自己解决并听懂口令,发展手脚协调的能力和随机应变的能力。

活动目标：

1. 掌握在"地道"里智慧前行的游戏方法。
2. 能在黑暗的环境中手膝着地向前爬,并能听指令快速反应。
3. 增强幼儿的自信心和守纪律的意识,感受"地道"游戏的乐趣。

活动准备：

"地道"游戏场景、小红旗两面、歌曲和动画片《地道战》。

活动过程：

一、音乐导入

倾听歌曲《地道战》。

小朋友们,之前我们从《地道战》的故事中了解到中国军民为了进行对敌斗争,开展了挖地道的活动,现在我们来看看他们是怎样行动的。

二、观看动画片《地道战》,引发幼儿兴趣

他们挖的地道户户相通、村村相连,形成了一个地道网络,既能用来隐蔽、转移,又可以和敌人灵活作战,成为抗日斗争的坚强堡垒。

1. 说一说你的发现:利用地道打击敌人和地上战斗有什么不一样?
2. 地道里很狭窄,他们是怎么前进的?
3. 我们也来试一试吧！希望小朋友们可以在游戏中锻炼胆量,学习本领。

三、游戏活动前技能训练

组织幼儿观看自制的"地道",教师创设游戏情境激发幼儿参与。

1.做热身训练。

2.请幼儿自由尝试快速通过"地道"的方法。教师指导幼儿,提醒幼儿注意安全。(幼儿一个一个有序进入"地道",不可以拥挤,在狭窄的"地道"中前后要保持一定的距离,避免踢到别人)

3.学习手膝着地向前爬,反复练习,领悟动作要领。

4.教师示范前进爬、后退爬、拐弯爬等动作。

小结:经过练习你们已经初步掌握了进入"地道"的技能,也懂得了如何合作,你们真的很棒!想一想,如果进入真的地道,可能地道会很长,会很黑,不要害怕,要成为小勇士,才能完成任务。

四、情境游戏活动

1.分组进行游戏,交代游戏规则。

2.开始游戏,玩法如下:

(1)进入情境:危险来临——空袭声响起。

(2)教师发出指令:不好,有敌人入侵,小朋友们请迅速进入"地道",有序前往安全地点,约定在有五星红旗的地方集合。

(3)幼儿有序进入"地道",教师随时关注幼儿活动情况。

3.听见集结号,紧急集合,结束游戏。

小结:在刚刚的"地道"作战中,我看到小朋友们能够服从指令,有序地爬行,并且能够很好地与同伴合作,既保全了自己,又顺利完成了任务。勇敢的中国人就是这样团结起来打败敌人的。

五、活动结束

1.知识迁移:观察现代人防工程的图片,感受祖国科技力量的强大。

2.整理游戏物品。

小结:随着科技的发展,我们的祖国变得如此强大。同时,我们也要有保护自己的意识。小朋友们要学好本领,长大以后建设祖国,让我们的祖国越来越强大,让我们的国家永远和平。

六、活动延伸

在家庭中查找、分享地道战的相关资料,和家人一起了解城市应急中心。

活动设计:黑龙江省农垦建三江管理局中心幼儿园　孙淑宏

艺术领域《祖国大花园》

设计思想:

《祖国大花园》以幼儿的语气、富有新疆特色的旋律描绘了祖国美丽的山河,唱出了祖国大花园的幸福生活。歌曲易于理解,节奏欢快活泼,旋律简洁明了,有助于幼儿掌握节奏的起伏变化,在轻松愉悦的氛围中学习歌曲。《3—6岁儿童学习与发展指南》中指出:"经常让幼儿接触适宜的、各种形式的音乐作品,丰富幼儿对音乐的感受和体验。"本次活动旨在引导幼儿用身体打击乐为歌曲伴奏,培养幼儿对音乐活动的兴趣的同时,激发幼儿的爱国情感。

活动目标:

1. 体会歌词表达的意境,感受成长在祖国大花园里的快乐。
2. 能用身体打击乐、奥尔夫打击乐配合音乐旋律进行节奏律动。
3. 培养幼儿对音乐活动的兴趣,激发幼儿对祖国的热爱之情。

活动准备:

物质准备:歌曲《祖国大花园》、图片(与歌词相对应的图片)、铃鼓、沙槌。

经验准备:幼儿有使用铃鼓、沙槌的经验。

活动过程:

一、图片导入

教师播放图片,幼儿欣赏。

说一说:每张图片中都有什么?(天空、河水、草原、歌舞表演)

二、歌曲欣赏

1. 播放歌曲《祖国大花园》,幼儿欣赏,请幼儿说说感受。
2. 再次播放歌曲,请幼儿简单复述歌词内容,体会歌词表达的意境。

小结:歌曲中唱到了祖国蔚蓝的天空、甘甜的河水、辽阔的草原、乐翻了天的歌舞。这些都是祖国美丽的景色,我们的祖国就像一个美丽的大花园。我们共同生活在这么美丽的祖国大花园里,多么开心、幸福!

3. 再次播放歌曲,幼儿感受歌曲欢快的节奏,尝试用小手跟随音乐打节拍。

三、身体打击乐

1. 请幼儿探讨如何让身体发出声音。
2. 引导幼儿探讨并尝试用多种方式发出不同的声音。
3. 个别幼儿进行展示。
4. 教师播放歌曲,鼓励幼儿用身体打击乐为歌曲伴奏。
5. 幼儿集体展示。

四、打击乐合奏

1. 幼儿自由选择打击乐器。
2. 幼儿自由组队,使用铃鼓、沙槌为歌曲伴奏,教师指挥。

3．教师小结，激发幼儿热爱祖国的情感。

五、活动延伸

美工区投放彩纸、蜡笔，让幼儿画一画心中美丽的祖国大花园。

附歌曲《祖国大花园》：

这里的天空最蔚蓝

这里的河水最甘甜

这里的草原多辽阔

这里的歌舞乐翻了天

这里的四季春常在

这里的人们心相连

这里的山水美如画

这里是祖国大花园

最美的歌儿唱给她

祖国祖国大大的家

最真的情啊献给她

祖国祖国我的妈妈

我们的祖国是花园

花园的花朵真鲜艳

和暖的阳光照耀着我们

每个人脸上都笑开颜

活动设计：黑龙江省农垦建三江管理局中心幼儿园　魏红

社会领域《中国红》

设计思想：

爱祖国是学前儿童社会领域教育的核心内容，是培养幼儿国家认同感和归属感的重要内容。小班幼儿年龄较小，为了渗透红色文化，弘扬爱国精神，我们以认识国旗为主线设计了此次社会教育活动。引导幼儿知道五星红旗是中华人民共和国国旗，初步了解国旗的基本特征，懂得升旗的礼仪，知道国旗是祖国的象征，激发幼儿对祖国的热爱之情。

活动目标：

1．了解国旗的基本含义、由来和相关故事。

2．知道五星红旗是我国国旗，初步了解国旗的基本特征。

3．激发幼儿对国旗的尊重、爱护之情。

活动准备：

天安门升旗的视频、PPT课件、音乐《国旗国旗真美丽》、红色旗面若干、五角星若干、小五星红旗实物若干、国旗粘贴若干、图片。

活动过程：

一、图片导入

1．观看天安门升旗的视频。

2．请幼儿说出观看升国旗时的感受。

小结：我们观看升国旗时心情是激动的，我们为强大的祖国而自豪。

二、了解国旗

1．播放PPT课件，幼儿了解国旗背后的故事。

为了中华人民共和国的成立，为了人们幸福的生活，无数的革命烈士牺牲了自己宝贵的生命，我们的国旗是用烈士的鲜血染成的，所以是红色的。

2．出示国旗的图片，幼儿观察并互动问答。（巩固关于国旗的知识）

国旗是什么颜色的？

国旗是什么形状的？

国旗上有什么？五角星是什么颜色的？几颗大五角星？几颗小五角星？它们是怎样排列的？

小结：我们国家的国旗是五星红旗，颜色是红色的，形状是长方形的，上面有五颗黄色的五角星，一颗大的五角星在中间，四颗小的五角星紧紧围绕在它周围。

三、升旗礼仪小课堂

1．观看视频，了解升旗礼仪。

2．出示尊重、爱护国旗的图片。

国旗是我们祖国的象征和标志，小朋友们要自觉尊重、爱护国旗，拒绝一切有辱国旗的行为，不可以在国旗上乱涂乱画，拿取国旗要轻拿轻放。

3．仔细观察图片，找一找可以悬挂国旗的场合。

《中华人民共和国国旗法》第七条规定："国庆节、国际劳动节、元旦、春节和国家宪法日等重要节日、纪念日，各级国家机关、各人民团体以及大型广场、公园等公共活动场所应当升挂国旗；企业事业组织，村民委员会、居民委员会，居民院（楼、小区）有条件的应当升挂国旗。"

四、我为国旗贴星星

1．分发红色旗面和五角星。

2．示范将五颗五角星粘贴在旗面的正确位置上。

3．幼儿在旗面上摆好五颗五角星,再粘贴。

4．幼儿动手操作,教师巡回指导。

五、童音唱儿歌

今天我还带来了一首关于国旗的儿歌与大家分享。

播放儿歌《国旗国旗真美丽》,幼儿跟唱。请幼儿站起来,一边唱歌,一边挥动手中的小五星红旗,增强自豪感。

小结:今天我们认识了国旗,了解了国旗背后的故事,懂得了升旗时的礼仪,以后每周一升旗时小朋友们都要遵守升旗礼仪哟!

六、活动延伸

1．在美工区投放材料,绘制五星红旗。

2．与父母一起寻找"中国红"。

活动设计:黑龙江省农垦建三江管理局中心幼儿园　王南

艺术领域《我爱北京天安门》

设计思想:

北京是我国的首都,孩子们对其充满向往。歌曲《我爱北京天安门》体现了对北京的热爱。歌曲曲调欢快,能给幼儿带来活泼的情绪,激发幼儿热爱北京的情感。根据小班幼儿的年龄特征,在活动中,通过欣赏、跟唱、表演等形式,调动幼儿的兴趣,用形象、具体的图谱帮助幼儿熟悉歌词,利用身体打节奏的形式感知歌曲的节奏变化,让幼儿充分地动起来,愉悦地参与到整个活动中来,引导幼儿向往首都、热爱祖国。

活动目标:

1．欣赏并跟唱歌曲《我爱北京天安门》。

2．在熟悉歌曲节奏的基础上,引导幼儿尝试用身体部位打节奏。

3．体验参与音乐活动的愉悦感,激发幼儿向往首都、热爱祖国的情感。

活动准备:

歌曲《我爱北京天安门》、天安门的图片、北京著名建筑和景点的图片、歌词图谱。

活动过程:

一、谈话导入

小朋友,你去过北京吗?那里有什么?

小结:北京是我们的首都,有很多著名的建筑,如天安门、长城、鸟巢、水立方、颐和园等。有一首好听的歌曲就是歌唱天安门的,我们一起听一听吧!

二、学习歌曲《我爱北京天安门》

1. 欣赏歌曲。

(1)请幼儿说一说:在歌曲中都听到了什么?

(2)根据幼儿的讲述,教师逐句贴出歌词图谱(可网络检索)。

(3)幼儿跟着图谱熟悉歌词。

小结:歌曲中唱到了我们的首都北京,还有天安门、太阳、毛泽东等。

2. 感知节奏。

听了这首歌,你有什么感觉?

(1)歌词的哪部分要唱得重一些?

(2)身体打击乐:出示图谱,幼儿边唱歌边利用身体各部位打节奏,如拍手、拍肩、拍腿等。

小结:这首歌曲旋律特别欢快,每一句的前面都有重音,歌曲的最后一句特别激昂,听了很振奋人心。我们在唱的时候也要有激情,斗志昂扬。

3. 跟学歌曲。

幼儿跟随教师逐句学唱歌曲。

4. 集体演唱。

三、歌唱表演《我爱北京天安门》

幼儿分组进行歌唱表演。一组幼儿演唱《我爱北京天安门》,另一组幼儿用身体打节奏为歌曲伴奏。

四、知识迁移

天安门是北京的标志性建筑,天安门广场是当今世界上最大的城市广场。北京还有很多建筑,我们一起来看一看吧!(教师出示图片并讲解)

五、活动延伸

家园共育:家长搜集天安门的历史资料,讲给幼儿听。

美工区:绘画——《我爱北京天安门》。

活动设计:黑龙江省农垦建三江管理局中心幼儿园　高冬冬

艺术领域《节日的烟花》

设计思想:

国庆节来临之际,我们与幼儿谈论如何庆祝祖国妈妈的生日,表达自己的祝福,幼儿一致认为用放"烟花"的方式庆祝最为热烈。《3—6岁儿童学习与发展指南》中艺术领域的教育建议指出:"根据幼儿的生活经验,与幼儿共同确定艺术表现的主题,引导幼儿围绕主题展开想象,进行艺术表现。"此次活动以"节日的烟花"为主题,感受人们庆祝国庆节时的喜悦心情,并学习使用吸管印画的方法,为祖国燃放"烟花",表达自己对祖国的祝福之情。

活动目标:

1．了解国庆节的相关知识。

2．尝试用吸管印画的方式创作"烟花"。

3．感受欢度国庆节的喜悦,表达对祖国的祝福之情。

活动准备:

庆祝国庆节活动的场面的图片与视频、放烟花的图片、吸管、颜料、不同地点的图片。

活动过程:

一、活动导入

教师出示欢度国庆节的图片。

小朋友们,你们知道图片中出现的是什么场景吗?人们是为了什么节日而庆祝呢?

小结:1949年10月1日,毛泽东爷爷在北京天安门城楼上庄严宣告:"中华人民共和国中央人民政府今天成立了!"从那天起中华人民共和国成立了,每年的10月1日这一天就是我们国家的国庆日,图片中的场景就是国庆节举行的庆祝活动。

二、了解国庆节的庆祝方式

1．幼儿分享自己关于节日庆祝的经验。

每当节日到来的时候人们会选择不同的方式进行庆祝,你们都知道哪些庆祝的方式呢?

幼儿自由讲述。

2．播放人们庆祝国庆节的视频及相关图片。

幼儿根据图片、视频积累相关经验。

小结:自我们的国家成立以来,全国各地的人们都在用不同的方式庆祝国庆节,如国庆阅兵、燃放烟花、街道上悬挂五星红旗、放飞气球和和平鸽等。

三、创作节日的烟花

1．教师出示烟花的图片,引导幼儿观察并描述烟花的样子。

你看到的烟花是什么颜色的？是什么形状的？

2.教师提供操作材料,示范烟花的制作方法。

用剪刀将吸管的两头剪成流苏状,并向外折弯,蘸取五彩的颜料,放在画纸上,轻轻按压并转动吸管,美丽的烟花就完成了。

3.出示不同地点的图片供幼儿自由选择。

请你来选择你喜欢的地点并在这里燃放节日的烟花吧!

4.幼儿自由操作,用吸管印烟花,教师巡回指导。

5.幼儿展示、分享自己的印画作品,同伴之间相互欣赏并介绍作品。

教师引导幼儿在介绍时说:"国庆节到啦！我在×××(地点)为祖国放烟花。"

小结:国庆节是我们所有中国人的节日,是一个值得庆祝的节日,更是一个令人开心的节日。我们要时刻铭记自己是中国人,要热爱我们的祖国。

6.幼儿整理材料,活动结束。

四、活动延伸

在班级美工区投放天安门广场的图片,幼儿在区域活动时共同制作烟花。

活动设计:黑龙江省农垦建三江管理局中心幼儿园　朱凡琦

中 班

社会领域《五星红旗冉冉升起》

设计思想：

　　幼儿园从小班阶段便开始进行爱国主义启蒙教育,因此,中班幼儿对国旗已经有了初步的认识,基于幼儿已有的对国旗的认知,开展本次教育活动,让幼儿了解五星红旗在哪些时间和地点升起,知道如何爱护并敬仰国旗,从而增强民族认同感,激发幼儿作为中国人的自豪感。

活动目标：

　　1.了解五星红旗在哪些时间和地点升起,知道敬仰国旗。
　　2.知道爱护国旗的方法,遵守升旗礼仪。
　　3.激发幼儿的爱国情感,为自己是中国人感到自豪。

活动准备：

　　视频、图片、歌曲《五星红旗》。

活动过程：

一、导入部分

　　伴随歌曲《五星红旗》开展师幼律动,营造爱国氛围。

二、感受国旗升起时的震撼和骄傲

　　1.播放升国旗的视频,幼儿观看。
　　2.请幼儿说一说看到五星红旗冉冉升起时的感受。
　　3.请幼儿说一说都在哪里见过国旗和升旗仪式。

三、了解五星红旗在哪些时间和地点升起

　　1.你们知道在哪些地方会升起国旗吗？
　　播放国旗在北京天安门广场、国务院、最高人民法院、外交部,出境入境的机场、港口、火车站和其他边境口岸,边防海防哨所等场所升起的视频,教师介绍。
　　2.当庆祝重要节日或在一些重要时刻会举行升旗仪式。
　　展示在国庆节、国际劳动节、元旦、春节和国家宪法日等重要节日和纪念日升挂国旗的图片,教师介绍。

3.播放在不同场景国旗冉冉升起的视频,幼儿观看。(例如,香港、澳门回归祖国时;中国运动员在奥运会上夺冠时)观看中国航天员杨利伟乘坐"神舟五号"飞船在太空中展示中国国旗和联合国旗帜的视频。

小结:在国际上的一些重要时刻五星红旗也会升起,这是令世界瞩目的时刻,作为中国人,此时我们感到激动和自豪。

四、尊重国旗、爱护国旗

1.国旗是我们伟大祖国的象征和标志,作为中国人,我们应当尊重和爱护国旗。那你们知道应该怎样爱护国旗吗?(幼儿自由回答)

小结:《中华人民共和国国旗法》规定:"不能升挂或者使用破损、污损、褪色或者不合规格的国旗,不得倒挂、倒插或者以其他有损国旗尊严的方式升挂、使用国旗。"

当我们使用完国旗后应当妥善处置,将国旗整齐地叠好并保存好。

2.参加升旗仪式时,我们要怎样做?(幼儿自由回答)

小结:举行升旗仪式时,应当奏唱国歌。在国旗升起的过程中,我们要面向国旗肃立,行注目礼或者按照规定要求敬礼。这是我们每个中国人都应遵守的升旗礼仪。

五、结束活动

播放歌曲《五星红旗》,师幼共同演唱。

六、活动延伸

和家人一起收集在一些重要时刻升起五星红旗的视频并分享给同伴。

活动设计:黑龙江省农垦建三江管理局中心幼儿园　潘洋洋

语言领域《小小的心儿爱祖国》

设计思想:

《幼儿园教育指导纲要(试行)》中指出:"爱父母长辈、老师和同伴,爱集体、爱家乡、爱祖国。"诗歌《小小的心儿爱祖国》融合了对五星红旗、祖国妈妈等文化元素的描绘,其语言优美、韵律和谐,是提升幼儿语言表达能力的良好素材。设计本次活动,通过诗歌的朗诵和学习,让幼儿接触丰富的词汇和句式,提高他们的语言感知能力、理解能力和表达能力,培养幼儿的民族认同感和文化自信。

活动目标:

1.理解诗歌中的词汇和句式,提升语言表达能力。

2. 能够准确、流畅地朗诵诗歌。

3. 感受诗歌优美的旋律和意境,激发幼儿对祖国的热爱之情。

活动准备:

诗歌《小小的心儿爱祖国》的PPT;五星红旗的图片;国歌音频。

活动过程:

一、听国歌,看国旗

1. 播放国歌,幼儿聆听,并提问:"你们听到的是什么歌曲?"

2. 出示国旗的图片,引导幼儿回顾五星红旗相关的知识。

(1)五星红旗的红色象征什么?

(2)五星红旗上有几颗星?大五角星代表什么?小五角星代表什么?

小结:五星红旗的红色象征着革命。大五角星代表中国共产党,四颗小五角星分别代表工人阶级、农民阶级、城市小资产阶级、民族资产阶级。

二、学习诗歌

1. 欣赏诗歌。

教师出示诗歌的PPT,并有感情地朗诵诗歌,幼儿初步感受诗歌的内容。

2. 了解诗歌的含义。

在刚才的诗歌中,小朋友都了解到了什么呢?请幼儿自由表达。我们的祖国这么美丽,你能为祖国做些什么呢?

小结:祖国如此美丽,小朋友也可以做很多小事来为祖国贡献力量。比如,爱护环境,让我们可爱的幼儿园时刻保持干净、整洁;在生活中节约每一滴水、每一度电,用实际行动节约能源;从小认真学习本领,长大后为建设祖国贡献力量;孝敬父母,从小有一颗懂得感恩的心。每一点小小的努力,都是对祖国的深情告白。

三、诗歌诵读

1. 幼儿跟读:幼儿跟随教师一起朗读诗歌。

2. 分组朗读:教师将幼儿分成几个小组,每组幼儿分别进行诗歌朗读。

3. 接龙诵读:教师指定一个小组开始,该小组的幼儿朗读诗歌的第一句,下一个小组的幼儿接读下一句,以此类推,直到诵读完整首诗歌。

小结:小朋友们,通过刚刚的诵读和理解,我们知道了这首诗歌主要表达了对祖国的深深热爱之情。希望小朋友们从小就努力学习各种本领,长大后把我们的祖国建设得更加美丽、富强。

四、活动延伸

在班级内设置"我爱祖国"展示角,投放幼儿在祖国大好河山旅行时拍摄的照片,展现祖国的美丽。

附诗歌《小小的心儿爱祖国》:

五星红旗迎风飘,祖国妈妈我爱你。

从小立志学本领,长大为国立功劳。

祖国祖国我爱你,我是你的好儿女。

活动设计:黑龙江省农垦建三江管理局中心幼儿园　张瑞瑶

整合《我为祖国过生日》

设计思想:

从幼儿比较熟悉的过生日这一生活情境入手,帮助幼儿与祖国过生日产生共情,加深幼儿对"祖国"一词的认知。在国庆节来临之际,设计此次"我为祖国过生日"活动,通过观看开国大典、阅兵、祖国风采等,用幼儿喜欢的直观方式,引导幼儿感知祖国的富饶、强大,从而激起幼儿的民族自豪感和幸福感,使其以积极的情绪用自己喜欢的方式为祖国妈妈庆祝生日,表达对祖国妈妈的热爱之情。

活动目标:

1. 知道每年的10月1日是祖国妈妈的生日,理解国庆节的含义。

2. 能通过观看阅兵及欣赏祖国风采,知道我们的祖国富饶、强大,尝试用自己喜欢的方式表达对祖国妈妈的热爱。

3. 感受国庆节举国欢庆的热烈氛围,萌发热爱祖国的情感。

活动准备:

1. 经验准备:请家长带幼儿观察国庆节来临之际周围生活环境的变化(如灯饰、标语等),丰富幼儿的国庆节常识。

2. 物质准备:有关国庆节来历的视频、歌曲《祝你生日快乐》、手工材料若干。

活动过程:

一、音乐《祝你生日快乐》导入

每个人都有自己的生日,你是怎么过生日的呢?

生日是每个人出生的这一天,我们伟大的祖国妈妈也有自己的生日,你知道是哪一天吗?(每年的10月1日)

二、了解国庆节的由来

播放《开国大典》视频,引导幼儿了解有关国庆节的常识。

1949年10月1日,毛泽东爷爷在北京天安门城楼上庄严宣告:"中华人民共和国中央人民政府今天成立了!"从那天起,每年的10月1日就成为祖国妈妈的生日,每年的这一天大家都会为祖国妈妈庆生。祖国妈妈在1949年诞生,那你知道我们的祖国妈妈至今已经多少岁了吗?

三、欣赏祖国妈妈的风采

1. 欣赏祖国美好风光的图片,感受祖国辽阔的地域,激发幼儿的爱国情感。
2. 说一说:看到这么多的美景,你的心情是怎样的?你有什么话想对祖国妈妈说吗?

小结:我们的祖国地域辽阔,物产丰富,她的富饶和强大给了我们现在幸福的生活,我们都很爱我们的祖国。

3. 出示下一组图片——祖国的成就。

引导幼儿根据图片内容大胆讲述祖国的繁荣、富强,表达对祖国的敬爱之情。

看到我们的祖国变得这么强大,你的心情是怎样的?你想对祖国妈妈说什么?

小结:从1949年中华人民共和国成立到现在,已经过去70多年了,我们的国家变得越来越强大,我们现在拥有幸福的生活。我们作为中国人感到无比幸福,感到自豪和骄傲,我们爱祖国妈妈。

四、感受天安门广场庆国庆的盛大氛围

1. 观看天安门广场举行升旗仪式及阅兵的视频,感受祖国的强大。
2. 观看各民族人民在天安门广场上载歌载舞的视频。

国庆节来临之际,天安门广场变得格外美丽,花坛里摆放了许多漂亮的花朵,大门两侧鲜艳的五星红旗迎风飘扬。人们穿着节日的盛装载歌载舞,欢声笑语。同时海外的中华儿女也在世界的各个角落用自己的方式为祖国妈妈庆生。这场庆典展示了祖国的繁荣与富强,更让每一个中国人心中充满自豪与骄傲。

五、我为祖国过生日

幼儿讨论:你想用什么样的形式为祖国妈妈庆祝生日?

1. 幼儿根据自己的特长、爱好自由组队,为祖国妈妈献礼。(如绘画、手工制作、唱歌、跳舞等)
2. 幼儿互相展示、欣赏。(美工作品可用展板展示)

六、活动延伸

请幼儿在国庆节期间以照片或绘画的形式记录自己的所见所闻,并展示、

交流。

活动设计:黑龙江省勤得利农场幼儿园　齐爽

社会领域《了不起的中国人》

设计思想:

幼儿的好奇心很强,乐于想象外太空的样子,常常幻想自己可以登上月球,在银河游荡。21世纪的今天,我们中国人已经能在外太空中漫步、种植蔬菜了,这让幼儿对外太空的兴趣更浓厚了。因此,设计此次活动,让幼儿通过了解了不起的中国人——航天员,去感受中国航天事业的发展,了解航天员在外太空的生活,并为自己是中国人而感到自豪。

活动目标:

1. 了解航天员为我国航天事业所做的伟大贡献。
2. 能说出航天员在中国空间站的工作及生活。
3. 激发幼儿对了不起的中国人——航天员的崇敬之情,为自己是中国人感到自豪。

活动准备:

航天员在中国空间站生活的视频、相关图片、火箭发射视频等。

活动过程:

一、出示图片,组织幼儿讨论,引出活动主题

1. 图片中是谁呀?你是怎么知道的?
2. 他在什么地方?
3. 航天员是怎么从地球到达太空的?
4. 航天员的衣服有什么特点?

小结:这是航天员在太空中生活的图片,他们穿的航天服是专门为航天员设计的服装,可以保障航天员在太空中的安全。他们是乘坐载人飞船到达太空的。

二、航天员到达太空的过程

播放火箭发射视频,展示航天服等的图片。

三、航天员在太空中的生活

1. 播放动画视频《太空中的生活——吃饭和洗脸》,并出示相关图片。

小结:航天员的工作真辛苦,除了要组装、测试空间站的各种设备,还要做

实验、给地球上的小朋友讲解太空知识,同时要监测自己的健康状况。

2.播放动画视频《太空中的生活——锻炼》,引导幼儿了解航天员在太空中是如何锻炼的。

3.播放动画视频《太空中的生活——睡觉》,引导幼儿了解航天员在太空中是如何睡觉的。

小结:虽然太空的环境和地球不一样,但是聪明的科学家们为航天员想出了各种办法,因此航天员在太空中也能正常地生活。

四、讨论、引导幼儿感受航天员的艰辛及伟大

欣赏2023年10月26日神舟十七号航天员进入中国空间站的图片,幼儿为祖国航天事业的发展感到自豪。

小结:航天员们不仅要接受严格的训练,还要忍受寂寞、顶着生命危险在太空中收集资料、做实验。多亏了他们,我们国家的航天事业才能持续快速发展。

五、播放歌曲《宇航员》

幼儿聆听歌曲并律动。

六、活动延伸

亲子活动:鼓励家长与孩子一起了解和学习关于了不起的中国人的故事。

可以组织亲子阅读、亲子观影等活动,让家长和孩子共同感受祖国的伟大和英雄的风采。这样不仅能增进亲子关系,还能让家长更好地引导孩子树立正确的世界观、人生观和价值观。

活动设计:黑龙江省农垦建三江管理局中心幼儿园　张欢

艺术领域《唱国歌》

设计思想:

　　幼儿每次经过幼儿园的红色走廊都会分享、讨论国歌的故事,从幼儿的眼神中可以看到他们对国歌的敬仰之情。每周一的升旗仪式上幼儿会用稚嫩的声音伴唱国歌。但是,在唱的过程中对节奏和歌词的掌握不是很准确,有的幼儿不能完整地唱出国歌。由此设计了此次唱国歌艺术活动,让幼儿感受国歌激昂雄壮的旋律,引导幼儿按照乐曲的旋律准确、清晰地演唱国歌,感受作为中国人的自豪和荣耀。

活动目标:

1.知道国歌是祖国的象征,遵守升旗礼仪,能以敬仰之情聆听国歌。

2.感受国歌激昂的旋律,能够按照节奏有感情地跟唱国歌。

3. 在歌声中表达对祖国的浓浓热爱之情,激发幼儿的民族自豪感。

活动准备:

幼儿园升旗视频、音乐《义勇军进行曲》、奥运会颁奖典礼上升国旗并奏国歌的视频、天安门广场升旗仪式视频。

活动过程:

一、激发学习国歌的兴趣

1. 播放幼儿园升国旗时的视频。
2. 升旗时你是怎么做的?奏唱国歌时应遵守怎样的礼仪?

二、学唱国歌

1. 聆听国歌,感受国歌的旋律和节奏。
2. 跟随国歌节奏说歌词。
3. 带领幼儿一起跟唱国歌,先分段学习,再整体合唱。

三、情感迁移

1. 你在什么时候会唱响国歌?
2. 当你看到奏唱国歌的场面,你有什么感觉?

引导幼儿思考:在哪些场合会奏唱国歌?为什么在这些场合会奏唱国歌?

3. 播放视频。

(1)播放奥运会颁奖典礼上,中国体育健儿夺冠后站在领奖台上,升国旗,奏唱国歌的视频,感受其为国争光的自豪感。

(2)播放天安门广场升旗仪式视频。

引导幼儿感受天安门广场升旗仪式的庄严和神圣,增强其民族自信心和归属感。

四、组织幼儿有感情地合唱国歌

指导幼儿遵守唱国歌的礼仪,让幼儿在实际演唱中巩固对国歌的理解和掌握。

五、活动延伸

国歌、国旗都是祖国的象征,在生活中只要我们看到国旗升起、听到国歌奏响,就要主动提醒身边的人遵守升旗礼仪,做到立正,脱帽,行注目礼,庄严肃穆地唱国歌。

活动设计:黑龙江省农垦建三江管理局中心幼儿园　徐丹丹

大班

艺术领域《祖国祖国我们爱你》

设计思想:

《祖国祖国我们爱你》是一首活泼、欢快的爱国歌曲,适合用二声部的形式演唱。《3—6岁儿童学习与发展指南》中艺术领域的教育建议指出:"经常让幼儿接触适宜的、各种形式的音乐作品,丰富幼儿对音乐的感受和体验。"选择这首歌曲设计本次活动,目的是让幼儿在感受音乐欢快旋律的同时,尝试使用二声部的演唱方式并仿编歌曲,从而获得创造、表现、合作的能力,并在潜移默化中培养幼儿的爱国主义情感,激发幼儿对祖国的爱。

活动目标:

1. 学唱歌曲《祖国祖国我们爱你》,理解歌曲内容。

2. 尝试用二声部的演唱方式完整演唱歌曲,并尝试根据歌曲内容仿编歌曲。

3. 感受歌曲欢快的旋律,激发幼儿的爱国之情。

活动准备:

PPT课件、钢琴、视频。

活动过程:

一、欣赏视频,理解歌曲内容

作为中国人,我们都要热爱自己的祖国。今天老师带来的这首好听的歌曲是《祖国祖国我们爱你》,下面让我们来欣赏一下吧!

歌曲中的小朋友都画了什么?他们的画是送给谁的?为什么?

二、学唱歌曲《祖国祖国我们爱你》

1. 发声练习。

2. 学歌词。

(1)出示歌词图谱(可网络检索),教师分句讲解歌词。

(2)播放音乐伴奏,幼儿跟着伴奏说歌词。

3. 学唱歌曲。

(1)教师弹琴,幼儿逐句演唱歌曲。

(2)幼儿根据图谱逐句演唱歌曲。

三、歌曲二重唱

1.出示带有二声部的图谱,讲解二声部的歌词,示范二声部的演唱方式。

2.幼儿分成两组,分别唱一声部和二声部,在教师的指挥下尝试用二声部的形式完整演唱歌曲。

四、仿编歌曲

1.歌曲里小朋友画了很多漂亮的图画送给祖国,如果是你,你会画一幅什么样的画送给祖国呢?

2.幼儿尝试仿编歌曲。

3.教师和幼儿尝试演唱仿编的歌曲,活动自然结束。

五、活动延伸

请幼儿与爸爸妈妈尝试用二重唱的方式演唱歌曲《祖国祖国我们爱你》。

活动设计:黑龙江省农垦建三江管理局中心幼儿园 李斌

艺术领域《我眼中的黄河》

设计思想:

在中国这片古老的土地上,有一条河——黄河,它是中国第二长河,是世界第五长河。在中国历史上,它的变迁和自然环境影响着人类活动,见证着我国河流文化的发展,它是中华文明的发源地。幼儿认识黄河、了解黄河,不仅能增长知识,更能激发他们对祖国大好河山的热爱之情。因此设计"我眼中的黄河"这一活动,旨在引导幼儿关注母亲河的现状,加强环保意识,从小知黄河、爱黄河、护黄河,传承和弘扬黄河文化。

活动目标:

1.了解黄河的历史文化背景,知道黄河是中华民族的母亲河。

2.掌握用滚筒刷画画的方法,能够大胆着色。

3.了解黄河两岸的生活现状,展开联想并绘画,增进对母亲河的热爱之情。

活动准备:

PPT课件(黄河图片)、视频、长画卷、滚筒刷、颜料。

活动过程：

一、我们的母亲河

观看视频《黄河壶口》，请幼儿说一说观看后的感受。

小结：黄河在我国古代称作大河，是中国第二长河，被称为中华民族的母亲河。黄河像一条腾飞的巨龙，从世界屋脊——青藏高原奔腾而下，穿行在西北黄土高原的秦晋大峡谷中，流经壶口时，原本400米宽的河水突然收束一槽，形成特大马蹄状瀑布群，即壮观的黄河第一大瀑布——壶口瀑布。

二、播放PPT，了解黄河两岸人民的生活

1. 黄河发源于我国青海省的巴颜喀拉山脉。
2. 引导幼儿梳理：黄河从号称世界屋脊的青藏高原奔腾而下，共流经9省（自治区），经青海、四川、甘肃、宁夏回族自治区、内蒙古自治区、陕西，在山西境内一泻千里，最后经河南、山东注入渤海。

小结：黄河两岸有悠久的文化和历史，还有丰富的农作物和发达的渔业。黄河石、黄河水、黄河沙、黄河大桥、黄河鲤鱼、黄河胶泥等都是我们探究的对象，仔细观察，感受黄河文化的魅力。

三、创作：我眼中的黄河

这样一条壮阔的河流特别值得小朋友们记住它，并且为它感到骄傲。我们一起走近黄河，通过对黄河的形态及其周边事物的绘画来表现母亲河的美吧！

1. 出示长画卷，讲解绘制要求。

回忆我们刚才欣赏的黄河图片，共同在这个画卷上绘出黄河。

2. 幼儿用颜料、滚筒刷绘制黄河，并将周边的事物表现出来，如壶口瀑布、高山、峡谷、稻田地等。
3. 教师巡回指导。
4. 作品展示，幼儿表达对黄河的喜爱之情。

小结：黄河千年奔流不停，象征着华夏民族的绵延不绝、生生不息。黄河磅礴雄伟的气势，象征着我们中华民族无坚不摧、坚韧刚强的品格。

四、活动延伸

小朋友们一起把《我眼中的黄河》这幅画卷装饰到班级的墙上。

活动设计：黑龙江省农垦建三江管理局中心幼儿园　李萍

社会领域《"共和国勋章"》

设计思想：

《3—6岁儿童学习与发展指南》中社会领域的教育建议指出："向幼儿介绍反映中国人聪明才智的发明和创造,激发幼儿的民族自豪感。""共和国勋章"是中华人民共和国最高荣誉,其获得者建立了卓越功勋,其事迹及重大成就值得每个中国人学习。设计此次活动,通过对"共和国勋章"的含义、设计工艺、获得者事迹的了解,激发幼儿对"共和国勋章"获得者的敬佩之情。

活动目标：

1. 了解"共和国勋章"所代表的含义及其设计工艺。
2. 了解"共和国勋章"获得者的事迹,感受其优秀品质和精神。
3. 激发幼儿对"共和国勋章"获得者的敬佩之情,为自己是中国人感到自豪。

活动准备：

PPT课件、视频。

活动过程：

一、视频导入,引出"共和国勋章"

1. 教师播放袁隆平被授予"共和国勋章"的视频,幼儿观看。
2. 视频里获得"共和国勋章"的是谁？谁给他颁授的"共和国勋章"？

小结："共和国勋章"的获得者为我们国家做出了巨大的贡献。视频里是袁隆平爷爷,他被称为"杂交水稻之父",为我国粮食安全、农业科学发展和世界粮食供给做出杰出贡献。习近平总书记向袁隆平院士颁授"共和国勋章"。

二、深入了解"共和国勋章"

1. 了解"共和国勋章"的含义。

你们知道"共和国勋章"代表什么吗？

小结："共和国勋章"授予在中国特色社会主义建设和保卫国家中做出巨大贡献、建立卓越功勋的杰出人士。

2. 了解"共和国勋章"获得者及其突出贡献。

你们知道还有谁获得过"共和国勋章"吗？

小结：除了袁隆平爷爷,还有其他12位爷爷、奶奶也获得过"共和国勋章",他们是于敏、申纪兰、孙家栋、李延年、张富清、黄旭华、屠呦呦、钟南山、王永志、王振义、李振声、黄宗德。

于敏爷爷是核物理学家，一生都在为国家研制氢弹，让我们国家有了强大的军事武器。

申纪兰奶奶，她勇于改革，大胆创新，带领村民发展农业，做强集体经济，为推动老区经济建设和老区人民脱贫攻坚做出了巨大贡献。

孙家栋爷爷，我国人造卫星技术的开创者之一，主持了多颗卫星的研制和发射工作，是我国月球探测工程的主要倡导者，成功建成北斗卫星导航系统，为全球用户服务。

李延年爷爷，先后参加解放战争、湘西剿匪、抗美援朝战争、对越自卫反击战等战役战斗20多次，是为建立和保卫中华人民共和国做出重大贡献的战斗英雄。

张富清爷爷，他在解放战争的枪林弹雨中冲锋在前，浴血疆场，视死如归，多次荣立战功。

黄旭华爷爷，为我国核潜艇事业奉献了毕生精力，为核潜艇研制和跨越式发展做出卓越贡献。

屠呦呦奶奶，研究发现了青蒿素，解决了抗疟治疗失效难题，为中医药科技创新和人类健康事业做出巨大贡献。

……

小结："共和国勋章"是一种荣耀，是对杰出人士的努力和付出的认可和肯定。"共和国勋章"的价值不仅仅在于外观，更在于它所代表的含义及其背后的故事。

三、了解"共和国勋章"的设计工艺

我们一起来仔细看看"共和国勋章"吧，看看它是由什么组成的。

小结："共和国勋章"以红色和金色为主色调，分为章链和章体两个部分，章链采用中国结、如意、兰花等元素。章体采用国徽、五角星、黄河、长江、山峰、牡丹等元素。整体象征着"共和国勋章"获得者为共和国建设和发展做出的巨大贡献，礼赞国家最高荣誉，祝福祖国繁荣昌盛，寓意全国各族人民团结一心共筑中华民族伟大复兴的中国梦！

四、活动延伸

家园共育：与家人一起观看电影《功勋》。

活动设计：黑龙江省农垦建三江管理局中心幼儿园　韩雨晴

十月 我爱祖国

艺术领域《56个民族一家亲》

设计思想：

《3—6岁儿童学习与发展指南》中艺术领域的教育建议指出："创造条件让幼儿接触多种艺术形式和作品。"舞蹈学习不仅有助于幼儿的身体发育和动作协调,还能培养他们的情感表达、社交和审美等多方面的能力。蒙古族舞蹈作为一种独特的舞蹈形式,深受人们喜爱。通过蒙古族舞蹈的学习和演绎,引导幼儿深入地了解蒙古族音乐豪放的气势,感受蒙古族舞蹈欢快、优美的特点。此次活动注重激发幼儿的兴趣和积极性,通过欣赏、模仿、编排和表演等多种形式,让幼儿全面参与到舞蹈活动中来。

活动目标：

1. 初步了解蒙古舞舞步的基本特点。
2. 培养幼儿对音乐的感知能力,并大胆跟随音乐的节拍舞蹈。
3. 通过对蒙古族文化的了解,激发幼儿对蒙古族舞蹈的兴趣。

活动准备：

物质准备：蒙古族舞蹈、音乐及视频资料；舞蹈道具,如蒙古帽、马鞭等；PPT课件。

经验准备：了解56个民族的服装特点。

活动过程：

一、游戏：图片对对碰

出示PPT,幼儿操作,找到56个民族对应的服饰。

小结：我们国家很大,人口众多,是一个多民族国家,共有56个民族,每个民族的服装、习俗、饮食习惯等各不一样。在我们国家,汉族人口最多,其他民族的人口相对较少,称为"少数民族"。不管是哪个民族的人,我们都是"一家人",我们的"家"叫"中国",大家团结在一起,共同建设我们的祖国。

二、了解蒙古族文化

1. 欣赏蒙古族音乐和舞蹈。

(1)欣赏音乐,感受蒙古族音乐欢快、优美的特点。

(2)欣赏蒙古族舞蹈。

(3)说一说：你觉得蒙古族舞蹈是怎样的？

(4)幼儿随音乐模仿跳蒙古族舞蹈,感受蒙古族舞蹈的粗犷与豪放,激发幼

63

儿对蒙古族舞蹈的兴趣。

2.观看图片:了解蒙古族的生活习俗和舞蹈特点。

生活习俗:他们居住在蒙古包中,这种建筑形式便于搬动,他们主要食用牛羊肉和奶制品。烤全羊、手抓肉、奶酪等都是蒙古族的传统美食。蒙古族还有许多独特的节日和庆典,例如那达慕大会,这是蒙古族人民的传统节日,会举行赛马、摔跤、射箭等比赛活动,展示了蒙古族的勇敢和力量。

舞蹈特点:蒙古族舞蹈节奏欢快,舞步轻捷,充分展现了蒙古族劳动人民淳朴、热情、精壮的健康气质和精神风貌。蒙古族舞蹈动作女子多以抖肩、翻腕为特色,能够表现蒙古族姑娘热情开朗的性格,男子则步伐矫健有力,能够展示出蒙古族男性的剽悍英武。在舞蹈中,蒙古族人民充分表达了对生活的热爱和向往,蒙古族舞蹈传承和弘扬了蒙古族的优秀文化。

3.了解蒙古族舞蹈的起源和发展。

蒙古族舞蹈可以追溯到古代,当时人们通过舞蹈来表达对自然的敬畏和崇拜。这些舞蹈动作往往模仿动物,如马、鹿、鹰等的形态,以体现蒙古族与大自然的紧密联系。

三、学习蒙古舞的基本动作

1.热身活动:通过一些简单的身体活动,如搓手、扭腰、摇臂等,让幼儿放松身体,做热身准备。

2.示范和模仿蒙古族舞蹈中的几个基本动作:幼儿掌握奔跑、翻滚、跑马、挤奶等基本动作的技巧和要领。

3.学习蒙古族舞蹈《挤奶》,强调动作的协调性和舞蹈的流畅性,鼓励幼儿积极参与。

四、蒙古舞大联欢

1.引导幼儿将之前学习的基本动作整合起来,形成一段完整的蒙古舞。

2.鼓励幼儿在表演中展示自己的舞蹈表达能力,例如情感表达和舞蹈形象塑造。

3.幼儿拉伸,活动结束。

五、活动延伸

1.蒙古族服饰展示:请幼儿穿戴上蒙古族服饰,感受蒙古族服饰的特色和文化风情。

2.蒙古族生活习俗讲解:图书区投放图片,引导幼儿介绍蒙古族的生活环境、饮食文化和传统节日等,加深幼儿对蒙古族的生活习俗的了解。

3.欣赏蒙古族手工艺品:欣赏蒙古包模型、马头琴等,提高幼儿欣赏美和感受美的能力。

活动设计：黑龙江省农垦建三江管理局中心幼儿园　徐旭

语言领域《祖国妈妈》

设计思想：

每周一的升旗仪式结束，小朋友们都非常关注国旗下讲话的内容，很喜欢把自己在这方面的经验、见解与大家交流，并且积极讨论到祖国各地旅游的体验。因此，我们选择《祖国妈妈》这首诗歌开展此次活动。这首诗歌朗朗上口，语句简短，用幼儿熟悉的小动物传达深刻的寓意，蕴含着满满对祖国妈妈的热爱，可以培养幼儿的倾听能力和语言表达能力。通过吟诵美好的诗篇，小朋友可以抒发对祖国的深深爱恋。

活动目标：

1．阅读并理解诗歌内容，知道诗歌中"我"和"你"的关联性。

2．鼓励幼儿尝试根据诗歌的句式和韵律进行仿编活动，提高幼儿的语言组织能力和表达能力。

3．乐意朗诵诗歌，大胆表达对祖国浓浓的爱。

活动准备：

1．经验准备：知道1949年10月1日是中华人民共和国成立的日子。

2．物质准备：PPT课件、诗歌图谱、朗诵时的背景轻音乐。

活动过程：

一、谈话导入，建立新旧经验之间的联系

小朋友们，你们了解10月1日是怎样的一个日子吗？

小结：2024年10月1日是中华人民共和国成立75周年，10月1日是祖国母亲的生日。

祖国妈妈要过生日了，有一首诗歌能表达我们对祖国妈妈的祝福，让我们一起来学一学，祝福祖国妈妈吧！

二、欣赏诗歌，阅读并理解

1．播放配乐的诗歌，幼儿初步欣赏。

2．展示PPT课件，理解诗歌的主题和句式结构。

（1）诗歌第一句说了什么？（祖国妈妈，我爱您！）

这就是我们对祖国妈妈说的最美好的语言。

（2）找一找，诗歌里一共送了几次祝福？

诗歌有3段，每段的第一句都对祖国妈妈说："祖国妈妈，我爱您！"

（3）有多爱呢？我们来看第二句："您是蓝蓝的天空，我们是高飞的小鸟。"

祖国妈妈是天空，为什么我们就是小鸟呀？这是比喻句，把祖国妈妈比喻成了什么？我们又变成了什么？诗歌里说天空是什么样的呢？（蓝蓝的）这是形容天气很好的意思，如果天空被大气污染，变成黑黑的，小鸟还爱它吗？所以我们人类要爱护环境，不让大气污染，才有蓝蓝的天。

小结：请你想一想，小鸟在蓝天妈妈的怀抱里高高地飞翔，多么自由自在呀！所以我们爱祖国妈妈就像小鸟爱蓝天一样，因为小鸟离不开蓝天呀！

现在，我们把这一段连起来读一读，注意读的时候要表达出对祖国妈妈的爱，这样的祝福才真诚！

（4）用同样的方法引导幼儿学习第二段和第三段。

（5）幼儿根据已有经验尝试用形容词来形容事物。

刚刚诗歌里把祖国妈妈——

比喻成天空，什么样的天空呢？

比喻成海洋，什么样的海洋呢？

比喻成草原，什么样的草原呢？

我们一起来再读一遍诗歌吧！

小结：我们爱自己的妈妈，因为她保护着我们，爱护着我们，我们更要爱祖国妈妈，因为它保护着我们所有人。

三、创意阅读

用图谱的形式展示诗歌，帮助幼儿熟练记忆诗歌内容，让幼儿喜欢朗读诗歌。

让我们用最美的声音把这首诗歌送给祖国妈妈吧！听一听谁的声音最好听。

四、仿编诗歌

1．我们来玩一个接力游戏吧！

师："祖国妈妈，我爱您！您是茂盛的大树……"幼儿："我是……"

幼儿大胆想象，仿编诗歌。

2．这首诗歌叫什么名字？让我们跟随音乐，把我们自己创编的诗歌完整地朗读给祖国妈妈听一听，表达我们对祖国妈妈的热爱。

五、活动延伸

1. 引导幼儿把仿编的诗歌制作成小书,放在阅读区。
2. 可以在表演区演唱《祖国妈妈我爱你》这首歌,并讲述他们的故事。
3. 在美工区绘画,以此来表达对祖国妈妈的热爱之情。

附诗歌《祖国妈妈》:

祖国妈妈,我爱您!
您是蓝蓝的天空,
我们是高飞的小鸟。

祖国妈妈,我爱您!
您是广阔的海洋,
我们是游动的小鱼。

祖国妈妈,我爱您!
你是绿色的草原,
我们是奔跑的小羊。

活动设计:黑龙江省勤得利农场幼儿园　杨婷婷

语言领域《我们的祖国真大》

设计思想:

爱国教育是幼儿园一项非常重要的教育内容,诗歌《我们的祖国真大》分为3节,其节奏感强,朗朗上口,简单易懂,非常适合大班幼儿学习。这首诗歌巧妙地运用对比的手法,以简练易懂的语言描绘出了祖国的地大物博,生动形象地描述了祖国各地的人文差异,表达了对祖国深深的热爱之情。本次活动用多种方式加深幼儿对诗歌的理解及对优美意境的感受,提高幼儿的语言表达能力,激发幼儿的爱国情怀。

活动目标:

1. 理解诗歌内容,了解祖国地域广阔,知道南北地域有很大的差异。
2. 能有感情地朗诵诗歌,大胆仿编诗歌。
3. 提升幼儿的爱国情感,并为自己是中国人而深感自豪。

活动准备:

PPT课件、幼儿旅游照片、介绍祖国的视频、诗歌图卡、字卡、绘画材料。

活动过程：

一、谈话导入，激发幼儿的活动兴趣

请回忆一下，你都去过哪里旅游？印象最深刻的地方是哪里？为什么？

播放视频《伟大的祖国》，让幼儿感受祖国的广阔和富饶。

小结：我们的祖国很大，陆地总面积约960万平方千米，它就像一只雄壮、美丽的大公鸡。共有23个省、4个直辖市、2个特别行政区和5个自治区。南北方文化各不相同，温度差异也很大，有一首诗歌就是描绘我们的祖国的，我们一起来欣赏吧！

二、欣赏并学习诗歌

1. 教师有感情地朗诵诗歌，幼儿欣赏。

2. 这首诗歌有几部分，仔细分一分，把每一部分圈起来。

找找诗歌里隐藏的标点符号——句号、叹号和逗号，了解它们的意义和用法。

3.（1）用比较的方法学习诗歌的前两段。

说一说：

冬天是什么样子的？（到处都是白茫茫的）像个老爷爷，头发、胡子都白了。所以诗歌中把冬天比喻成冬爷爷。

春天是什么样子的？（绿树成荫，鲜花遍地）像漂亮的小姑娘，所以把春天比喻成春姑娘。

冬爷爷喜欢冷，他把家安在哪里了？（北方，因为北方冬季气温低，很冷）春姑娘喜欢温暖，她把家安在了哪里？（南方，那里一年四季都鲜花盛开）

诗歌里第一次说我们的祖国真大，是看到了北方的美景，第二次说我们的祖国真大，是看到了南方的美景。现在，我们一边欣赏图片，一边来读一读诗歌前两段吧！

（2）学习诗歌的最后一段。

想象一下东西南北四个方向和中间的人都在做着什么事。

用"有的……有的……有的……"练习说话。

4. 引导幼儿自主朗诵诗歌，采用分组、分段、配乐朗诵等形式，鼓励幼儿用优美的语气富有感情地朗诵诗歌。

小结：我们的祖国地域广阔，不同的地方气候特点不一样。冬天北方雪花飞舞的时候，南方还是鲜花遍地，看到这样的美景，人们就会不由自主地感叹——我们的祖国真大！生活在中国，我们特别自豪。

三、仿编诗歌

操作PPT，将要仿编的部分变成红色，请幼儿根据经验发挥想象，大胆

仿编。

我们的祖国这么大,祖国各地还有哪些不同?请小朋友们根据你们自己的经验好好想一想,我们一起把它变成好听的诗歌。

四、活动延伸

美工区:用绘画的形式表现伟大的祖国。

附诗歌《我们的祖国真大》:

我们的祖国真大,
北方有冬爷爷的家,
十月就飘大雪花。

我们的祖国真大,
南方有春姑娘的家,
一年四季盛开鲜花。

啊!伟大的祖国妈妈!
东西南北中的孩子们,
在同一个时候,
有的滑雪,有的游泳,有的围着火炉吃西瓜。

活动设计:黑龙江省七星农场中心幼儿园 王帅

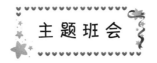

主题班会

世界粮食日主题班会活动方案建议

指导思想：

勤俭节约是中华民族的传统美德，爱惜粮食也是幼儿从小应该养成的优良习惯。这种习惯不仅是对粮食的珍惜，更是从小树立的一种正确的价值观。这种美德的传承不仅有助于幼儿个人品德的塑造，也是对社会资源的尊重和合理利用。在此次活动中，通过多种形式的教育和引导，让幼儿在日常生活中养成节约粮食的好习惯，如适量取餐、不挑食、不剩饭剩菜等。这种良好的习惯将伴随幼儿的一生，对他们未来的成长和发展具有重要意义。幼儿园开展此次活动的主旨是通过家园共育的方式，以弘扬中华民族传统美德为核心，实现增强幼儿的粮食安全意识、培养节约习惯的教育目标。通过此次活动的开展，期望能够让幼儿从小树立正确的价值观和生活观，为他们的健康成长奠定坚实的基础。

活动主题：

"爱粮节粮 光盘行动"。

活动目标：

* 知道每年的10月16日是世界粮食日，了解世界粮食日的宣传标语和珍惜粮食的重要性。

* 熟悉常见的农作物，了解几种农作物的外形特点。

* 通过活动让幼儿认识到粮食是宝贵的资源，每一粒粮食都是农民和工人辛勤劳动的结晶，需要被珍惜和尊重，从小培养幼儿不浪费的好习惯和好品质。

* 以绘画、唱歌、表演等多种形式倡导爱粮、惜粮。

* 知道光盘行动的含义和注意事项，能与同伴互相提醒与监督，完成光盘行动。

活动时间：

10月。

活动内容建议：

1. 粮食是怎么来的？

· 小麦的播种→过去播种小麦的方式VS现在播种小麦的方式→小麦的生

长过程→粮食的收获→粮食的晾晒→做成美食(煎饼、水饺、包子等)。

· 一粒米的故事。

小小的一粒米,经过耕地、播种、插秧、灌溉、施肥、防害、收割才能收获,还要脱粒、运输和烹煮才能成为香喷喷的饭。"春种一粒粟,秋收万颗子。"小小的一粒米经历了种种辛劳,才成了我们吃的饭,我们一定要珍惜这些劳动成果啊!

粮食如此珍贵,如此得来不易,但是浪费现象屡见不鲜,在学校、餐馆里随处可见。

2. 了解世界粮食日的由来。

1972年,由于连续两年气候异常,世界性粮食歉收,出现了世界性粮食危机。联合国粮食及农业组织于1973和1974年相继召开了第一次和第二次粮食会议,以唤起世界,特别是第三世界注意粮食及农业生产问题。但是,问题并没有得到解决,世界粮食形势更趋严峻。

联合国粮食及农业组织在关于世界粮食日的决议中要求,各国政府在每年10月16日要组织多种多样、生动活泼的宣传活动。1981年10月16日是第一个世界粮食日,世界各国政府围绕发展粮食和农业生产举行了盛大的纪念活动,显示出世界人民对粮食和农业问题的关注。

3. 拒绝舌尖上的浪费。

· 请幼儿观看《缺粮的非洲》,懂得爱粮、惜粮的重要性。

(1)思考:我们能为他们做些什么呢?

(2)你见过餐桌上的浪费现象吗?

(3)小组讨论:应该怎样做呢?

说一说自己的想法。

附知识:目前世界上有38个国家严重缺少粮食,其中有23个国家在非洲,8个国家在亚洲,5个国家在拉丁美洲,还有两个国家在欧洲。

· 文明用餐小知识。

餐桌上不要大声讲话,不要大声咀嚼,不要敲餐具,不要大声呼叫服务员。

· 节约粮食从我做起。

光盘行动,从我做起。引导幼儿了解光盘行动的规则:吃饭时吃多少盛多少,不扔剩饭剩菜。做小小节约宣传员,向家人、亲戚、朋友宣传浪费的可怕后果。不偏食,不挑食。到饭店吃饭时,点饭、点菜不浪费,若有剩余要打包。

4. "光盘"意义我知道。

通过谈话和观看视频、PPT等多种形式开展珍惜粮食主题教育。以家园联系群、公众号为媒介进行宣传,不仅让幼儿了解粮食来之不易,理解节约粮食的重要意义,同时也引导家长积极参与光盘行动,杜绝舌尖上的浪费。"光盘"不只是一句口号,更要落实在行动中,应将"光盘"两字牢牢记在心中,并坚持付诸行动,做到不剩菜、不剩饭、不挑食、不偏食。

- "光盘行动"主题环创。
- 师幼共同布置班级,为幼儿营造节约粮食的氛围,寓教育于环境当中,在潜移默化中引导幼儿树立节约光荣、浪费可耻的思想观念。
- 带领幼儿观察"争做光盘小达人"环创墙。

5. 寻粮——"一粥一饭"真不易。

大自然蕴含丰富的教育价值,幼儿通过户外研学,去寻找粮食的秘密,感受粮食的珍贵和劳动人民的辛苦,懂得"一粥一饭"来之不易。

6. 种粮——体验种植活动。

- "锄禾日当午,汗滴禾下土。"

孩子们将种子带回幼儿园种入自然角中,每天浇水、松土,照顾种子快快长大。

- 户外清理活动。

老师带领幼儿在幼儿园户外小菜园开展清理杂草和枯秧活动,翻整土壤,为来年播种做准备。通过实践让幼儿亲身体会农民伯伯劳作的艰辛与粮食的来之不易,进而激发幼儿珍惜粮食、爱惜劳动成果的情感。

- "谁知盘中餐,粒粒皆辛苦。"

引导幼儿想一想:还知道哪些节约粮食的方法?如何让身边更多的人加入光盘行动中来?

7. 说说世界粮食日的宣传标语,例如:

(1)爱惜粮食,节约粮食;
(2)节粮从我做起,建设节约型社会;
(3)崇尚节粮风尚,促进可持续发展;
(4)节约粮食光荣,浪费粮食可耻;
(5)要知盘中餐,粒粒皆辛苦;
(6)一米一粟当思来之不易,爱粮节粮须知人人有责。

8. 幼儿游戏:猜猜农作物。

(1)有个矮将军,身上挂满刀,刀鞘外长毛,里面藏宝宝。(大豆)
(2)脱去黄金袍,露出白玉体,身子比豆小,名字有三尺。(大米)
(3)幼时不怕冰霜,长大露出锋芒,老来粉身碎骨,仍然洁白无瑕。(麦子)

9. 认识、了解五谷杂粮的大小、颜色和形状,了解种子贴画的文化内涵。

10. 语言、绘画活动。

- 节约粮食相关绘本阅读。

老师和家长可以陪伴幼儿阅读节约粮食相关绘本,例如,《大公鸡和漏嘴巴》《一粒种子》《谢谢你,好吃的面包!》《怕浪费婆婆》《谁吃了我的粥?》《跟饭团一起插秧》。通过故事把勤俭节约的观念扎根在幼儿内心,培养幼儿从小养成不挑食、爱惜粮食、不浪费粮食的良好习惯。

- 唱一唱古诗《悯农》。
- 主题画:爱粮惜粮。

11.家园配合。

- 请以"幼儿用餐情况记录表"的形式记录幼儿的用餐情况。
- 家长在家多多鼓励幼儿在惜粮爱粮和用餐等方面的进步。
- "小小爱粮宣传员。"

将幼儿的作品制作成宣传海报,增强幼儿的节粮意识,使幼儿在一日生活中,时时注意自己的行为,争取不掉一粒米、不剩一口菜,真正做到从身边小事做起。

附《光盘行动倡议书》:

亲爱的老师、小朋友、家长朋友们:

20××年10月16日是第×个世界粮食日,10月16日所在的这一周是我国粮食安全宣传周。

粮食安全是"国之大者"。我们耳熟能详的唐诗中有"锄禾日当午,汗滴禾下土"的诗句,道出了节约粮食、合理用餐的文明礼仪。勤俭节约是中华民族的传统美德,粮食是生活的必需品,是国家的必需品。让我们发扬勤俭节约的优良作风,从节约每一粒粮食做起。

为此,我们幼儿园向全体教职工、小朋友、家长朋友们发出以下倡议:

向老师倡议……

向小朋友倡议……

向家长朋友们倡议……

寒露主题班会活动方案建议

指导思想：

　　寒露时节，气温开始下降，树叶逐渐变色，这些都是秋季到来的明显标志。为了让幼儿更好地感知这些变化，我们准备了与二十四节气相关的图片和视频资料，向幼儿介绍每个节气的名称、日期及它们所代表的含义，并组织相应的活动帮助幼儿了解寒露时节的许多传统习俗。同时，组织户外活动，让幼儿走进大自然，亲身感受这些变化。

活动主题：

　　"秋光向晚　遇见寒露"。

活动目标：

　　*了解寒露时节天渐凉、人添衣的气候特点，知道寒露是气候从凉爽到寒冷的过渡。

　　*学习寒露节气御寒和防秋燥的方法，知道天冷时要适当添加衣服、多运动。

　　*感受中国传统文化，推动传统文化的传承，使幼儿了解秋季收获的重要性，增强幼儿珍惜粮食的意识。

活动形式建议：

　　主题班会、亲子活动。

活动时间：

　　10月。

活动内容建议：

　　1.家园共育。

　　·亲子收集并讨论关于寒露节气御寒和防秋燥的更多方法，关注家人的身体健康，给家人关心和呵护。

　　·记录秋凉。

　　随着寒露时节的来临，我们明显感受到了凉凉的气息。家长可以携手幼儿共同绘制一幅气温折线图，通过观察折线图引导幼儿直观地感受季节更替中温度的微妙变化，进而探索并理解自然界中的种种奇妙现象。

　　·家长可在清晨带领幼儿出门，请幼儿观察、触摸露水，感知"寒露"。

　　·家长与幼儿共同聆听有关寒露的故事——《寒露寒露，遍地冷露》，丰富幼儿的文化视野,激发幼儿对节气这一传统文化的浓厚兴趣。

2.寒露特点。

寒露时节,清晨的露水已接近霜冻。昼夜之间的温差显著增大,整体气温逐步下滑。在北方,秋末冬初寒意已浓,悄然迈向冬季的门槛。此时,空气干燥易使人心情受到影响,情绪易低落,焦虑、烦躁乃至易怒的情绪可能悄然滋生。自然界的生灵也在顺应时令,鸿雁等候鸟纷纷踏上南迁的征途。

3.寒露习俗。

(1)登高。

因重阳节在寒露节气前后,宜人的气候又十分适合登山,慢慢地,重阳节登高的民俗也成了寒露节气的民俗。

(2)斗蟋蟀。

白露、秋分和寒露是北京、杭州等地市民斗蛐蛐儿的高潮期。蛐蛐儿也叫促织,一般听见蛐蛐儿叫就意味着入秋了,天气渐凉,提醒人们该准备过冬的衣服了,故有"促织鸣,懒妇惊"之说。

(3)秋钓边(钓鱼)。

寒露时节在江南地区有钓鱼的习俗。因气温快速下降,深水处太阳已经无法晒透,鱼儿便向水温较高的浅水区游去,便有了"秋钓边"的说法。

(4)吃花糕。

寒露节气一般与重阳节在时间上相近,九九登高之后,有吃花糕的习俗。因"高"与"糕"谐音,故谓之"重阳花糕",寓意"步步高升"。

(5)吃芝麻。

寒露到,天气由凉爽转向寒冷。根据中医"春夏养阳,秋冬养阴"的四时养生理论,这时人们应养阴防燥、润肺益胃。于是,民间就有了寒露吃芝麻的习俗。

(6)观红叶。

寒露过后的连续降温催红了北京城的枫叶,因此寒露时节到香山公园赏红叶便成为北京市民的传统习惯与秋季出游的重头戏。

(7)喝菊花酒、品菊花茶。

某些地区有饮菊花酒的习俗,还有一些人喜欢饮菊花茶来养生。

(8)吃螃蟹。

南京人有寒露节气蒸螃蟹吃的习惯。此时雌蟹蟹黄丰美,正是食用的最佳季节。

4. 寒露三候。

【一候·鸿雁来宾】

从白露到寒露,大雁先后南飞,早到的大雁俨然已是那里的主人。按照古代礼仪,"先到为主,后至为宾",晚到的大雁被当成"宾客"对待。

【二候·雀入大水为蛤】

深秋天寒,雀鸟稀少,甚至不见了,但海边却出现了很多蛤蜊(gé lí),其贝壳上的条纹、颜色与雀鸟相似,古人便误以为其是雀鸟入水变成的。

【三候·菊有黄华】

"华"通"花",意思是寒露时节,菊花已经开出金黄色的花。

5. 寒露农谚解读。

(1)"寒露时节人人忙,种麦、摘花、打豆场"。

注解:多适用于黄淮南部地区。寒露时节遍地都是寒冷的露水,此时农民忙着播种小麦,采摘棉花,在场上打豆子。

(2)"寒露接霜降,秋收秋种忙"。

注解:寒露之后就是霜降,天气越来越冷,要赶紧收割秋熟作物,接着播种小(大)麦、油菜、大蒜等越冬作物。

(3)"人怕老来穷,稻怕寒露风"。

注解:冷空气入侵南方后引起显著降温,造成晚稻瘪粒、空壳而减产,因这种低温冷害多出现在寒露期间,故其被称为"寒露风"。

(4)"过了寒露无青豆"。

注解:寒露一到,豆子都黄了,可以收割了。

(5)"秋分早,霜降迟,寒露种麦正当时"。

注解:多适用于黄淮麦区,秋分时节播种小麦有些过早,霜降时节又有些过迟,而寒露时节最适宜。

(6)"寒露蚕豆霜降麦"。

注解:多适用于江淮地区。蚕豆的适宜播种期在寒露节气前后,小麦的适宜播种期在霜降节气前后。过早播种则生长较旺,容易受冻害影响,过迟播种则长势太弱,不易获得高产。

6. 寒露古诗词。

《咏廿四气诗·寒露九月节》(唐·元稹)

寒露惊秋晚,朝看菊渐黄。

千家风扫叶,万里雁随阳。

化蛤悲群鸟,收田畏早霜。

因知松柏志,冬夏色苍苍。

《池上》(唐·白居易)
袅袅凉风动,凄凄寒露零。
兰衰花始白,荷破叶犹青。
独立栖沙鹤,双飞照水萤。
若为寥落境,仍值酒初醒。

《秋日望西阳》(唐·刘沧)
古木苍苔坠几层,行人一望旅情增。
太行山下黄河水,铜雀台西武帝陵。
风入蒹葭秋色动,雨馀杨柳暮烟凝。
野花似泣红妆泪,寒露满枝枝不胜。

霜降主题班会活动方案建议

指导思想:

　　霜降是秋季的最后一个节气。它的到来意味着从秋季到冬季的过渡,天气逐渐变冷,开始降霜。万物开始蛰伏收藏,以蓄积力量等待来春。这一明显的天气变化,正是幼儿探索自然的好机会。通过丰富多彩的图片展示、朗朗上口的节气儿歌的传唱,以及创意手工制作活动,引领幼儿走进霜降的世界,亲身体验该节气的独特魅力。霜降的到来也意味着天气渐渐变冷,要随时增添衣物,预防寒冷天气对身体造成伤害。当然也要适当地进行体育运动,从而更有抵抗力去抵挡寒冷的天气。

活动主题:

　　"草木知霜降,谷米储满仓"。

活动目标:

* 引导幼儿认识霜与露的区别。
* 了解霜降的节气特点、气候特征及相应的习俗。
* 学习《霜降歌》。
* 掌握霜降时节的养生知识并照顾好自己。
* 激发幼儿对节气这一传统文化的浓厚兴趣,感受传统文化的独特魅力。

活动时间:

　　10月。

活动内容建议：

1．霜降小知识。

霜降是二十四节气中的第十八个节气，也是秋季的最后一个节气。霜降节气的特点是昼夜温差较大，早晚较冷，中午则比较热。由于"霜"是天冷、昼夜温差变化大的表现，故以"霜降"命名。霜降并不是表示有霜从天上落下来，而是说气温骤降、昼夜温差大，是一年之中昼夜温差最大的时节。

2．霜降节气的时间。

每年的公历10月23或24日。

3．霜降的气候特点。

天气比较干燥，逐渐转冷。

4．观看《二十四节气歌》视频。

春雨惊春清谷天，夏满芒夏暑相连。

秋处露秋寒霜降，冬雪雪冬小大寒。

上半年逢六廿一，下半年逢八廿三。

每月两节日期定，最多相差一二天。

5．霜降宜吃的食物。

萝卜、苹果、栗子、秋梨、百合、蜂蜜、奶白菜、牛肉、鸡肉等。

6．有关霜降的古诗词。

《岁晚》《谪居》（白居易）。

《赋得九月尽（秋字）》（元稹）。

《泊舟盱眙》（韦建）。

7．霜降有三候，三候分别是什么？

（1）"一候豺乃祭兽"。

此时豺这类动物开始捕获猎物过冬。豺将捕获的猎物陈列后再食用。

（2）"二候草木黄落"。

树叶枯黄掉落。秋尽百草枯，霜落蝶飞舞。秋天，西风漫卷，吹落了叶，吹枯了草。

（3）"三候蛰虫咸俯"。

蛰虫在洞中不动不食，垂下头来进入冬眠状态。蜂蝶不见踪迹，蛰虫无声，都为要到来的漫长的冬天而做准备。

8．霜降三防要做好。

（1）"一防秋燥"。

霜降作为秋季的最后一个节气，此时天气渐凉，秋燥明显，燥易伤津。

（2）"二防秋郁"。

晚秋时节，天气渐冷，草木枯萎，落叶落果，万物萧瑟，容易引起忧思，使人意志消沉、抑郁。

（3）"三防秋寒"。

霜降时节，正值秋冬交替之际，也是人体阳气逐渐内敛收藏的时候。这时需要特别注重"三防秋寒"的养生策略，即外部抵御寒冷，内部保持清热平衡。因此，建议根据气温变化适时增添衣物，尤其要注重脚部和胃部的保暖，让身体更好地适应季节的变化。

9．怎样更好地度过霜降？

（1）吃柿子可以御寒。

在霜降的时候吃柿子不仅可以起到御寒的作用，还可以补充营养，让身体更加强健。

（2）霜降防风。

霜降之后昼夜温差变得更大了，早晚都比较冷，中午相对热一些。天气冷暖不定，应防止身体不适患上疾病。

（3）防止秋燥。

霜降时天气逐渐变凉，要注意保暖，防止秋燥。在饮食方面应采用温补的方式，多吃一些健脾养阴润燥的食物，比如萝卜、梨等。秋燥使人感觉很干燥，甚至会便秘，可以多吃芝麻、蜂蜜等。

（4）早睡晚起。

要好好休息，避免熬夜，要有比较充足的睡眠。

10．霜降习俗。

（1）吃柿子。

霜降时节有些地方有吃柿子的习俗。泉州有谚语云："霜降吃丁柿，不会流鼻涕。"

（2）赏菊。

霜降时节正是菊花盛开之际，有些地方会举行菊花会。霜降前采集百盆名品菊花，置于广厦中搭菊花塔。菊花塔前放上好酒好菜，家人按长幼次序，鞠躬作揖拜菊花神，然后喝酒赏菊，赋诗泼墨。北京人多在天宁寺、陶然亭、龙爪槐等处举行菊花会。

（3）登高远眺。

古时霜降时节有登高远眺的习俗。"九月节，寒露、霜降、重阳到。"登高能使人的肺通气量和肺活量明显增加，血液循环增强，脑血流量增加，达到增强体质的目的。登高还可以培养人的意志力，陶冶情操。

（4）扫墓。

古时候，霜降时节有扫墓祭祖的习俗。人们穿着素服，带上酒、果品和除草的工具，剪除杂草。

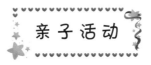

亲子活动

重阳节亲子活动方案建议

指导思想：

重阳节，不仅是庆祝秋收的节日，更是一个温馨美好的日子，因为这是满载深厚文化底蕴的"敬老节"，是后辈对长辈表达敬仰与爱的日子。从古至今，中华民族都崇尚尊老、敬老，重阳节恰恰与这一传统美德相契合，通过亲子活动引导幼儿加深对长辈的尊敬与爱戴，并延伸至日常生活中，懂得如何尊老、敬老、爱老、助老，发扬和传承中华民族的传统美德。

活动主题：

"九九重阳节 浓浓敬老情"。

活动目标：

* 了解重阳节的来历和一些风俗习惯，强化幼儿对重阳节作为"敬老节"的认识。

* 引导幼儿回忆并感激长辈给予自己的温暖与关爱，激发他们内心对长辈的感激之情，学会以实际行动表达孝心。

* 鼓励幼儿积极动脑、发挥创意，用绘画、手工、歌曲、舞蹈等多种形式，向家中的老人献上节日的祝福，表达自己的爱。

* 在祖孙欢乐的亲子互动中，通过游戏等活动，增进家庭成员之间的情感交流，共同体验尊老爱幼的美好时光。

* 引领幼儿通过调查与研究，了解重阳节的悠久历史与多彩习俗，让尊老、敬老的情感在幼儿心中生根发芽。

活动形式建议：

亲子活动。

活动时间：

10月。

活动内容建议：

1. 重阳习俗我知道。

农历九月初九是我国一个重大的传统节日——重阳节。因月、日两九相重，所以也叫重九。在传统文化中，九为阳数，日月并阳，两阳相重，所以叫重阳。重阳节的形成与发展已有两千多年的历史，"重阳"的称谓，早在战国时代就已经存在了。在重阳节期间，民间有很多习俗，主要有以下5种。

（1）插茱萸。

在古代，重阳节有插茱萸的习俗，因此重阳节又叫茱萸节。茱萸香味很浓，有驱虫去湿的作用，还能消积食、治寒热。人们在重阳节这天喜欢佩戴茱萸，以求避难消灾、吉祥如意。王维的《九月九日忆山东兄弟》中就记载了重阳节登高、插茱萸这两种节日习俗，张说在《湘州九日城北亭子》中也提到："西楚茱萸节，南淮戏马台。"

（2）饮菊花酒。

重阳节有饮菊花酒的习俗，菊花酒就是用菊花作为原料酿制而成的美酒。菊花酿成的美酒，具有明目、补肝气、安肠胃、利血、降血压、治头昏、减肥等功效。据民间传说，在重阳节饮菊花酒还能祛灾。

（3）登高望远。

重阳节当天民间有一个习俗，老百姓会外出登高望远，以躲避不祥，以求长寿。

重阳时节，五谷丰登，秋收已经结束，老百姓进入农闲时期，纷纷上山采集野果、药材和植物原料，这种上山采集的活动又称为"小秋收"，后来逐渐演化为登高望远的节日习俗。

（4）赏菊花。

在重阳节期间，各种各样的菊花正是盛开的时候，所以观赏菊花也成为节日的一项重要内容。陶渊明归隐田园后，以隐居、赋诗、饮酒、爱菊闻名，后人效之，于是就有了重阳节赏菊花的习俗。

（5）吃重阳糕。

重阳节的代表性节日食品就是重阳糕。重阳糕最初是为了庆祝粮食丰收，大家欢欢喜喜品尝新鲜的粮食，由于"高"与"糕"谐音，所以人们就取其"步步登高"的吉祥之意。

2. 制作调查表——"爷爷奶奶的爱好"。

了解爷爷奶奶的喜好，更多地关心他们，可以参考以下几点。

（1）爷爷奶奶最喜欢吃的东西是（　　　）。

（2）爷爷奶奶的爱好是（　　　）。

（3）他们最想见的人是（　　　）。

（4）令他们不顺心的事是（　　　）。

（5）他们最想让我为他们做的一件事是（　　　）。

（6）爷爷奶奶的生日和属相是（　　　）。

（备注：可以用图文结合的方式来记录）

3．幼儿观看专题片《百岁老人》的片段。

小结：敬老爱老是中华民族的传统美德。为了让老人们老有所养、老有所依、老有所乐，各地都为老人修建了敬老院，表达对他们的关爱。

4．教师引导幼儿说一说。

·你身边的爷爷奶奶是怎样过重阳节的？（扭秧歌、写书法、唱歌、跳广场舞等）

·你在重阳节会为爷爷奶奶做些什么？（给爷爷奶奶按摩、送鲜花、送礼物、端茶、表演节目等）

小结：小朋友们的办法可真多！每个小朋友表达爱的方式不一样，但是都能让爷爷奶奶度过一个幸福快乐的重阳节！

5．学习儿歌《九月九》。

九月九，重阳到，

爷爷奶奶/姥爷姥姥哈哈笑，

我请他们吃甜糕，

妈妈/爸爸夸我好宝宝。

6．阅读重阳节相关绘本。

《爷爷一定有办法》《爱心树》《先左脚，再右脚》《楼上的外婆和楼下的外婆》等。

7．学习重阳节相关古诗词。

《九月九日忆山东兄弟》《重阳席上赋白菊》《九日齐山登高》《采桑子·重阳》。

8．歌曲欣赏。

播放与重阳节相关的歌曲，如《九九艳阳天》《九九重阳》等，让孩子们在音乐中感受重阳节的氛围。

9．爷爷奶奶我们爱你。

·为爷爷奶奶做一件小事情，如为爷爷奶奶捶捶背、端杯茶、表演一个节目等；出门不让爷爷奶奶抱，不让爷爷奶奶喂饭等。

·学说一句祝福的话，学一首感恩的儿歌。

·自制一件贺卡并写上祝福的话语。

·幼儿手工制作粘贴画《我的爷爷奶奶》。

·幼儿讨论:当我老了,我会是什么样子,会做哪些事情?

重阳节,其文化精髓不只是登高望远、赏菊品糕的传统习俗,它更深刻地传递了一个信息:老年人尤为渴望的是被爱、健康与欢笑。对他们而言,温暖的陪伴才是最为珍贵的礼物。因此,构建一个充满爱意、尊重与关怀的生活环境,是全社会共同的责任与使命。

儿童是祖国的希望与未来,心灵的培育是其成长的基石。在重阳节这一特殊的日子里,引导幼儿学会以纯真的心灵和独特的方式,向爷爷奶奶等长辈表达他们的敬爱之情。这样的活动,不仅能加深幼儿对尊老爱老传统美德的理解与认同,更在他们幼小的心灵中播下了关爱老人的种子,让这份美德得以代代相传,生生不息。

十一月
美丽中国

小班

艺术领域《国旗国旗红红的哩》

设计思想:

《国旗国旗红红的哩》是一首歌词简短、旋律欢快的歌曲,适合小班幼儿理解和演唱。设计本次活动,以期通过熟悉并理解歌词,认识国旗,心情愉悦地学唱歌曲,激起幼儿对国旗的崇拜和自豪感。活动中,引导幼儿欣赏和观看图谱,同时培养幼儿倾听和观察能力。本次活动意在从小对幼儿进行红色启蒙教育,将爱国的种子根植于幼儿内心,激发其爱国热情,传承红色基因,做新时代中国特色社会主义事业的接班人。

活动目标:

1. 理解歌曲的歌词内容和图谱,感受歌曲欢快的旋律。
2. 学唱歌曲《国旗国旗红红的哩》,尝试运用多种形式表现歌曲。
3. 积极参加歌唱活动,乐于通过演唱的形式表达对祖国和国旗的热爱。

活动准备:

歌曲《国旗国旗红红的哩》、课件(图谱、升国旗视频和音频)、中国国旗图片。

活动过程:

一、图片导入

出示中国国旗图片并提问:这是什么?这是哪个国家的国旗?

小结:这是中华人民共和国国旗,是我们祖国的象征。有一首小朋友歌唱国旗的歌曲,我们一起听一听吧!

二、欣赏歌曲

1. 播放歌曲《国旗国旗红红的哩》,幼儿欣赏并初步感受歌曲欢快的旋律。

歌曲中唱的是什么?国旗是什么颜色的?有几颗星星?星星是什么颜色?(引导幼儿初步理解歌词)

小结:国旗是红色的,左上角有五颗黄色的星星,也叫五星红旗。

2. 观看天安门广场升旗仪式,感受升旗仪式的庄严和壮观。

天安门前每天都要升起国旗,观看升旗仪式要肃穆。请小朋友们全体起立,立正站好,保持安静,行注目礼,感受升国旗时的庄严、肃穆。

3．说一说:鼓励幼儿大胆说出观看升旗的感受。

五星红旗是我们中华人民共和国的象征和标志,当看到国旗冉冉升起的时候,就仿佛看到了我们伟大祖国的繁荣昌盛、日渐强大,小朋友们心里是甜甜的,会感到无比骄傲和自豪。

4．完整欣赏歌曲,幼儿轻声跟唱歌曲。

5．理解图谱。

播放课件,引导幼儿仔细观察图谱,理解歌词的内容。

图谱宝宝:嗨,小朋友们你们好,让我来介绍一下我自己吧。我是图谱宝宝,请你看看,我的身上都有什么?(幼儿观察图谱,找一找,说一说)

图谱宝宝:我的身上有红红的国旗、有五颗星星、有白白的云朵……

图谱宝宝与幼儿互动,带领幼儿边看图谱边说歌词,图文结合,加深其对歌词的理解。

三、学唱歌曲(师幼互动)

1．图谱宝宝领唱,幼儿学唱歌曲。

2．接龙游戏。

图谱宝宝:我唱前半句,你们唱后半句,比一比谁唱得最好听。

3．节奏游戏。

图谱宝宝:小朋友们,你们的小身体哪里会发出声音呢?我们一起边拍边唱。

引导幼儿边打节奏边唱歌曲。

4．播放音乐《国旗国旗红红的哩》,引导幼儿再次跟唱。

四、表现与创造(幼儿创编舞蹈)

1．播放音乐《国旗国旗红红的哩》,鼓励幼儿用肢体动作自由表现歌词。

2．再次播放音乐《国旗国旗红红的哩》,师幼集体歌唱。

小结:作为中国人,我们爱祖国,也爱国旗,要保持国旗干净、整洁,要尊重国旗。

五、活动延伸

1．在美工区画一画并手工制作国旗。

2．在表演区演唱《国旗国旗红红的哩》。

活动设计:黑龙江省勤得利农场幼儿园　刘春雨

语言领域《嗨！北京》

设计思想：

我国将爱国主义教育纳入国民教育体系，《中华人民共和国爱国主义教育法》从2024年1月1日起施行。学前教育作为终身学习的开端，是国民教育体系的重要组成部分，爱国主义教育应当在学前教育阶段筑牢根基。北京作为中国的首都，是令人向往的地方，结合小班是幼儿语言发展的关键期，我们设计了此次活动，重视幼儿的活动体验和情感启蒙，创设去北京旅行参观的情境，使幼儿在情境游戏中感受北京的特色，鼓励幼儿学说完整的话，激发幼儿对北京的向往之情。

活动目标：

1. 初步了解首都北京的特色建筑物、特色小吃。
2. 尝试用句式"首都北京有……"进行表述，要说完整的话。
3. 使幼儿萌发向往北京的积极情感。

活动准备：

特色建筑物的大图板、特色小吃、音乐《去北京》。

活动过程：

一、情境导入

小旅客们，首都北京有好多漂亮、雄伟的建筑物，还有很多美味的小吃呢！快系好安全带，我们出发去看看吧！（播放音乐《去北京》）

二、初步了解首都北京的特色建筑物

1. 游览天安门。

小朋友仔细看，天安门城楼上有什么？

2. 游览长城。

小结：这是我国古代许许多多的劳动人民一起建造的，它是世界上最长的城墙——长城。长城上有一座座烽火台，古人用它们来传递重要信息，如果有敌人攻击，烽火台上就会点燃烽火，以把消息传给远处其他的烽火台和守军。

3. 游览鸟巢。

请你说一说，它的形状像什么？

小结：鸟巢是国家体育场，是运动员进行足球、田径等体育比赛的地方。

4．游览水立方。

这个建筑物是什么颜色的？

小结：水立方像很多水泡组成的方盒子，是国家游泳中心，夜晚有的时候是蓝色的，有的时候是彩色的。

三、语言游戏

1．游戏一。

外观像鸟窝的建筑物叫什么？

幼儿回答，教师引导幼儿记住建筑物的特点。

2．游戏二。

出示建筑物的图片，幼儿快速读图并尝试用"首都北京有……"的句式讲述。

3．游戏三。

教师播放节奏音乐，师幼开始问答。

师：首都北京有什么？

幼儿集体：首都北京有……

四、游戏：王府井小庙会

教师带着幼儿模拟去逛王府井小庙会，品尝特色小吃。

在配课教师的介绍下，幼儿了解了特色小吃的名称，学说了完整的话。例如：首都北京有美味的烤鸭、驴打滚（稻香村糕点、豌豆黄……）。

五、活动延伸

回家后跟爸爸妈妈讲一讲今天的所学、所见，并和家长一起了解更多关于北京的知识。

活动设计：黑龙江省农垦建三江管理局中心幼儿园　崔金铭

艺术领域《东方明珠》

设计思想：

小班幼儿动手能力较弱，对色彩比较敏感，入园后在老师的引导下，对黏土活动产生浓厚的兴趣。本着一切从幼儿兴趣出发的原则，结合上海市的标志性建筑——东方明珠广播电视塔（简称"东方明珠"），以其主体——多筒结构作为教育契机设计本次活动，对圆球体进行简单的涂色，发展幼儿的手指灵活度，引导幼儿自主完成作品，了解我国建筑领域的"了不起"。

活动目标:

1. 简单了解东方明珠的结构,感受现代中国标志性建筑的"了不起"。
2. 能大胆涂涂画画,尝试用"团"的动作揉泥球。
3. 激发幼儿自主创作的热情,获得成就感,体验成功的快乐。

活动准备:

视频、东方明珠的模型、幼儿用超轻黏土和油画棒、东方明珠模板。

活动过程:

一、视频导入

观看东方明珠的简介视频。

这是什么建筑?它在哪里呢?

小结:这是上海的标志性建筑——东方明珠广播电视塔,这座塔特别了不起,有许多功能。让我们开启隔空观光游览模式,一起出发去听一听、看一看吧!

二、认识东方明珠

1. 说一说:东方明珠是什么样子的?你觉得它像什么?

远远望去,两颗巨大的球体好像两颗红宝石。

2. 东方明珠的构成简介。

它由塔座、下球体、上球体、中球体、太空舱、3个斜筒体、3根大柱等组成,是上海了不起的现代标志性建筑。

小结:东方明珠是我国一座现代化建筑,集观光、餐饮、购物、娱乐、会展、历史陈列、广播电视发射等多种功能于一体,是上海坐标性建筑和综合性的旅游文化景点。到上海来的游客一般都会去东方明珠参观游玩,合影留念。

三、自制东方明珠

观光结束了,老师要发给你们一个纪念品,但是这个纪念品是半成品,需要你们自己用灵巧的小手来完成。

1. 手指律动游戏"房子搭起来"。

师:房子搭起来。

幼:我就搭起来。

搭房子,搭房子,搭搭搭。

一门开开进不来,

二门开开进不来,

三门开开进不来,

四门开开进不来,

五门开开小朋友们请进来,

老师请进来,耶!

2．发放"东方明珠"模板。

3．第一组幼儿:自由选择画笔给"东方明珠"涂色。

第二组幼儿:团出黏土球,在"东方明珠"上镶嵌大小不一的球体。可以用尺子等把粘好的球压平整一些。动作要领:取出大小合适的彩泥,拉一拉,压一压,把里边的气泡挤出来,然后,捏一捏,握一握,掌心对掌心团一团。

4．展示作品、分享、评价。

小结:宝贝们,你们真是太有想法了,做事情也很认真。你们要努力让自己变得更聪明、更强壮,才会拥有更多的本领,未来才能够为祖国建造出更高、功能更齐全、更漂亮的塔,宝贝们加油!

四、活动延伸

小小建筑师:将老师制作的"东方明珠"模型投放在区域中,激励幼儿当小小建筑师,一起合作搭建一座心中最美的高塔。

活动设计:黑龙江省农垦建三江管理局中心幼儿园　魏娆

艺术领域《东北秧歌扭起来》

设计思想:

秧歌扎根于民间,已被列为国家级非物质文化遗产。它历史悠久,与时俱进,形成了别具特色的艺术风格。组织此次活动,探秘家乡秧歌文化,目的是激发幼儿对秧歌的兴趣。在活动中让幼儿了解秧歌的多样化道具,以及秧歌服装色彩艳丽、动作刚柔并济的特点,从而引导幼儿发扬和传承优秀的本土秧歌文化,让热爱与自豪在幼儿心中生根发芽。

活动目标:

1．欣赏秧歌,知道秧歌是我们家乡特有的黑土文化。

2．能大胆模仿秧歌独特的动作,自信地展现自己。

3．积极参与角色游戏,体验秧歌游戏的快乐。

活动准备:

1．物质准备:彩绸、扇子、秧歌服装、音乐。

2．经验准备:观看秧歌表演。

活动过程:

一、视频导入

1. 幼儿观看视频,欣赏秧歌。

2. 从秧歌表演装束上看,有哪些角色?(媒婆、猪八戒等)

3. 说说你最喜欢哪个角色?

小结:东北秧歌是我们家乡的民间舞蹈艺术,每年的正月十五元宵节在建三江都会举行盛大的秧歌演出活动。扭秧歌能强身健体,增强身体的协调性和平衡感,刺激心肺功能,还可以促进人与人之间的交流。

二、了解秧歌的风格特点

1. 表演形式:地秧歌、高跷秧歌和打鼓秧歌。

2. 使用多样的道具:扇子、手绢、纱巾、伞、棒等。

3. 动作丰富多变,热情有活力。

4. 服装色彩鲜艳,多以戏剧服装为主。

5. 刚柔并济的动作特点:以扭、摆为主要动作,刚柔结合,俏皮。

6. 音乐特征明显:以锣、鼓、镲、唢呐为主要乐器,节奏欢快热烈。

三、感受韵律,尝试自由进行角色模仿游戏

1. 鼓励幼儿大胆模仿视频中自己喜欢的角色并进行表演。

2. 让幼儿说说,他扮演的是什么角色,有什么特点?

3. "我喜欢的秧歌角色":幼儿按角色分组表演。

四、集体表演

1. 出示秧歌服装和道具,装扮角色。

2. 分解动作示范,学习秧歌步(掌握基本走法——十字步),教师展示跳步甩绸、进退秧歌步、跳步摆绸、吸腿跳等动作。

指导要点:鼓励幼儿大胆表现自己,在角色表演游戏中体验快乐。

3. 分享、评价:请幼儿自由表达跳过秧歌后的身心感受。

小结:小朋友们创编了有趣的动作,模拟了生活中的秧歌表演情景,这真是一个有趣的音乐游戏。

五、活动延伸

和家人一起搜集家乡的特色文化。

活动设计:黑龙江农垦建三江第二幼儿园　王文超

心田启蒙：播种爱的种子

艺术领域《一个都不能少》

设计思想：

　　培养幼儿的家国情怀和国家领土统一意识在幼儿园教育中非常重要。香港是中国领土不可分割的一部分，香港回归这一历史事件可以使幼儿感受到国土统一的重要性。在本次活动中，通过音乐游戏、歌曲欣赏的形式引导幼儿了解香港回归、祖国统一这段重要的历史，重温那份喜悦。

活动目标：

　　1. 在音乐游戏中了解香港回归、祖国统一的历史事件。
　　2. 通过观看视频并欣赏歌曲《东方之珠》，感受香港的繁华与美丽。
　　3. 激发幼儿热爱祖国之情。

活动准备：

　　香港景色的视频、PPT课件、制作好的背景音乐、狮子头饰、歌曲《东方之珠》。

活动过程：

一、谈话导入

　　小朋友们，让我们一起来玩有趣的音乐游戏吧！
　　出示鸡妈妈一家图片：鸡妈妈一家都有谁呢？（有鸡妈妈，还有鸡宝宝们）。

二、音乐游戏：鸡妈妈孵蛋

　　1. 玩法和规则：教师当鸡妈妈，幼儿来当鸡宝宝。鸡宝宝蹲下来，当鸡妈妈拍到鸡宝宝的时候，鸡宝宝才可以站起来，跟在鸡妈妈的身后。
　　小结：鸡妈妈有这么多的宝宝，兄弟姐妹在一起很开心。
　　2. 律动游戏——"快乐小鸡"。
　　我们的小鸡都聚到一起了，来跟着音乐一起跳起来吧！
　　3. 情景音乐游戏——初步了解香港回归的过程。
　　配课教师扮演狮子或用PPT课件播放画面音：
　　鸡妈妈："你是谁？"
　　画面音："我是狮子，你有这么多的鸡宝宝，送给我一个吧！"
　　鸡妈妈："不行，它们都是我的宝宝，一个都不能给你。"
　　画面音："那我不管，今天我必须把它抱走！"
　　旁白：鸡妈妈拼命地护着它的宝宝，可是一只鸡宝宝还是被狮子抢走了。狮子抱走了鸡宝宝，鸡妈妈很伤心，因为每一个宝宝对鸡妈妈都很重要，它说：

94

"一个都不能少。"从此,鸡妈妈每天都想念着被抢走的鸡宝宝,不断让自己变得强大,决心一定要让鸡宝宝回到自己的身边。

终于,经过鸡妈妈不断的努力,鸡妈妈和它的宝宝日益强壮,充满了力量。它勇气十足地对鸡宝宝说:"让我们去找狮子吧!一起用最大的声音喊——把鸡宝宝还给我们!把鸡宝宝还给我们!"

旁白:狮子看到强大的鸡妈妈和鸡宝宝,非常害怕,就乖乖地把鸡宝宝还给了鸡妈妈。

鸡妈妈说:"我的宝贝,你终于回来了,太好了,我们又能一起游戏一起生活了。"

4.律动游戏——"一个都不能少"。

小朋友们,狮子被鸡妈妈吓跑了,我们来庆祝一下吧!(教师组织小朋友们进行律动)

音乐儿歌:鸡妈妈鸡妈妈,咯咯咯,小鸡小鸡,叽叽叽,跑东跑西在唱歌,我们一家在一起,一个不能少!

三、介绍"香港宝宝"

师:在音乐游戏中,小朋友们一定能够感受到,家人如果不在身边,自己一定很难过。

1.出示中国地图。

师:其实,我们的祖国妈妈就像鸡妈妈一样,有很多的宝宝。

出示地图:这就是我们的祖国的地图——中国地图。中国地图是不是像鸡妈妈一样?

教师指着地图介绍:这些地方都像鸡妈妈的宝宝一样。

2.找到香港的位置——教师向幼儿介绍香港。

师:那么香港在哪里呢?香港也被称为东方之珠,就像黑夜里的一颗明珠一样,是祖国妈妈疼爱的宝宝。1997年7月1日,香港终于回到了祖国妈妈的怀抱,全国人民都非常开心。现在就让我们通过音乐,来感受香港的美吧!

四、结束环节——欣赏歌曲《东方之珠》

教师播放PPT,幼儿观看香港景色的视频。教师演唱歌曲,幼儿随音乐舞蹈,活动自然结束。

五、活动延伸

家园共育:请幼儿回家和父母一起讲一讲香港回归祖国的故事,更加具体地了解香港回归祖国的历史。

活动设计:黑龙江省农垦建三江管理局中心幼儿园　李泠锐

中 班

语言领域《美丽的祖国》

设计思想:

　　幼儿是祖国未来的接班人,通过日常活动中的爱国主义渗透和熏陶,幼儿对了解祖国文化有强烈的愿望。诗歌《美丽的祖国》语句工整,朗朗上口,内容适合幼儿朗读、理解。该诗歌用拟人化的手法表现了小动物们对祖国的热爱,符合幼儿的心理特征,幼儿非常喜欢。所以我抓住幼儿的兴趣点,利用多种感官引导幼儿感受生活在祖国怀抱中的幸福。幼儿通过了解小动物的家来发现祖国的大好河山,增强对祖国的热爱和自豪感。

活动目标:

　　1. 理解诗歌中"祖国"的含义,知道祖国很大、很美。
　　2. 学习用轻柔、优美的语气朗诵诗歌,并大胆尝试仿编和创编诗歌。
　　3. 感受诗歌的含义,产生对祖国的热爱和自豪感。

活动准备:

　　1. 小白鹅、小山羊、小燕子、小蜜蜂及它们所生活的环境的图片;小动物头饰。
　　2. 背景音乐。

活动过程:

一、图片导入,激发幼儿参与活动的兴趣

　　1. 今天我们班来了很多小动物,看看它们都是谁。(出示小白鹅、小山羊、小燕子、小蜜蜂的图片)它们生活在什么地方?
　　2. 出示河流、山坡、泥窝、花朵的图片,请幼儿说说:图片上的场景分别是谁的家?
　　小动物们都有自己的家,它们在自己的家里快快乐乐地生活着。
　　我们小朋友有一个共同的家——祖国,下面我们来学习诗歌《美丽的祖国》,听一听我们的家——祖国有什么。

二、播放课件,感知诗歌内容

1.教师感情饱满地朗诵诗歌,幼儿欣赏、理解诗歌的内容。

这首诗歌中的"祖国"到底是什么呢?小动物们都是怎样说的?

请幼儿根据图片依次说出诗歌中小白鹅、小山羊、小燕子、小蜜蜂、小朋友说的话。

2.引导幼儿用多种形式朗诵诗歌,比如,"我说上半句,你接下半句""分句接力""两句两句接龙""分角色朗诵等"。

3.播放音乐,教师引导幼儿用轻柔、优美的语气完整地朗诵诗歌。

三、引导幼儿理解诗歌中小动物与环境之间的关系,并尝试仿编、创编诗歌

1.尝试仿编诗歌。

小白鹅说"祖国有清清的河流",这是为什么呢?

河流还有可能是谁的家?我们把它放进诗歌里说一说吧!

2.尝试创编诗歌。

出示小鸟、小兔子、鲸鱼等动物的图片,请幼儿说一说,它们生活在哪里?它们会告诉我们祖国有什么?

结合图片,请幼儿创编诗歌。

3.出示祖国壮美山河的视频,让幼儿感受祖国的幅员辽阔,从而萌发浓浓的自豪感。

诗歌里用了一个好听的词语——祖国!小朋友,我们的祖国都有什么?

小结:祖国是我们共同的家,她地大物博,滋养着美丽的大自然和小动物,养育着我们所有的中华儿女,在祖国的怀抱里我们多么幸福,多么自豪,她就像妈妈一样,我们应该对她说一声:我爱你,祖国!

四、活动延伸

今天,小朋友还要完成一个小任务:回家后和爸爸妈妈分享我们祖国的伟大,并把你想要对祖国说的话画出来。

附诗歌《美丽的祖国》:

小白鹅说:祖国有清清的河流。

小山羊说:祖国有长满青草的山坡。

小燕子说:祖国有温暖的泥窝。

小蜜蜂说:祖国是甜甜的花朵。

小朋友说:祖国到处都有欢乐。

活动设计:黑龙江省勤得利农场幼儿园　孙士朋

社会领域《中国的筷子文化》

设计思想：

筷子是中国人餐桌上必不可少的餐具,其独特之处在于它不仅仅是一种简单的进食工具,更蕴含着深厚的文化内涵和民族情感。中班的幼儿对筷子并不陌生,故本次活动围绕了解筷子的由来、筷子的使用方法和筷子游戏等几个环节展开,让幼儿了解筷子的不同材质,并学习使用筷子,了解中国筷子文化的博大精深,感受中国古代劳动人民的智慧。

活动目标：

1. 知道筷子是中国人发明创造的,通过故事了解筷子的起源和材质分类。

2. 通过多种游戏形式体验使用筷子夹取物品,做到用正确的姿势使用筷子。

3. 感受筷子文化的深厚底蕴和内涵,萌发民族自豪感。

活动准备：

1. 课件1《筷子的起源》、课件2《正确使用筷子》、图片《筷子展览馆》。

2. 幼儿人手一双筷子;游戏道具——毛球、毛根、食物若干。

活动过程：

一、各种各样的筷子

1. 展示幼儿和教师一起搜集的各种各样的筷子,了解筷子的不同材质。

2. 说一说筷子的外形特征。(细细的、长长的、天圆地方)

小结:筷子的寓意——成双成对。

3. 筷子的起源。

这么多种类的筷子真好看,小朋友知道筷子的由来吗?(欣赏课件1《筷子的起源》)

小结:筷子出现在4 000多年前,最早是用树枝、木棍、竹竿等将菜从热汤中捞出来,古代的中国人可真聪明! 直到现在,筷子的作用也主要是夹菜,可以把菜夹起来冷却一会儿再入口。中国是筷子的发源地,筷子是我国与其他国家在饮食用具上差异最突出的标志,它更是我们中华民族传统文化的代表之一。

二、正确使用筷子

1. 学习筷子的使用方法。

(1)使用前筷尖对齐。

（2）使用时只动筷子上侧。

（3）使用中指、拇指、食指3根手指轻轻拿住。

（4）拇指要放到食指的指甲旁边。

（5）无名指的指甲垫在筷子下边。

（6）拇指和食指的中间夹住筷子将其固定住。

（7）筷子后方留1厘米左右的距离。

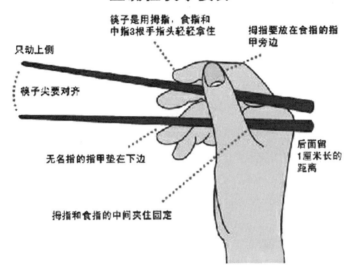

2. 探讨筷子的安全使用。

3. 尝试使用筷子：幼儿尝试使用筷子夹毛球，教师巡回指导，提醒并纠正幼儿使用筷子的姿势。

4. 巩固使用方法：提供食物，用筷子夹食物品尝，体验用筷子进食的成就感。

三、筷子游戏

游戏一：夹毛球比赛。

玩法：将幼儿分成4组，每组一碟毛球、一个空盒，哪组在最短的时间内将全部毛球夹到空盒中即获胜。

游戏二：夹毛球接力赛。

玩法：将幼儿分成2组，围成2个大圈，用筷子夹毛球依次传递，最先完成的一组获胜。

四、活动延伸

1. 美工区：幼儿设计安全使用筷子的标志。

2.生活区:投放多种材质的筷子,贴好安全标志,幼儿使用筷子自主游戏。

活动设计:黑龙江省农垦建三江管理局中心幼儿园　李亚男

社会领域《筷子礼仪知多少》

设计思想:

筷子是我们日常生活中每天都要用到的工具,中班幼儿已经了解了筷子悠久的历史,也掌握了筷子的使用方法,在此基础上,通过本次活动,引导幼儿了解使用筷子有很多礼仪要遵守。通过学习筷子礼仪,幼儿养成良好的餐桌习惯,懂得尊重他人,保持餐桌卫生,提升礼仪修养。

活动目标:

1.通过学习筷子礼仪,幼儿养成良好的餐桌习惯。

2.提高幼儿正确使用筷子的能力,促进其手部精细动作的发展。

3.幼儿大胆分享使用筷子的经验和感受,并懂得尊重他人,培养文明用餐的礼仪。

活动准备:

PPT课件等。

活动过程:

一、分享经验,引起兴趣

请幼儿分享自己使用筷子的经验和感受,并请个别使用筷子较为熟练的幼儿讲一讲,怎样使用筷子能够又轻松又灵巧?

二、筷子的礼仪

小朋友们,筷子不仅能用来夹菜,它更是我们中华民族传统文化的象征。筷子在餐桌上还有很多的讲究,我们一起来学习吧!

1.欣赏PPT,师幼边欣赏边总结。

(1)不敲击筷子。不要用筷子敲打碗、盘子,这样不仅不礼貌,也有"行乞"的意思,也不要两只手各拿一根筷子相互碰撞、敲击。

(2)不在菜盘里上下乱翻,否则会被认为不礼貌,也让人感觉不卫生。

(3)遇到和同餐桌人同时夹菜时,要有意避让,谨防"筷子打架"。

(4)不用嘴咬或舔筷子。在吃饭时不能用嘴舔残留在筷子上的附着物,或者是啃咬筷子。

(5)不能拿筷子随便乱指。吃饭时拿筷子指人会让对方感到不被尊重,这是一种缺乏修养、不礼貌的行为。

（6）筷子交叉摆在桌子上表示对同桌其他人的全部否定,也等于是在否定自己,是非常不礼貌的行为。

（7）不把筷子当牙签,这样既有损自己的形象,也会让旁人感到不舒服。

（8）夹菜时不要把汤汁滴在别人的碗里或桌子上,如果菜的汤汁较多,可拿自己的饭碗去接,或用公勺。使用汤勺时,应先把筷子放下,再拿汤勺,避免筷子"横冲直撞",挡到其他人夹菜。

2.文明用筷我知道。

出示用筷子吃饭的图片,幼儿仔细观察并说一说:哪些是文明行为?哪些行为是错误的、没有礼貌的?

三、筷子的卫生

1.筷子是我们日常饮食必不可少的工具,但是木质的筷子使用超过6个月会滋生细菌,即使每天做好清洁及定期消毒也难以保证筷子的卫生,所以我们使用的筷子尽量6个月之内更换一次。

2.那么小朋友,更换下来的筷子有什么用呢?请你帮助大家想一想。

小结:请你把今天学到的筷子文化传递给家人。

四、活动延伸

在区域投放更换下来的筷子,幼儿做手工用。

活动设计:黑龙江省农垦建三江管理局中心幼儿园　王晓敏

社会领域《国旗我爱你》

设计思想:

4~5岁的中班幼儿社会认知能力明显提高,思维方式也由具体思维向抽象思维转变,他们对国旗的认识不再停留在表面,而是对国旗背后的故事有了探究的欲望。《3—6岁儿童学习与发展指南》中社会领域的教育建议指出:"利用电视节目或参加升旗等活动,向幼儿介绍国旗、国歌以及观看升旗、奏国歌的礼仪。"设计此次爱国教育活动,使幼儿在认识国旗的基础上,了解国旗对祖国的重要性,使幼儿热爱国旗的情感得到升华。

活动目标:

1.了解国旗的特征和含义。

2.能说出国旗、国歌与祖国的关系,并在生活中积极表达对国旗的尊重和热爱。

3.感受国旗对祖国的重大意义,培养幼儿对国旗的尊重和热爱之情。

活动准备:

1.经验准备:幼儿已初步认识国旗。

2.物质准备:国旗图片、国歌、PPT课件、国旗设计者及国旗图案确立的故事等的相关视频。

活动过程:

一、谈话导入

展示国旗图片,说一说:国旗是什么样子的?你们在哪里见过国旗?

二、进一步了解国旗的秘密

1.探讨国旗的由来和意义,倾听国旗设计者及国旗确立的故事等。

小结:中国国旗的旗面为红色,代表烈士的鲜血,长与高之比为3∶2,五角星的颜色是黄色的,其中有一颗大五角星和四颗小五角星。我们的国旗有一个好听的名字,叫作五星红旗。

2.国旗在重要场合的使用。

国旗是我们国家的象征和标志,除了有些场所或者机构所在地每日挂国旗之外,在一些特殊的时刻我们也会看到国旗。

(1)出示航天员杨利伟在太空中的图片,并进行提问,引导幼儿仔细观察,了解国旗会出现在哪些重大场合。

(2)播放奥运会颁奖典礼上升中国国旗的视频,并提问:你知道为什么在这种场合会升起我国国旗吗?

小结:因为中国运动员努力锻炼,赢得了比赛,所以我们的国旗才能在奥运会颁奖典礼上升起来。

(3)还有什么地方应悬挂国旗?

国务院各部门、全日制学校、重大庆祝和纪念活动可以升挂国旗。

三、国旗,我爱你

1.老师讲解应该怎样爱护国旗。

2.讨论:请幼儿结合生活实际,讲述如何爱护国旗。

小结:国旗是我们国家的象征,我们要尊重国旗、爱护国旗。

四、活动延伸

在美工区制作或绘制国旗。

活动设计:黑龙江省勤得利农场幼儿园 刘春雨

社会领域《美丽中国》

设计思想：

《3—6岁儿童学习与发展指南》中社会领域的教育建议指出："知道国家一些重大成就，爱祖国，为自己是中国人感到自豪。"一年一度的国庆节来临之际，到处张灯结彩，祖国人民沉浸在愉悦的氛围中。此时正是引导幼儿建立民族自豪感与归属感的良好时机，故抓住这一契机设计了本次教育活动，希望幼儿能感受到祖国的美景，增强热爱祖国的情感。

活动目标：

1. 了解我国主要的名胜古迹和著名旅游景点。
2. 能够主动向他人介绍"我心中的祖国"，提高幼儿的语言表达能力。
3. 感受祖国美景，萌发热爱祖国的情感。

活动准备：

PPT课件、幼儿旅游时的照片。

活动过程：

一、谈话导入

1. 请去过北京的小朋友来讲一讲，你都看到了什么？

说一说：你觉得北京的什么地方最美？为什么呢？

2. 出示天安门图片：这是什么地方？这里都有什么？

小结：这是天安门，是一个超级大的红色城楼。天安门城楼上有八面国旗迎风飘扬，城楼中央悬挂着毛泽东主席画像。每天清晨在天安门广场都会举行庄严的升国旗仪式，非常壮观。

3. 出示幼儿旅游照片，请照片上的小朋友介绍自己去过的地方。

小结：小朋友去过那么多有趣、好玩的地方，见识了我们祖国美丽的风景。我们的祖国很大，各地都有美丽的风景。今天，老师也想带你们参加一场奇妙的旅行，我们的旅行团有一个好听的名字，叫"寻找美丽"旅行团。

二、认真欣赏课件并了解祖国的名胜古迹

1. 出示景点天安门、故宫、天坛、鸟巢、水立方、长城的图片。鼓励幼儿描述见闻，说出自己认为最美的地方。

小结：这些都是首都北京的旅游景点。

2. 再次出示景点哈尔滨冰雪大世界、海南的大小洞天等的图片。幼儿通过观察,大胆描述图片内容。教师总结南北方气候差异。

小结:我们的祖国地域广阔,南北方气候差异很大,各地自然景象、民族风情、历史文化都不同。

3．继续出示景点图片并观看等。

互动提问:我们祖国有多少个民族?说出你知道的几个少数民族。

4．观看长江的相关视频,了解祖国的河流文化。

三、结束活动

1．用PPT分组快闪祖国的山川河流、物产、美食等图片。

2．孩子们,今天我们仅仅"游览"了祖国的一小部分景点,下一次,我们继续欣赏祖国的美景、美食,也可以在我们假期的时候去祖国各地看一看。让我们把祖国的美丽描述、分享给家人吧,让他们也知道美丽的中国。

四、活动延伸

1．在活动区为幼儿准备中国地图,开展"寻找美丽"活动。

2．在美工区为幼儿提供画纸和画笔,鼓励幼儿大胆绘画,表现祖国的建筑美、景色美、人物美、民族美。

活动设计:黑龙江省鸭绿河农场幼儿园　龚丽杰

语言领域《国徽在我心》

设计思想:

国徽作为国家的象征和标志,代表着国家的权威与尊严。对于幼儿来说,认识国徽是了解国家标志的重要内容之一,也是培养他们的归属感和爱国情感的有效途径。根据中班幼儿的年龄特点,本次活动旨在通过游戏及现场采访等多种方式,帮助幼儿实际操作并深入感知国徽,增强他们对国家的认同感。

活动目标:

1．了解国徽的构成元素和象征的意义。

2．能用清晰的语言描述出国徽的样子,有感情地诵读诗歌。

3．增强幼儿对祖国的认同感和归属感,激发幼儿的民族自豪感。

活动准备:

1．国徽的图片或者模型、画笔、胶棒、铅笔、硬币、白纸等;有关国徽的儿童读物;儿歌图谱。

2．国徽构成元素的卡片,包括国旗、天安门、齿轮和谷穗等。

3．幼儿分为4组。

活动过程：

一、谈话导入

你知道哪些事物代表着我们中华人民共和国吗？（例如国旗、国歌等）今天我带来了祖国的另一个重要标志——国徽，我们一起来认识一下吧！

二、认识国徽

1．出示国徽图片，幼儿观察。

（1）这是什么？

（2）说一说国徽上有什么？

小结：中间是五星照耀下的天安门，周围是谷穗和齿轮。

2．展示国徽的详细图片，逐一介绍国徽的组成部分，如国旗、天安门、齿轮、谷穗等，并解释它们的象征意义。

小结：中华人民共和国国徽的内容为国旗、天安门、齿轮和谷穗。国旗和天安门象征国家，齿轮象征工人阶级，谷穗象征农民阶级。国徽象征中国人民自"五四运动"以来的新民主主义革命斗争和工人阶级领导的以工农联盟为基础的人民民主专政的新中国的诞生。

3．你都在哪里见过国徽？说出自己对国徽的第一印象和感受。

小结：我们在警车、警帽、身份证和硬币上，还有在北京天安门城楼、人民法院、人民检察院、公安局、派出所都可以看到国徽，见到国徽要有敬畏之心，因为国徽是代表国家的徽章、纹章，是我们国家的重要标志之一，也是民族的象征。只有特定的国家重要文件才能盖上国徽大印，正式生效。

三、学习儿歌

1．教师出示图谱，幼儿根据图谱尝试读出儿歌。

2．说一说：儿歌前3句告诉了我们什么？最后一句又告诉了我们什么？

3．幼儿面对国徽集体昂首大声朗诵儿歌。

四、小组游戏——国徽在我心

1．第一组：互动游戏。

快闪游戏卡，看见国徽的元素请点赞，并说出卡片上的元素代表什么。

2．第二组：角色扮演。

请幼儿扮演小记者，现场采访小伙伴有关国徽的相关知识，以及国徽出现的地方及感受。

3．第三组：画、贴国徽，拓印硬币上的国徽。

幼儿自选材料，画出国徽，或用元素贴出国徽，或用铅笔拓印硬币。

4．第四组：绘本阅读。

阅读关于国徽的儿童绘本，通过故事理解国徽的意义。

小结：国旗、国歌、国徽等都代表我们的祖国，它们是祖国的标志，是国家的象征，承载着我们先辈的伟大革命历史，所以我们要尊重并爱护国旗、国歌、国徽，为自己是中国人而骄傲。

五、活动延伸

创编儿歌：鼓励幼儿创作关于国徽的儿歌或简短的诗歌，并分享。

附儿歌《国徽》：

五颗星，挂天空，

天安门，在正中；

齿轮谷穗红绸绕，

看见国徽挺起胸。

活动设计：黑龙江省创业农场幼儿园　赵艳雯

十一月 美丽中国

大 班

艺术领域《国粹京剧》

设计思想：

　　为了引导幼儿感受博大精深的中华文化,我以中国国粹——京剧作为欣赏对象开展此次活动。京剧是中华民族艺术宝库中的瑰宝,京剧的唱腔独特,脸谱色彩斑斓,服饰华丽多彩,其独特鲜明的艺术风格激起幼儿探索和学习的兴趣。此次活动目的是让幼儿了解祖国的传统文化,探索京剧的奥秘,激发幼儿喜爱国粹京剧、热爱中国传统艺术的美好情感。

活动目标：

　　1.感受独具特色的京剧唱腔,知道脸谱的不同颜色代表不同性格类型的人物。

　　2.能够大胆模仿并形象地表现京剧的唱腔和动作。

　　3.喜欢京剧艺术的鲜明风格,愿意深入了解中国传统艺术。

活动准备：

　　PPT课件、京剧服饰和脸谱图片、京剧片段、儿歌、空白脸谱若干、画笔若干。

活动过程：

一、感受京剧和歌曲的不同韵味

　　1.播放幼儿喜欢的儿歌,幼儿跟唱。

　　2.播放一段京剧,幼儿欣赏。

　　小朋友们,你们刚刚听到的这段戏曲和刚刚唱的歌曲有什么不一样的地方？在这段音乐里你听到了什么？

　　小结:这是京剧表演,京剧是中国国粹之一,是中华民族优秀传统文化的重要表现形式。京剧唱腔很独特,和我们平时所唱的歌的旋律不一样。京剧演员的服饰和扮相也很艳丽,具有艺术性和观赏性。京剧不仅在我们中国很受欢迎,还走向了世界舞台,是我们中国人的骄傲。

　　3.出示京剧服饰的图片,感受京剧服装特有的色彩。

　　京剧演员身上穿的、头上戴的、身上背的和我们日常生活中的打扮有什么不一样？（幼儿欣赏并回答）

二、欣赏京剧,感受京剧独特的魅力

1. 播放京剧经典片段,幼儿欣赏并感受京剧艺术的独特魅力。在播放过程中教师适当介绍京剧的表演元素,如唱、念、做、打等。

2. 再次播放视频,幼儿自由模仿京剧的唱腔和动作,重点学习走台步和"哇呀呀"的唱腔。

3. 幼儿集体表演,感受京剧的独特魅力。

三、欣赏京剧脸谱

1. 小朋友们请看,京剧演员的脸上画得五颜六色的,这叫脸谱。老师这里有很多脸谱,快看看,你喜欢哪张脸谱,并说一说,它上面有什么颜色、图案?你们知道这是为什么吗?

小结:京剧脸谱的颜色多彩鲜艳,一看就很吸引人,不同的颜色代表人物的不同性格。红色代表忠诚和勇武;黑色代表正直;白色象征狡猾和多谋;绿色象征鲁莽和暴躁;黄色象征勇猛和彪悍;蓝色象征刚强和忠诚。通过脸谱的颜色,我们就可以知道京剧角色的性格特征。

2. 欣赏京剧脸谱的对称表现形式。

引导幼儿仔细观察京剧脸谱。

请问小朋友们,脸谱有什么特点?眼睛、鼻子、嘴巴等分别是什么样的?

小结:京剧脸谱上的图案、花纹和颜色都是左右对称的,眉毛、眼睛、鼻子、嘴巴、胡子都变成了各种各样夸张的形状。

四、合作绘制脸谱

1. 出示空白脸谱,幼儿分工合作绘制脸谱。教师引导幼儿注意脸谱的对称性特点,师幼共同合作完成。

2. 展示幼儿作品。

五、活动延伸

请幼儿在家里和爸爸妈妈一起了解京剧的其他行当,如生角、旦角、净角、丑角等,并欣赏京剧名段,共同感受京剧艺术的魅力。

活动设计:黑龙江省农垦建三江管理局中心幼儿园　李世超

艺术领域《有趣的行当》

设计思想：

《3—6岁儿童学习与发展指南》中艺术领域的教育建议指出："创造条件让幼儿接触多种艺术形式和作品。"京剧作为我国国粹，不仅代表中华优秀传统文化，更是幼儿园教育中一种富有艺术价值的重要教育形式。根据大班幼儿的年龄特征，把让幼儿欣赏、了解和喜欢戏曲艺术作为戏曲教学的重要目标，帮助幼儿充分感受戏曲浓浓的韵味和特有的地方特色。本次活动旨在了解京剧的生、旦、净、丑四大行当，引导幼儿通过欣赏来感受京剧的美，并亲身体验京剧表演的艺术魅力，大胆表现美和创造美，从而加深对京剧的热爱。

活动目标：

1. 了解京剧行当的基本概念，能够初步认识生、旦、净、丑四大行当。
2. 大胆模仿和表演京剧角色，根据行当的不同特点做出简单的动作。
3. 体验戏曲欣赏和表演的乐趣，萌发对中国传统艺术的热爱之情。

活动准备：

1. 介绍戏曲的动画视频、课件《脸谱的由来》等。
2. 生角、旦角、净角、丑角人物形象的图片，以及相关头饰和道具。
3. 戏曲表演的背景音乐。

活动过程：

一、视频导入

1. 欣赏视频，介绍京剧。
2. 说一说：你看到的这段表演和我们平时唱的歌有什么不同的地方？你觉得哪里最有趣？

小结：刚才我们欣赏的这段表演叫京剧，京剧当中有四大行当，我们一起来了解一下吧。

二、了解京剧的四大行当

1. 出示生角人物形象的图片，了解生角的特点。

（1）幼儿欣赏图片，说一说其特点。

生一般指男性形象，通常以俊扮（面部化妆较为俊美）为特点。

（2）学习生角走台步：亮鞋底。

2．出示旦角人物形象的图片，了解旦角的特点。

（1）欣赏图片，幼儿自由表达观察到的内容。

旦是指戏曲中的女性形象。

（2）引导幼儿模仿旦角柔美走台步的动作。

3．出示净角人物形象的图片，了解净角的特点。

幼儿欣赏课件《脸谱的由来》。

小结：净是指面部勾画脸谱的男性形象。

4．出示丑角人物形象的图片，了解丑角的特点。

（1）幼儿欣赏图片并大胆描述：丑角是指滑稽、幽默或相貌丑陋的人，一般男性在鼻眼间勾画一块儿白色。

（2）引导幼儿模仿丑角走蹲步。

小结：这四大行当在京剧里都有各自独特的表演程式和技艺特色，包括唱、念、做、打等多种表演技巧。每个行当都有基本固定的扮演人物和表演特色。

三、配饰表演

幼儿自选头饰进行表演，加深认识，增强参与活动的兴趣。

1．依次出示并介绍生、旦、净、丑的头饰，幼儿自由选择并进行装扮。

2．随背景音乐进行表演。

小结：京剧是我们中国特有的传统艺术，是我们中国的国粹。刚刚我们了解的四大行当在京剧中占据主导地位，体现了中国古代戏曲的精细和专业化。拥有这样的国粹是我们每一个中国人的骄傲，我们的任务就是要把它传承并发扬下去。

四、活动延伸

1．幼儿回家和爸爸妈妈共同查询每个行当的代表性艺术家和流派，如梅兰芳、程砚秋、尚小云和荀慧生等京剧四大名旦的表演。

2．欣赏和了解更多的戏曲曲种，如黄梅戏、豫剧、越剧等，感受中国戏曲的独特魅力。

活动设计：黑龙江省洪河农场幼儿园　邵金花

社会领域《祖籍里的秘密》

设计思想：

当下有的父母不重视家族文化，导致幼儿对祖籍文化缺乏认识，更谈不上培养家族文化情感了。放眼今日世界，在经济全球化的大潮中，许多国家掀起了学习中文的热潮,很多人愿意研究中国,特别是了解中华优秀传统文化。从传承中华优秀传统文化和增强对国家的归属感两个方面来讲,都应该让幼儿了解祖籍文化。因此设计此次活动,旨在引导幼儿了解祖籍文化,感受代代相传的意义。

活动目标:

1. 知道自己的祖籍与出生地不同。
2. 看图讲述祭祖这一习俗的文化意义,并学说家乡话。
3. 激起幼儿传承家风与文化的情感。

活动准备:

幼儿自带户口本;活动相关视频;各省方言视频;自制旅游卡若干;部分幼儿太爷爷、太奶奶的说话录音;相关图片等。

活动过程:

一、音频导入

听一听太爷爷、太奶奶的方言,幼儿说一说感受。

为什么太爷爷、太奶奶和我们的口音不一样呢?我们去问问他们吧!

二、明确出生地,认识祖籍

1. 在教师的引导下幼儿提问。

太爷爷,你说的话为什么和我们不一样呀?

播放太爷爷的音频——因为我的祖籍是山东呀!

以同样的方式继续问太奶奶:

太奶奶,你说的话为什么和我们不一样呀?

播放太奶奶的音频——因为我的祖籍是四川呀!

2. 祖籍是什么?

小结:祖籍又称原籍,是一个家族的祖先、祖辈的居住地。我们在填写祖籍时,按规定是写祖父的居住地。在中国传统文化中,祖籍很重要,因为它与家族荣誉和传承紧密相关,通过它可以了解自己家族的历史和文化背景。

三、祖籍——家乡的纽带

1958年,这位太爷爷、太奶奶离开最爱的家乡——他们的出生地,坐着绿皮火车来到我们三江平原,扎根在这里,用淳朴、善良创造了奇迹,建设了富饶、美丽的建三江。他们离开家乡那么远,那么久,思念家乡、思念亲人时怎么办呢?

每年春节他们都会回家乡探望亲人,举行祭祖仪式。

1.观看图片,了解归乡祭祖习俗。

他们在哪里祭祖?(认识祠堂)

2.幼儿描述画面内容并了解祭祖的意义。

(1)表达尊敬与感恩之情。(祭拜、鞠躬、叩首、上香)

因为祖先是我们生命的源泉,尊敬和感恩祖先也是尽孝道。

(2)追思和缅怀。(翻看族谱,了解祖先的光荣事迹)

缅怀祖先的英名和功绩,从而更加珍视现在的生活,激发下一代继承和发扬祖先的优良传统,为中华民族的繁荣发展贡献力量。

(3)团结与凝聚(与族人集聚一堂,谈发展、树宏图)

强化家族文化,促进家庭成员之间团结和凝聚。

(4)传承家风。(家风如树,品德如根)

《钱氏家训》:"利在一身勿谋也,利在天下必谋之。"

三国时期,蜀汉开国皇帝刘备给儿子刘禅的遗诏中有这样一句话:"勿以恶小而为之,勿以善小而不为。"(《遗诏敕后主》)

这些家训可以培养后人对家族的责任感和使命感,有助于形成世代相传的良好家风。一个家族的家风就像一盏明灯,照亮族人前行的路,指引家族中的每一个人成为有品德、有修养的人。

四、乡音代代传

讨论:怎样才能让下一代记住自己的家乡?

1.带着子孙后代常回家乡看看。

2.多给孩子讲一些家乡的风俗习惯、地域文化。

小结:长大后无论走到哪里都不要忘了自己的出生地——建三江和自己的祖籍,我们要把它们建设得更美好。

五、活动延伸

和家人一起探讨祖籍(家乡)的民俗风情。

活动设计:黑龙江省农垦建三江管理局中心幼儿园　王子玲

社会领域《顶天立地的中国人》

设计思想:

《盘古开天辟地》是我国古代神话故事,讲述了一个名叫盘古的巨人,用自己的力量开天辟地。故事充满了奇妙的想象,用生动的语言塑造了盘古伟岸、高大的形象,赞美了他无私奉献、勇于献身的精神。通过这个故事让幼儿知道中国人从古至今都很了不起,从而感受我国古代人民的丰富想象力,感受巨人盘古不屈不挠、勇于探索的精神,向盘古学习做个顶天立地的人。联系现实生活,引导幼儿从基本道德规范做起,了解社会主义核心价值观,努力成为令祖国母亲感到骄傲和自豪的新一代中国人。

活动目标:

1. 理解故事内容,了解盘古是一个顶天立地的神话人物。
2. 结合盘古的精神品质,欣赏图片,了解社会主义核心价值观的基本内容。
3. 传承盘古无私奉献的精神,敢于做顶天立地的中国人。

活动准备:

PPT课件、视频、"人"字图片、社会主义核心价值观的基本内容的图片、《公民道德歌》。

活动过程:

一、谈话导入

小朋友们,我们的祖先有着丰富的想象力,创造出了充满神奇幻想的神话人物。今天老师带来了一个神话故事——《盘古开天辟地》,这个神话故事充满神奇的想象,故事里的人物都很了不起,表现了古代中国人民的智慧和勇气。所以,直到现在人们还十分喜爱这个神话故事,我们一起来看一看吧!

二、欣赏故事《盘古开天辟地》

1. 欣赏课件的前半部分,幼儿观察并理解画面内容。

(1)盘古住在哪里?

帮助幼儿理解"宇宙"和"远古",理解"与生俱来"的意思。

(2)盘古是怎样把天和地分开的?

小结:传说中盘古用神斧劈开混沌的宇宙,开辟了天地。

2. 欣赏课件的后半部分。

讲一讲:盘古倒下后身体发生了什么变化?他的身体变成了大自然的哪些现象?

3. 说一说:你觉得盘古是一个怎样的人?

盘古不怕困难,不怕辛苦,通过自己的努力劈开了天和地,并且牺牲了自己,将自己身体的每一部分都幻化成了大自然美好的事物,为后人创造出一个美好的世界,真是一个顶天立地、了不起的大英雄。

4. 出示"人"字,引导幼儿感受"人"字顶天立地的形象。

小结:故事中的盘古真了不起,他不惧黑暗,勇敢地探索未知世界,努力在一片混沌的世界中创造了天地万物。下面我们再来完整欣赏一遍这个故事吧!

三、做个什么样的人

也许我们做不了像盘古那样的英雄,但我们可以做一个顶天立地的人。老师给你们看一些图片,照着去做就可以成为顶天立地的中国人。

1. 讲一讲。

出示社会主义核心价值观的基本内容的图片,幼儿仔细观察并讲述文字的意思。(富强、民主、文明、和谐,自由、平等、公正、法治,爱国、敬业、诚信、友善)

2. 连一连。

依据图片上人物的表现找到对应的社会主义核心价值观连一连。

小结:图片上的这些内容都是中国人必备的优秀品质,也是衡量优秀中国人的标准,做到这些就可以成为祖国的骄傲。

四、欣赏歌曲《公民道德歌》

讨论:说一说,你在歌曲中听到了什么?你能做到这些吗?

小朋友们,无论是在生活中,还是在学习中,都要有勇气面对新的挑战和难题,努力想办法解决它,战胜它,这样才能让我们的祖国变得更强大。

五、活动延伸

搜集经典神话故事,开展亲子阅读活动。

附故事《盘古开天辟地》:

很久很久以前,天和地还没有分开,宇宙混沌一片。有个叫盘古的巨人,在这混沌之中,一直睡了十万八千年。有一天,盘古忽然醒了。他见周围一片漆黑,就抡起大斧头,朝眼前的黑暗猛劈过去。只听一声巨响,混沌一片的东西渐渐分开了。轻而清的东西,缓缓上升,变成了天;重而浊的东西,慢慢下降,变成了地。天地分开以后,盘古怕它们还会合在一起,就头顶着天,用脚使劲儿蹬着地。天每天升高一丈,地每天下沉一丈,盘古也随之越长越高。这样不知过了多少年,天和地逐渐成形了,盘古也累得倒了下去。

盘古倒下后,他的身体发生了巨大的变化。他呼出的气息,变成了四季的风和飘动的云;他发出的声音,化作了隆隆的雷;他的双眼变成了太阳和月亮;他的四肢,变成了大地上的东、西、南、北四极;他的肌肤,变成了辽阔的大地;他的血液,变成了奔流不息的江河;他的汗毛,变成了茂盛的花草树木;他的汗水,变成了滋润万物的雨露……

人类的老祖宗盘古,用他的整个身体创造了美丽的宇宙。

活动设计:黑龙江省七星农场中心幼儿园　丁瑶

社会领域《跟着刘宽学做"仁"》

设计思想：

  自幼儿园小班起，我们就着力培养幼儿分享、谦让、合作、互助等品质，让他们从自我意识向他人意识转变，相互之间和睦相处。到了大班，幼儿的自我控制力及意志力有所增强，会产生共情，对于是非对错更加关注，因此，常常出现告状现象。在每天的国学晨读活动中，我发现大班幼儿对国学的领悟力日渐加强。国学蕴含宝贵的道德精神，例如，国学中讲，"仁"是五常之首，是儒家思想的核心。因此，针对大班幼儿的年龄特征——理解力增强、有榜样意识、比较容易接受成人的指导等，我设计了本次社会活动"跟着刘宽学做'仁'"。用游戏的方式引导幼儿理解刘宽的宽容、仁爱，帮助他们建立遇事为他人着想的仁爱品格，培养幼儿以他人为中心的交往意识，学会换位思考，养成宽厚、善良、不计较的品格。

活动目标：

  1．感知、理解刘宽是一个宽厚、善良、理解他人的仁人。

  2．能说出刘宽的仁者的做法，知道要像刘宽那样做身边人的榜样，有仁爱之心。

  3．感受父母在名字中对自己寄予的希望，努力让自己变得更优秀。

活动准备：

  1．PPT；妈妈们关于幼儿名字的含义的寄语视频；日常生活中，站、坐、立、行等姿势做得好的幼儿的照片。

  2．幼儿人数的2倍的气球。（一半气球充足气，另一半气球充少量气，鸭蛋大小即可）

  3．将竹签插进吸管，制成竹签棒，人手一根，并将竹签在吸管内固定，只有一头露出一点儿竹签尖。

活动过程：

一、激趣导入

  国学"小书虫"们，请看一看老师今天带来的故事——《仁者刘宽》。故事的主人公叫刘宽，大家都叫他"仁者"，为什么呢？什么是仁者？我们认真听故事，故事会告诉我们的。

二、倾听故事,按故事情节理解刘宽"仁"的行为

(一)情节一:不生气,不解释,宽容,善良,谅解他人

1. 刘宽被冤枉偷牛。

(1)真的是刘宽偷的牛吗?他为什么不解释呢?

丢牛的人正在气头上,他认定是刘宽偷的牛,刘宽知道解释也没用。

(2)刘宽被冤枉,有没有生气?

他为什么不生气呢?我们请小气球来告诉我们吧!

2. 游戏一:爱生气的气球。

幼儿用自制的竹签棒玩扎气球游戏,体验气鼓鼓的气球用竹签一碰就会爆炸。

小结:生气只会让自己受伤,所以不能生气。

3. 观看视频。(牛被送回来了)

(1)刘宽为什么原谅丢牛人?

丢牛的人知道冤枉刘宽了,马上把牛送了回来并道歉,刘宽觉得知错就改是可以被原谅的。

(2)刘宽是怎么说的呢?

第一句"你都已经把牛送回来了,我还能说什么呢",说明刘宽宽容。

第二句"你的牛找到了是件很好的事",刘宽不仅不生气,还替丢牛人高兴,说明他善良。

第三句"牛本来就长得很像,认错了也情有可原",表明他理解丢牛人,知道他不是故意犯错的。

小结:刘宽不恼怒,不骂人,宽容,善良,谅解别人,因为这些品质,大家都叫他"仁者"。

(二)情节二:大度,不计较,尊重他人,是好榜样

有人不相信刘宽那么好,决定试探刘宽一下。

1. 刘宽衣服被弄脏了,有没有惩罚别人?

(1)他没有恼怒,没有骂奴婢,反而关心她的手有没有被烫伤,说明他有爱人之心。

(2)自己整理衣服表明他不计较、大度。

(3)中国自古就有穿衣礼仪,要穿着干净、合体,穿着脏衣服见别人是不礼貌的,所以,他赶回家换衣服。我们小朋友以后也要保持衣着整齐、干净,这是一种尊重对方的礼貌行为。

2.那个试探刘宽的人很羞愧,从此向他学习,也成了宽厚、仁慈的人,可以看出,榜样的力量是无穷的。

小结:向榜样学习,也会变成榜样那样的人。

3.游戏二:谁是我的小榜样?

小朋友们,其实我们身边也有很多小榜样,我们看看都是谁。

展示榜样小朋友的照片。

猜猜这是谁?应向这个小榜样学习什么?(坐姿端正、安静、认真观察、勇敢、乐于助人、爱劳动、讲卫生、礼貌大方、做事专注、持之以恒、孝敬师长)

小结:榜样的力量是无穷的。老师希望每个人都能找到身边的榜样,也成为榜样那样的人,变成和榜样一样自律、受人尊重的人。

(三)情节三:爱民如子

刘宽后来做了太守,他是怎样对待犯错的人的呢?

1.观看视频。

2.刘宽为什么用蒲草打犯错的人?(不痛,但是能警示,被打的人不仅不会怨恨他,反而更敬仰他,乐于改过)

从这里可以看出刘宽是什么样的人?(仁者)

小结:你听过"仁者无敌"这个词吗?无敌不是谁也打不败他,而是仁者那么好,大家都愿意做他的朋友,都不愿意做他的敌人,所以他就没有敌人了,所以说"仁者无敌"。

三、好名字寄希望

大家都喜欢刘宽,叫他什么?——仁者刘宽,他父母给他取的这个名字中的"宽"字表示宽容、宽厚。我们的父母在给我们每个小朋友起名字时也都寄予了美好的希望。老师询问了几位妈妈,我们来听她们说一说。

1.观看妈妈们的寄语视频。

2.小朋友们可以回家问问爸爸妈妈,他们给你起名字的时候寄予的希望是什么呢?我们可以朝着那个方向努力。

小结:听完今天的故事,老师对你们也有一个期望——要做像刘宽那样的仁者。仁者是什么样的呢?生活中不要随便发脾气,要有仁爱之心,多宽恕别人、谅解别人,不计较,尊重别人,成为大家的榜样。

四、活动延伸

搜索关于"仁义礼智信"的经典故事,相互分享。

活动设计:黑龙江省农垦建三江管理局中心幼儿园　杨柳

艺术领域《美轮美奂中国扇》

设计思想：

扇子在我国已有3 000多年的历史，不仅具有实用性，而且有着特殊的象征意义，还被视为一种艺术形式，承载着中国传统文化的精髓。扇子品种繁多，工艺精湛，堪称中华一绝。开展本次"美轮美奂中国扇"活动，使幼儿了解扇子的历史、种类、用途。幼儿自由创作扇面上的图案，感受中国扇文化的魅力，提高表现美和创作美的能力。

活动目标：

1. 通过观察、欣赏，探索发现扇子的多样性和特征。
2. 能用画、剪、贴的方式制作扇面，表现中国扇子的隽美。
3. 体验制作扇子的乐趣，并乐于参与扇面绘画活动。

活动准备：

1. 各种形状的扇面若干、一次性筷子若干、双面胶、水彩笔、超轻黏土、卡纸、毛根等材料。
2. 准备不同类型的扇子若干，布置成"扇子展馆"。
3. 国风音乐、课件。

活动过程：

一、实物导入

1. 参观"扇子展馆"，引出主题。

欢迎小朋友来到"扇子展馆"，这里有各式各样的扇子，请小朋友们认真观察。

2. 说一说，你最喜欢哪把扇子？它的颜色、图案、形状是什么样子的？

3. 请幼儿摸一摸，说一说，它是用什么材料制作的？

小结：圆形有柄的扇子叫作团扇，扇面能折叠的扇子叫作折扇，用麦秆做的扇子叫作麦秆扇，还有绸扇。不同样式的扇子，用处也不相同，比如绸扇用于舞蹈。

二、简单了解扇子的来历

扇子最早出现于我国商代，是用羽毛制成的，不是用来纳凉的，而是一种身份的象征。随着历史的变迁，许多能工巧匠制作出了不同造型、不同形状的扇子，扇子的种类也就越来越多了。

我们国家有着"制扇王国"的美誉。现在我们一起走进中国扇的世界。

三、欣赏与感受

1．观看课件第一段，了解扇子的构造。

一把扇子是由什么组成的？

出示成品扇子，让幼儿观察扇子是由扇面、扇柄、扇钉组成的。

2．观看课件第二段，欣赏扇面。

欣赏扇子，感受扇子的不同造型和精美的扇面。

你最喜欢什么图案的扇子，请你来说一说它的外观？

在扇面上可以看到书法、山水画、花草、人物等不同的图案。

小结：扇文化是中国一种独特的文化。历来文人墨客喜欢在扇子上面题诗作画，精美的扇子也被当作工艺品用来收藏。

四、自由创作自己的扇子

小朋友们，想不想设计一把独特的扇子？我们一起来做扇子吧！

1．装饰扇面。

提供不同形状和造型的空白扇面，并提供黏土、卡纸、毛根等多种操作材料。

幼儿自行选择材料，大胆想象并装饰扇面。

2．教师巡回指导，引导幼儿先确定扇面的主题，根据主题来进行创作，鼓励幼儿大胆表现，协助幼儿进行粘贴、固定。

3．用一次性筷子当作扇柄，将扇面用双面胶贴到一次性筷子上。

提醒幼儿活动时注意自己和同伴的安全，不要用手揉眼睛。

五、作品展示、欣赏

1．幼儿展示并讲解自己的创作意图和扇面的风格，说一说最喜欢哪把扇子和它的用途。

2．整理桌面和材料。

小结：扇文化是中国文化的重要组成部分，在我国已有3 000多年的历史。放学后我们可以继续研究中国美轮美奂的扇子，变身"扇子小达人"，向中外友人宣传中国扇，让他们欣赏中国扇的美丽。

六、活动延伸

1．幼儿利用自己的扇子作品布置班级环境。

2．幼儿在区域活动中尝试其他制作扇子的方法。

活动设计：黑龙江省胜利农场幼儿园　刘珊珊

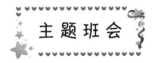

立冬主题班会活动方案建议

指导思想：

　　立冬是冬天的第一个节气,在我国的很多地方立冬被当作重要的节日来庆祝。借助此次活动,让幼儿感受立冬的节日习俗和节气特点,并充分感知和体验立冬的节气文化,让幼儿知道冬日里的一些日常保健常识,在体验冬天带来的快乐的同时,也要照顾好自己和家人。

活动主题：

　　"立冬到,迎冬趣"。

活动目标：

　　* 认识、了解立冬是二十四节气之一。

　　* 知道立冬的时间及由来,了解立冬的节气特点。

　　* 和父母一起包饺子,增进与父母的亲情,锻炼幼儿的动手能力,培养自力更生的意识,感受集体劳动的快乐。

　　* 知道我国是一个历史悠久的国家。

　　* 积极参加活动,体验冬天的乐趣。

活动形式建议：

　　主题班会、亲子活动。

活动时间：

　　11月。

活动内容建议：

　　1.了解立冬的来历及习俗。

　　立冬是二十四节气中的第十九个节气,在每年的公历11月7日或者11月8日,表示自此进入了冬季。"立,建始也。""冬,终也:万物终藏。"立冬意味着生气开始闭蓄,万物进入休养、收藏状态。气候也由秋季的少雨干燥向阴雨寒冷的冬季过渡。立冬代表着冬季的开始,它是我国民间非常重视的季节节点之一,春耕夏耘、秋收冬藏,冬季是享受丰收、休养生息的季节。

2. 通过唱歌、听故事等方式开展科学探究、语言活动等。
- 科学探究活动:"下雪啦""冬天的运动"。
- 艺术活动:制作雪人;听歌曲《雪花与雨滴》。
- 健康活动:"寒冷我不怕""北风吹"。
- 看图简述《雪人不见了》。
- 唱儿歌《数雪花瓣》。

小雪花、小雪花,你有几个瓣?
我用手心接住你,让我数数看。
一、二、三、四、五、六
刚数完,雪花怎么不见了?
只留下一个圆圆的小冰点。

- 欣赏影片《雪孩子》。

3. 环境创设。
- 布置主题墙——"冬天的……"。
- 制作雪花挂饰。

4. 亲子包饺子。

家长擀皮,孩子包饺子。

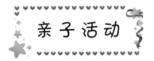

冰雪乐亲子活动方案建议

指导思想：

  进入 11 月，黑龙江的气温已经达到零下几度。在这样寒冷的天气里孩子们的户外游戏如何开展呢？冰雪是东北孩子独有的财富，每次看到下雪，孩子都非常兴奋，在雪地里踩脚印、打雪仗、堆雪人。这些活动不仅是他们快乐的源泉，还锻炼了身体。举行此次"冰雪乐"亲子活动，可以增强幼儿体质，促进亲子关系，也可以培养幼儿对冬季冰雪体育运动的兴趣，还可以使幼儿掌握多种玩雪的技能，锻炼不怕冷的意志，更加喜爱家乡的冬天。

活动主题：

  "冰雪欢乐多"。

活动目标：

  ＊尝试多种玩雪的方法，能团结协作，有竞争意识。
  ＊了解运动时安全防护的办法，营造克服困难、团结一致的氛围。
  ＊知道与家人冬季一起锻炼的好处，做一个勇敢的孩子。
  ＊增强幼儿体质，提高冬季抵抗寒冷的能力。
  ＊大胆设计、想象，尝试动手制作冰花。
  ＊感受堆雪人、爬雪山、滑雪坡、拉爬犁、投掷雪球等游戏的乐趣。
  ＊喜欢参加冬季户外运动，对冬季特色运动感兴趣。

活动形式建议：

  亲子活动。

活动时间：

  11 月。

活动内容建议：

  1. 组织热身活动。
  幼儿来到户外，跟随音乐慢跑，活动全身。
  2. 踩脚印。
  家长与幼儿手拉手，在雪地上自由踩出自己喜欢的脚印造型，或与其他家庭合作,创造脚印拼图。

3.拉爬犁比赛。

幼儿与家长合作,一人拉,一人坐在爬犁上。听到口哨声响起,几组家庭从起点出发快速将爬犁拉到终点,然后角色互换,再返回起点,最先返回的一组获胜。

4.投掷雪球比赛。

家长夹雪球供幼儿投掷,投掷最远的家庭获胜。

5.打雪仗游戏。

与兄弟班级结对子,进行打雪仗游戏。

6.爬雪山,滑雪坡。

家长用最快的速度爬上雪山,同时把滑雪工具送上山顶,幼儿从雪山不同方向爬向山顶,再选择喜欢的工具(爬犁、箱子、纸壳、轮胎等),与家长一起滑下来。

7.花冰灯制作。

引导幼儿用纸杯接好水,用颜料、彩纸及各种装饰品制作花冰灯。

8.冬天的礼物。

幼儿将冻好的花冰灯作为礼物带回家送给爷爷、奶奶。

十二月
爱我家乡

小 班

语言领域《三江美》

设计思想：

《3—6岁儿童学习与发展指南》中社会领域的教育建议指出："运用幼儿喜闻乐见和能够理解的方式激发幼儿爱家乡、爱祖国的情感。"家乡是我们每个人从小生长的地方，它承载了我们儿时的记忆和情感。为了帮助幼儿深度了解家乡，热爱家乡，激发其爱家乡、长大建设家乡的浓厚情感，我设计了此次语言活动"三江美"，在学习儿歌《三江美》的同时，激起幼儿身为米都娃娃的自豪感。

活动目标：

1. 初步了解家乡建三江。
2. 学习并理解儿歌《三江美》。
3. 激发幼儿从小爱家乡、长大建设家乡的情感。

活动准备：

课件、儿歌《三江美》的图谱、背景图。

活动过程：

一、图片导入

出示背景图，请幼儿辨识图片内容。

1. 谁来告诉我们这是什么地方？
2. 图片上有什么？

二、欣赏并理解儿歌《三江美》

1. 教师边出示儿歌图谱，边有感情地朗诵儿歌，幼儿欣赏。
2. 儿歌描写的是哪里？你都听到了什么？
3. 教师再次朗诵，引导幼儿说出听到这首儿歌时的感受。

小结：这首儿歌描写的是我们的家乡建三江。建三江盛产绿色优质的水稻，有自己建设的大粮仓，这里生产的大米很有名，远销全国各地，有"绿色米都"的称号。我们的家乡越来越好，作为米都娃娃，我们要带着对家乡的热爱之情学习这首儿歌。

三、学习儿歌《三江美》

1. 出示儿歌图谱，引导幼儿说出儿歌内容。

2. 教师一句、幼儿一句,接力对读。

3. 根据图谱,教师与幼儿共同朗读。

四、展示诵读《三江美》

1. 幼儿分组诵读儿歌《三江美》。

2. 幼儿集体诵读儿歌《三江美》。

五、活动延伸

家园共育:请幼儿回家后与爸爸妈妈继续讨论我们的家乡建三江还有哪些比较美且值得赞赏的地方,比如美食、美景等,同时,继续创编儿歌《三江美》。

附儿歌《三江美》:

三江美,我家乡。

三江特产稻花香。

三江美,我家乡。

人民勤劳建粮仓。

三江美,我家乡。

三江粳米美名扬。

活动设计:黑龙江省农垦建三江管理局中心幼儿园　魏娆

整合《大荒娃娃爱家乡》

设计思想:

我们小朋友作为地地道道的北大荒娃,不仅要了解北大荒伟大的开荒历史,还要热爱自己的家乡,为家乡感到自豪并懂得感恩家乡。本次活动设计了许多情境,层层递进,在每个环节引导幼儿发挥自己的主观能动性,大胆地表达,充分激发幼儿的表现欲。幼儿自主操作,在自由探索的过程中合作交流,积极沟通,升华爱家乡的情感。

活动目标:

1. 通过北大荒的变化,了解家乡的发展,感受当今的幸福生活。

2. 观察北大荒今昔对比图,能大胆表达,说出家乡的变化。

3. 体验互动游戏的快乐,萌发爱家乡的情感和自豪感。

活动准备:

红星、创编绘本、图片、PPT。

活动过程:

一、情景导入

小朋友米多在衣柜里发现了一颗红星,这是谁的呢?

1. 出示帽子图片,原来红星是帽子上的,这是谁的帽子呢?

2. 出示老爷爷的照片,和他年轻时候的军装照对比。

老爷爷年轻的时候是一名军人,他退伍转业后来到我们的家乡北大荒,他一直珍藏着帽子上的这颗红星。我们叫他们转业官兵。

二、绘本故事分享,初步感受北大荒从荒无人烟到成为粮仓的变化

1. 出示绘本,师幼共同阅读。

这是一本不一样的绘本,是老师亲手制作的。这本书里面就有这些转业官兵在我们家乡的故事,都是真实的故事!让我们一起看看吧!

2. 阅读绘本,师幼一起梳理故事内容。

(1)我们的家乡叫什么?

建三江,又叫北大仓,曾经有人叫它北大荒,因为它从前是一片荒原。

(2)这位老奶奶正在给小孙子讲她年轻时候的故事。

(3)这是什么交通工具?(绿皮火车、牛车、马车)

(4)当时住的是什么样的房子?(木头房子和毛坯房)

(5)种地用的是什么?(犁,犁是人力拉动的)

(6)粮食丰收了,用什么车运输呢?我们在生活中见过吗?(认识第一位女拖拉机手)

3. 引导幼儿说出家乡的人们不怕苦、不怕累(或艰苦奋斗,勇于开拓)。

4.(翻页)哇!我们的家乡变化这么大,大荒原变成了大粮仓!真的好厉害呀!叔叔阿姨们也变成了爷爷奶奶,他们把青春奉献给了家乡,我们来赞美一下他们吧!

小结:我们的家乡从大荒原变成了大粮仓,是因为有这些建设北大荒的爷爷奶奶不怕辛苦地工作,我们的家乡才会这么美,这么富有!小朋友要懂得珍惜我们现在幸福的生活啊!

三、说说我们的幸福生活

我们一起来看一看,绘本里的家乡和我们现在的家乡有哪里不一样?

根据绘本上的特写照片,幼儿说一说其和现在有什么不同。(房子、车、衣服、土地、环境)

小结:我们的生活越来越富有了,吃、住、行越来越方便,我们要感谢老一辈垦荒人。

四、游戏

1. 一起游家乡。

教师当车头,幼儿当小乘客,教师一边开车,一边出示图片,问:"小车小车跑得快,请问你要去哪里?"

幼儿根据图片每次快速说出家乡的一个标志性建筑和地点。(人民广场、植物园、公园、连心桥、体育馆、文化馆、科技园、农机中心、火车站、百货大楼等)

小结:我们的家乡是美丽的建三江,我们都是北大荒娃。建三江生产的大米被输送到全国,建三江被称作"绿色米都",所以我们也叫"米都娃娃"。

2. 吐露心声。

师:我们的家乡是——

幼:建三江。

师:我们都是——

幼:北大荒娃!

五、活动延伸

在家里和爸爸妈妈一起了解更多关于北大荒的故事。

活动设计:黑龙江省七星农场中心幼儿园　杨翠

社会领域《家乡特产》

设计思想:

家乡特产是地方文化的重要组成部分,蕴含着丰富的历史、人文和自然信息。通过介绍家乡的特产,可以让幼儿了解家乡的文化底蕴和特色,激发他们对家乡的热爱和自豪感。因此,我设计了本次活动,让幼儿在了解家乡特产的同时,也能感受到家乡美食文化的魅力。

活动目标:

1. 感受家乡物产的丰富。
2. 能清晰讲述家乡的主要特产及特点。
3. 在游戏中体验销售家乡特产的乐趣,激发对家乡的热爱之情和自豪感。

活动准备:

图片、视频、A4纸、彩笔、地图。

活动过程:

一、谈话导入

小朋友们,你们知道我们的家乡在哪里吗?

出示地图,教师与幼儿在地图上寻找家乡。

请幼儿说一说,这是哪里?

小结:我们的家乡叫建三江,地处三江平原,属于黑龙江省。我们的家乡很美,有很多的特产和美食,我们一起来了解一下吧!

二、感知理解

1. 播放视频,引导幼儿了解什么是特产。

说一说,视频中介绍了哪些特产?你觉得特产是什么?

2. 出示图片,了解地方特产。

说一说,图片中是什么地方,有哪些特产?你喜欢哪个地方的特产?

3. 出示幼儿提前收集的图片,鼓励幼儿说一说自己家乡的特产,萌生对家乡的爱意。

你的家乡有哪些特产?你最想把家乡的什么特产介绍给别人?为什么?

4. 引导幼儿观察家乡特产的包装,并描述特产的外观、颜色、形状等特征。同时,了解特产的名称、商标、产地,并简单介绍其用途或营养价值。

小结:这些都是我们家乡的产品,是家乡特产。比如,大米、木耳、榛蘑、白面、常乐挂面等。

三、操作体验

游戏:"特产专卖店"。

游戏方法:在角色区幼儿参与创设"特产专卖店"的情境,将自己准备好的特产在这里分类摆放展示,分成4个特产区,请8名小朋友扮演售货员,推销售卖家乡的特产,其他幼儿扮演顾客。售出商品最多的小朋友,获得"最美特产售货员"证书。

四、总结分享

教师和幼儿共同总结经验,说一说哪种特产最受欢迎,销量最高。

小结:家乡的特产是家乡的骄傲,它们代表了家乡的文化和特色。我们要珍惜它们,热爱自己的家乡。

五、活动延伸

1. 鼓励幼儿回家与家长一起了解更多的家乡特产,并带到幼儿园与同伴分享。

2.在美工区提供材料,让幼儿制作关于家乡特产的手工作品,如绘画、剪纸等。

活动设计:黑龙江省农垦建三江管理局中心幼儿园　李萌

社会领域《我的"家"在这里》

设计思想:

　　风吹麦浪,稻穗金黄,北大荒的景色美不胜收。北大荒的历史,就是一部壮丽的史诗。当下,这片黑土地上的人已经延续到拓荒者的第四代。我们的家乡为什么叫北大荒?北大荒的历史故事有哪些?为了不让发展的脚步冲淡垦荒精神,我们要时刻提醒幼儿,我们是北大荒人的后代,应该将黑土文化传承下去。通过本次活动,展示家乡的美景、特产,讲述家乡的故事、传说,了解家乡的历史和文化,让幼儿感受家乡的魅力,从而培养他们的乡土情怀和自豪感,增强他们的社会责任感。

活动目标:

　　1.了解北大荒的地理位置、基本特点和主要农作物。
　　2.幼儿能认真观看图片、视频,积极讲述家乡的美景和特色,提高观察能力和语言表达能力。
　　3.激发幼儿对家乡的热爱之情,培养他们对家乡的自豪感。

活动准备:

　　北大荒的风景图片、特色农产品图片、介绍北大荒的简短视频、地图(标注出北大荒的位置)、绘画材料、歌曲《北大荒人的歌》、北大荒标识卡。

活动过程:

一、歌曲导入

　　1.播放《北大荒人的歌》,吸引幼儿的注意力。
　　2.与幼儿简短交流歌曲内容,谈论对家乡的初步印象。

二、我的家乡在哪里

　　1.出示地图,认识北大荒的地理位置。
　　小朋友们,你们知道我们的家乡在哪里吗?看,这就是我们的家乡北大荒,它在中国的东北部。
　　2.展示北大荒的风景图片。
　　谁能把图片上北大荒的美丽景色讲一讲?

小结:北大荒的天空湛蓝湛蓝的,云朵像棉花糖一样白。这里有金黄的麦田、绿油油的稻田,还有各种各样的农作物。

3. 观看介绍北大荒的视频,让幼儿更直观地了解家乡。

现在,我们一起来听一听,我们的家乡北大荒还有哪些有趣的故事?

4. 家乡的特色农产品。

你知道北大荒有哪些特产和好吃的吗?

小结:比如大豆、小麦、水稻等,这些都是我们家乡的骄傲,也是我们家乡的特产。

三、绘画活动——我眼中的家乡

1. 幼儿自选绘画材料,大胆画出最喜欢的家乡美景。

2. 鼓励幼儿展示自己的作品,说一说自己画的是家乡的什么景色,并表达对家乡的热爱。

四、情感升华

1. 小结活动内容,激发幼儿热爱家乡的情感。

今天,我们一起了解了家乡北大荒,看到了它的美丽景色和特色农产品,我们要好好爱护我们的家乡。

2. 请幼儿大胆表达,说一说,怎样才能让我们的家乡变得更加美丽呢?

小结:小朋友们,希望你们以后能多关注家乡的发展变化,了解家乡的故事和文化,为把家乡建设得更美好而努力!

五、活动延伸

家园共育:

1. 请家长利用睡前时间给幼儿讲述关于家乡发展的故事。

2. 家长经常带领幼儿参观家乡的农田、农场等地方,让幼儿亲身感受家乡的农业文化和特色。

活动设计:黑龙江省农垦建三江管理局中心幼儿园　胡悦

社会领域《认识马哈鱼》

设计思想:

《3—6岁儿童学习与发展指南》中社会领域的教育建议指出:"运用幼儿喜闻乐见和能够理解的方式激发幼儿爱家乡、爱祖国的情感。"在东北,有数不清的特产,尤其是江里的马哈鱼,其加工的鱼子、鱼坯子远销全国各地。本次活动以探索、了解马哈鱼为主体,通过查找资料、观看图片或实物模型,以及品尝等

多种形式,让幼儿全面了解马哈鱼的基本特征和生活习性,激发幼儿认识马哈鱼的浓厚兴趣和好奇心,为幼儿更好地了解家乡打下坚实的基础,激发幼儿热爱家乡的情感。

活动目标:

1. 知道马哈鱼是家乡的特产之一。
2. 初步了解马哈鱼的基本特征和生活习性。
3. 品尝家乡美食,激发幼儿对家乡的喜爱之情。

活动准备:

马哈鱼的图片或实物模型、视频、黏土。

活动过程:

一、导入活动

小朋友们,在我们家乡的松花江里生活着许多鱼类,其中有一种马哈鱼,特别出名。

二、了解马哈鱼的基本特征

1. 出示马哈鱼的图片或实物模型,让幼儿观察马哈鱼的身体有什么特点。
2. 讲解马哈鱼的基本特征,如身体颜色、形状、鳞片等。

三、了解马哈鱼的生活习性

1. 通过讲故事的形式,让幼儿更深入地了解马哈鱼生活在哪里、吃什么、如何繁殖。
2. 播放关于马哈鱼的视频资料,让幼儿更直观地了解马哈鱼的生活环境和习性。
3. 教师小结马哈鱼与人类的关系,以及马哈鱼在食物链中的作用、对人类的价值等。

四、马哈鱼全身都是宝

1. 出示家乡特产马哈鱼的多种加工产品。
2. 展示马哈鱼的烹饪方法,知道马哈鱼的鱼子、鱼皮等都是宝。
3. 品尝马哈鱼的独特风味。

小结:今天我们一起了解了家乡特产马哈鱼的基本特点、生活习性及它的多种美味制品,小朋友们是不是对鱼的种类产生了更大的兴趣呢?今后我们会认识更多的家乡特色产品,争做家乡小导游。

五、活动延伸

1. 欣赏鱼骨画,出示三花五罗的图片,教师讲解家乡其他特产鱼的名称,激发幼儿了解鱼的种类的兴趣。

2.介绍家乡鱼展馆——北大荒鱼展馆。

活动设计:黑龙江省鸭绿河农场幼儿园　万百慧

整合《淘气的小豆子》

设计思想:

根据《3—6岁儿童学习与发展指南》,幼儿教师要善于利用自然教材。我利用建三江丰富的本土资源,巧妙地将小豆子拟人化,创编出充满童趣的旅行故事,帮助幼儿轻松、有趣地完成目标,丰富幼儿认识大豆的经验,让幼儿关注农产品,了解家乡。在活动中,通过小豆子在旅行过程中的变身了解豆子的用途,充分调动幼儿的感官;运用游戏、情境帮助幼儿理解故事内容,知道家乡的特产大豆不仅丰富了我们的餐桌,还可以应用在其他领域,激起幼儿对家乡特产的探索、研究热情,形成热爱家乡的美好情感。

活动目标:

1.欣赏并理解故事,知道大豆可以变身成哪些豆制品,有怎样的用途,简单了解其制作过程。

2.仔细观察,认真倾听,能说出大豆的种类、形状及用途。

3.喜欢吃豆制品,乐于发现和探究,产生热爱家乡的美好情感。

活动准备:

1.经验准备:知道建三江是"绿色米都"。

2.材料准备:大豆实物、炸青豆、黑豆苗、各种豆制品图片或实物、自制教具(猜豆罐)、故事《淘气的小豆子》、滑稽音乐,同时预先在活动室内铺设好防盗豆地垫并遮挡起来。

活动过程:

一、谈话导入

你们知道大家为什么叫我们"米都娃娃"吗?(因为建三江盛产大米)

我们的家乡特产除了大米,还有一样宝贝,我们一起来认识一下吧!

二、认识大豆

1.说说你知道的大豆。

出示大豆(黑豆、青豆、黄豆)实物。

这里有黑豆、青豆、黄豆3种大豆,它们是一年生草本植物,源于中国,是世界上最重要的豆类。

请幼儿说一说大豆的形状,再摸一摸其软硬。

小结:大豆有的是圆形的,有的是椭圆形的,可以滚动,豆子侧面有一个胚芽,外面有一层豆衣。干豆摸起来硬硬的,从中间掰开会分成两瓣。

2.猜豆游戏:感知大豆的特性。

取出自制教具——猜豆罐,摇一摇,听一听。

小豆子和小朋友玩起了捉迷藏的游戏,这几个小罐子里分别装着小米、大米、花生、大豆。大豆藏在了其中一个小罐子里。现在,请小朋友把它找出来。

3.说一说你猜对的理由。

小结:我们摇晃装大豆的罐子会发出清脆的"哗哗"声,装小米、大米的罐子发出的声音比较沉闷,装花生的罐子摇晃时发出的声音不够清脆。

三、欣赏故事《淘气的小豆子》

这些淘气的小豆子是有生命的,它们会呼吸,会长大,还会变身呢!它们又藏起来了,快来找找吧!

1.取出黑豆苗和炸青豆实物,幼儿观察它们是谁变的。

黑豆苗和炸青豆是黑豆变成的,原来豆类会变身呀!那淘气的黄豆去哪里了?

2.讲述故事《淘气的小豆子》。

原来黄豆去旅行了,看看它都去过哪里。

边听故事边帮助幼儿梳理黄豆的变身。

小豆子去哪旅行了?

它都变身成了什么?

你喜欢吃变身后的小豆子吗?为什么?

四、游戏:幼儿在音乐中体验防盗豆地垫

还有一些淘气的大豆宝宝不爱洗澡,大家都不欢迎它们进门做客,可是它们说洗过澡以后就不能保护小朋友了,这是为什么呢?

原来,当小朋友一个人在家时,可以在门口放置一个防盗豆地垫,坏人闯进来踩在上面就会滑倒,很难站起来。

展示防盗豆地垫,幼儿体验,教师做好防护措施。

小结:小豆子身体里都是宝,现在你知道我们的家乡为什么要种那么多小豆子了吧!小豆子也特别喜欢我们家乡的黑土地,每年春天,它就会在黑土地里扎根、生芽,到了秋天"啪"的一声跳出小豆荚。小朋友要努力学习,长大以后研究出我们北方专属的抗寒小豆子,让它在寒冷的冬天也能生长。

五、游戏结束

整理活动场地和物品。

六、活动延伸

在区域中投放豆浆机、黄豆、豆腐王等材料,幼儿在教师的指导下尝试把黄豆制作成豆浆和豆花。

附故事《淘气的小豆子》:

看!一群淘气的小黄豆跑进了一个高级的黄豆餐厅,先是跳进了水盆里,干干净净洗过澡,就在水里睡上十几个小时。

第一批豆子跳出水盆,住进了沥水盆里,铺上一层褥子,又盖上被子,舒舒服服地躺在里面每天淋浴一遍,一个星期以后它变成了(豆芽)。

第二批豆子被放进了豆浆机里,煮制成美味的(豆浆)。

第三批豆子被放进了石磨里,边添水边打磨,等烧开后,被放进棉纱布里,挤出豆渣,汁水又遇到了卤水先生,变成了漂亮的(豆花),像朵朵棉絮,漂亮极了,还特别好喝。人类把这个带孔的木框里铺上棉纱布,又把豆花倒进了里面,控干水分后变成了(大豆腐)和一层层(干豆腐)。有人喜欢他们,想带他们出远门,就把一部分豆腐藏进了小罐子里,没想到几天以后秘制成了(臭豆腐)和(腐乳)。这时,有个人说:"我想把豆浆带给远方的朋友,又不想让它变臭。"于是就把豆浆上的油皮压缩并烘干,变成(腐竹)。还有一部分豆浆被添加了10%的氢氧化钠、一定的氯化钠和亚硫酸钠,再加入0.2%的大豆油,然后真空浓缩成粉状,变成随时可冲的(豆粉)。

第四批豆子跑进了食品加工厂,被做成了(豆豉酱)、(酱油)、(豆油),所剩副产品就是大豆饼粕,是优质的蛋白饲料,可以饲养动物。

第五批豆子进了化工厂,参与制造肥皂、蜡烛、甘油、油漆、汽车喷漆、润滑油、人造橡胶、油墨、聚氯乙烯、树脂等。

小豆子经过这次变身旅行,太累了,躺在田地里睡起了大觉,一觉醒来,竟然变成了许多小豆苗,几个月以后,豆荚里跳出了更多的小豆子呢!

大家都那么喜欢小豆子,它们特别开心,蹦蹦跳跳地又来到了我们的罐子里。

活动设计:黑龙江省农垦建三江管理局中心幼儿园 张思文

中班

语言领域《禾下乘凉梦》

设计思想：

袁隆平爷爷一生致力于杂交水稻的研究，他的梦想是在禾下乘凉，享受稻谷丰收的喜悦。"禾下乘凉梦"不仅是袁隆平爷爷的追求，更是对勤奋、创新和科学精神的深刻诠释，在幼儿教育中具有重要的意义。此次活动引导幼儿理解袁隆平爷爷的"禾下乘凉梦"，同时锻炼其语言表达能力，感受袁隆平爷爷勤俭朴素、不怕困难、敢于创新、坚持不懈的优秀品质，同时懂得珍惜粮食，学会感恩。

活动目标：

1. 认识袁隆平爷爷，了解"禾下乘凉梦"的含义。
2. 能清楚、完整地表达自己的感受。
3. 培养幼儿对科学家的敬仰之情，使幼儿萌发爱粮、节粮的意识。

活动准备：

袁隆平爷爷的照片、视频《禾下乘凉梦》。

活动过程：

一、出示图片，谈话导入

我们建三江被称为"绿色米都"，以盛产水稻闻名。在中国有一位伟大的农业科学家叫袁隆平。袁隆平爷爷被誉为"杂交水稻之父"。早期水稻产量不足，粮食紧缺，是袁隆平爷爷通过三系法杂交水稻技术、两系法杂交水稻技术、超级杂交稻技术体系等多项技术培育出超级水稻，并将中国的杂交水稻技术推向了世界，大大提高了粮食的产量。他的研究为中国乃至全球的粮食安全做出了重要贡献。

二、了解《禾下乘凉梦》

1. 结合视频《禾下乘凉梦》讲述故事。
2. 为什么袁隆平爷爷会有这样的梦想？
他是怎样实现这个梦想的？
小结：袁隆平爷爷曾说过："人就像种子，要做一粒好种子。"我们小朋友也要做一粒好种子,好好吃饭,好好成长,做最好的自己就是我们延续袁隆平爷爷的梦想的最好的方式。袁隆平爷爷虽然离开了我们,但他做出的贡献永远值得我们纪念,我们要像他一样有爱心、有责任心,懂得珍惜每一粒粮食。希望你们也能成为和袁隆平爷爷一样棒的人,实现自己的"禾下乘凉梦"。

三、爱惜粮食,从我做起

师幼讨论:生活中还有哪些方法可以节约粮食?

小结:和家人外出用餐时,吃多少点多少,吃不完的尽量打包;去超市选购食物时,需要多少拿多少。"光盘"不仅是口号,更要付诸行动。每个人都应当将"节约"两个字牢牢记在心中,从每一次用餐做起,落实"光盘行动",爱惜每一粒粮食,做勤俭节约的传播者。

四、绘画活动:我心中的"禾下乘凉梦"

1. 引导幼儿想象自己心中的"禾下乘凉梦",鼓励他们用绘画的方式表达出来。

2. 幼儿自由创作,教师巡回指导。

五、总结与分享

展示幼儿的绘画作品,鼓励他们分享自己的"禾下乘凉梦"。

小结:袁隆平爷爷的"禾下乘凉梦"不仅是对丰收的美好期待,更体现了他对解决世界饥饿和改善人类生活条件的深切关注。这一梦想不仅在中国得以实现,也为世界粮食供给做出了杰出的贡献。有梦想并为之不懈努力是非常重要的。他的故事鼓励着我们也要像他一样,为自己的梦想坚持不懈地努力,为世界做出自己的贡献。同时,也提醒我们要感恩这些科学家,他们的无私奉献让我们的世界变得更加美好。

六、活动延伸

1. 参观活动:幼儿参观水稻田,实地观察水稻的生长情况,增强对"禾下乘凉梦"的理解。

2. 种植活动:幼儿亲自参与水稻的种植过程,参观水稻的生长过程,体验劳动的快乐和收获的快乐。

3. 亲子活动:家庭配合开展"光盘行动,节约粮食"亲子活动。

附故事《禾下乘凉梦》:

袁隆平爷爷一生有两个伟大的梦想,一个是"禾下乘凉梦",一个是"杂交水稻覆盖全球梦",他为实现这两个梦想倾注了毕生心血。他说:"我梦见水稻长得有高粱那么高,穗子像扫把那么长,颗粒像花生那么大,而我则和助手坐在稻穗下面乘凉。"这不仅仅是一个简单的梦想,因为那时许多人都吃不饱饭,袁隆平爷爷希望能种出很多的水稻,让每一个孩子都有饭吃,让每个家庭都幸福。为了这个梦想,袁隆平爷爷开始尝试种植一种特别的水稻,这种水稻叫作杂交水稻。它长得比一般的水稻高很多,这样就可以有更多的米饭供大家吃了。

但是,要让水稻长得好并不是一件容易的事情,袁隆平爷爷遇到了许多困难和挫折。可是他没有放弃,一次又一次地做实验,学习怎么让水稻长得更好。他不停地查看资料,甚至还去向农民请教。经过很多年的努力,袁隆平爷爷终于成功了!他种出了可以让大家吃饱的超级水稻。他实现了"禾下乘凉梦",从此很多人不再饿肚子了。

活动设计:黑龙江省农垦建三江管理局中心幼儿园　施偲

社会领域《珍惜粮食》

设计思想:

节约粮食是中华民族的传统美德之一,是对劳动者的尊重和对物质资源的珍惜。幼儿阶段正处于形成良好习惯的关键时期。本次活动旨在提高幼儿节约粮食的意识,帮助幼儿认识到食物的重要性,在日常生活中养成珍惜食物、不浪费、不挑食的良好习惯,更好地传承和弘扬传统美德。

活动目标:

1. 了解农民耕种粮食的艰辛,知道每一粒粮食都来之不易。
2. 引导幼儿积极开展"光盘行动",做到用餐不挑食、不浪费。
3. 感受爱惜粮食的重要性,养成珍惜粮食不浪费的好品质。

活动准备:

图片、视频。

活动过程:

一、播放视频《一粒米的故事》

一粒米的成长经历了哪些环节?农民伯伯需要做些什么?(育苗、插秧、田间管理、秋收、脱粒、翻粮、存储、大米加工)

小结:从一粒粮食到香喷喷的米饭,其中经历了很多繁复的种植工序,每一粒大米都来之不易。不光是水稻,每一种农作物都需要经过农民伯伯和工人叔叔的辛苦劳动,最后才能端到我们的餐桌上。

二、游戏——粮食种子大揭秘

1. 找不同：认识粮食种类。

出示稻米、麦子、玉米的图片，请幼儿观看。

（1）稻米：籼稻的米粒一般较长，而粳稻的米粒则相对较圆。

（2）麦子：认识小麦、大麦、裸麦、燕麦、荞麦等。

（3）玉米：有普通玉米、糯玉米、拇指玉米、高油玉米，还有黑玉米等。

2. 粮食上餐桌。

玩法：教师出示粮食的图片或实物，幼儿快速说出可以制成的食品。如看见稻米的图片幼儿说出米粥、米饭、粽子、年糕等。看见小麦的图片，幼儿抢答，可以制作面包、面条、馒头、糕点、啤酒等各种食品。看见玉米的图片，快速说出爆米花、玉米片、玉米糊等。

3. 粮食变身小百科。

（1）稻米：提取物可用于制作具有保湿、美白等功效的产品。在酿酒业中，稻米是酿造黄酒、米酒等酒类的重要原料，在饲料工业中，稻米也可用作动物饲料的原料。

（2）小麦：除了食用外，小麦还是饲料工业的重要原料，麦秸秆和麦麸等可作为动物的饲料。此外，小麦可以用于酿造啤酒、制作淀粉和酒精等。在一些特殊领域，小麦的提取物还可以用于制作化妆品和护肤品等。

（3）玉米：秸秆和玉米粒都可用作饲料，玉米淀粉广泛应用于食品、化工、医药等多个行业。此外，玉米油也是一种优质的食用植物油，玉米秸秆和玉米芯等部分可作为生物质能源，玉米须可作为中药使用，具有利尿、降压等功效，玉米中的某些成分还可用于生产化妆品、护肤品等。

三、粮食对人类的意义

播放非洲等地区缺少粮食的视频。

师幼讨论：如果没有粮食会发生什么？

小结：没有粮食，人类就无法生存，可见粮食对于我们的重要性。

四、珍惜粮食

1. 虽然我们现在丰衣足食，但是还有很多地区缺衣少食，我们应该怎样做？

2. 开展"光盘行动"：引导幼儿在用餐时"光盘"。

小结：小朋友吃饭的时候不要掉饭粒，盛饭时能吃多少盛多少。去饭店点菜时要适量，不要铺张浪费，吃不完的菜可以打包。不仅要节约粮食，生活中我们处处都需要珍惜和节约，节约用水，节约用电，等等。它们都是我们不可或缺的能源，也是需要我们保护的能源。我们要养成珍惜、节约的良好品德，从我做起,从每一件小事做起。

五、我是"小小宣传员"

制作"光盘行动"宣传海报,并进行签名活动,共同承诺不浪费食物,并进行宣传。

六、活动延伸

1. 角色扮演游戏:如扮演农场主、厨师、食客等角色。模拟粮食的种植、收获、加工和烹饪过程,讨论在不同场合如何节约粮食。

2. 粮食分类游戏:如按粮食种类、按食品类型等进行分类。

活动设计:黑龙江省农垦建三江管理局中心幼儿园　赵方霜

语言领域《梦中北大荒》

设计思想:

具有一定的归属感是幼儿身心和谐发展的重要表现,因此,教师应尽可能地创造各种有利的条件和机会,让幼儿了解家乡及乡土文化。教师根据幼儿的兴趣爱好、年龄特点,并在《3—6岁儿童学习与发展指南》的指导下开展此次活动,旨在结合情境让幼儿体会诗歌所表达的情绪、情感,用完整的语言讲述北大荒的壮阔景象,从而培养幼儿对家乡初步的归属感。

活动目标:

1. 欣赏并理解诗歌内容,能有感情地朗诵诗歌。
2. 结合北大荒的视频,尝试用自己的话说一说我心中的北大荒。
3. 感受诗歌的优美,萌发热爱家乡的美好情感,为自己是北大荒娃感到自豪。

活动准备:

PPT课件、诗歌配图。

活动过程:

一、导入部分

1. 欣赏诗歌配图,师幼谈话。
2. 这是什么地方？你都看到了什么？

幼儿组织语言自由表达。

小结:这些都是我们北大荒的景象,北大荒有黝黑、肥沃的土地,憨厚、朴实、勤劳的人们,欢快活泼的鱼儿,茂盛的芦苇丛,一窝窝的野鸭蛋,还有许多动

人的传说和故事。让我们跟随诗歌去感受北大荒的魅力吧!

二、学习诗歌《梦中北大荒》

1．教师有感情地配乐朗诵,幼儿欣赏。

2．教师再次出示诗歌配图,引导幼儿逐句理解诗歌内容。

3．请幼儿讲述诗歌带来的感受。

4．幼儿尝试在教师的带领下朗诵诗歌。

5．分组朗诵诗歌,感受诗歌的优美及诗歌中的北大荒情怀。

三、北大荒的变化

1．教师出示PPT,将北大荒今昔的图片进行对比,让幼儿真实地感知生活的变化。(吃、住、行等各方面)

2．教师简单介绍北大荒的历史,幼儿理解。

3．幼儿以小组的形式进行讨论,和同伴说一说自己心中的北大荒。

4．我自豪我是北大荒娃。

四、活动延伸

1．幼儿可以在美工区对现代化的北大荒景象进行绘画。

2．幼儿自主选择角色,在表演区进行诗歌配乐表演。

附诗歌《梦中北大荒》:

北大荒,大粮仓,

寒地黑土稻花香。

山儿青,水儿澈,

江河滚滚向前方。

大机械,技术强,

"绿色米都"远名扬!

活动设计:黑龙江省农垦建三江管理局中心幼儿园　吴海燕

艺术领域《家乡的芦苇花》

设计思想:

《3—6岁儿童学习与发展指南》中社会领域的教育建议指出:"运用幼儿喜闻乐见和能够理解的方式激发幼儿爱家乡、爱祖国的情感。"教师应灵活运用地域特色,挖掘本土资源,在幼儿园日常活动中融入这一宝贵资源,通过创新性的探索与实践,使本土资源发挥独特的教育价值,彰显独特的艺术魅力。看到幼儿园周围随风摇曳的芦苇花,我心生灵感,结合《3—6岁儿童学习与发展指南》

的目标设计本次活动,让幼儿欣赏、了解家乡芦苇花的特征,利用材料展开想象,体验创作的乐趣,从而激发幼儿对家乡的热爱之情。

活动目标:
1. 初步了解芦苇的生长环境及形态特点。
2. 大胆尝试利用芦苇花的特点创作出不同的艺术造型。
3. 体验创作的乐趣,激发爱家乡的情感。

活动准备:
PPT课件、芦苇花、各色卡纸、双面胶、剪刀、黑笔、水彩笔、黏土等。

活动过程:

一、认识芦苇花

出示PPT课件,通过观察、讲解,引导幼儿了解芦苇的生长环境及形态特点。

1. 你们认识图中的植物吗?
2. 你们知道芦苇长在什么地方吗?
3. 出示芦苇花,引导幼儿通过看一看、闻一闻、摸一摸等多种感官方式认识芦苇花。

小结:芦苇一般生长在水边,开花的时候特别漂亮,值得欣赏。芦苇的叶、茎和不定根都具有特殊的通气组织,所以可以净化污水。芦苇的茎秆可以造纸,可用作畜牧业饲料。芦叶、芦花、芦茎、芦根、芦笋都是很好的药材配料。芦苇花可以做成扫帚、芦花靴,花絮可填充枕芯。芦苇浑身都是宝。

二、探索玩转芦苇花

引导幼儿想一想,利用芦苇花的形态特点可以把它变成什么呢?

幼儿大胆想象,自由探索。请幼儿说一说自己的设想,尝试将芦苇花变成美丽的作品。

提示幼儿:摆弄芦苇花时应注意安全,不要弄到眼睛和鼻孔里。

三、芦苇花创作

1. 教师展示芦苇花作品,幼儿欣赏,激发幼儿的创作欲望。
2. 讲解在制作过程中需要注意的安全和卫生。幼儿合作创作,教师巡回指导。
3. 幼儿分享作品并展示。

小结:我们的家乡四季分明,只要你细心观察,就会发现每个季节都有很多美丽的植物,今天认识的芦苇花就是我们家乡秋天里的一道风景。

四、活动延伸

生活里你还发现哪些自然材料可以用来创作成作品？带来幼儿园和我们一起分享吧！

活动设计：黑龙江省农垦建三江管理局中心幼儿园　袁晶晶

社会领域《北大荒的一粒米》

设计思想：

作为北大荒人，要时刻牢记北大荒的艰苦发展史，从小感受北大荒精神并内化于心。但是对于幼儿来说北大荒精神是抽象难懂的，因此我从幼儿都熟悉的北大荒特产——大米入手，引导幼儿了解一粒米的成长过程和其来之不易，从而为家乡人民的勤劳、开创精神而自豪，知晓劳动人民的不易，并通过幼儿日常用餐的照片，引导幼儿判断哪些是浪费粮食的行为，培养幼儿珍惜粮食、节约粮食、不挑食的良好品质，继承北大荒人艰苦奋斗、不浪费一粒米的精神。

活动目标：

1.知道我们的家乡是北大荒建三江，盛产大米。

2.通过观看视频，能简单说出一粒米的生长过程。

3.懂得一粒米来之不易，珍惜粮食，萌发爱家乡的情感。

活动准备：

"小米娃"图片、水稻成长的视频、幼儿用餐的照片、一次性餐盘、水彩颜料、涂色素材若干。

活动过程：

一、图片导入

小朋友，看看老师带来的小客人是谁呀？它的名字叫"小米娃"。（展示图片）

二、感知、体验、了解我们的家乡建三江

1.我们的家乡是哪里？（北大荒建三江，"绿色米都"）

2.小米娃的家乡是哪里？（也是北大荒建三江）

小结：我们的家乡盛产水稻。建三江每年为祖国产出很多的粮食，盛满了许许多多中国人的饭碗，是我们中国的产粮大区。那么水稻又是怎么生长出来的呢？我们一起来看一下吧！

三、了解水稻的成长过程

观看视频,引导幼儿梳理水稻是如何变成"小米娃"的。

1．春天积雪融化,农民伯伯给"小米娃"布置温馨的家——需要清雪,扣大棚。

2．浸种,育苗,"小米娃"在温暖的大棚里睡醒了就长出了小秧苗。

3．小秧苗到稻田地里扎根。

4．细心呵护它整整5个月的时间,其间要灌溉、施肥、除虫、除草。

5．到了秋天,丰收了,金黄的稻谷被送进大粮仓,被运去全国各地。

6．稻谷褪去衣服变成白胖的"小米娃"。

7．"小米娃"上餐桌了！

你吃过"小米娃"做成的食物吗？(米饭、年糕、寿司、粽子、米线等)

小结：一粒米的成长需要一年,农民伯伯要付出很多辛苦。虽然我们的家乡盛产大米,但世界上还有很多地方有很多人吃不上米饭。我们要尊重农民伯伯的劳动成果,绝不浪费一粒米,把多余的粮食捐给贫困的地方,帮助他们。

四、"小米娃"喜欢谁

出示照片(幼儿在家吃饭和去饭店用餐的照片),幼儿进行行为判断,说一说小米娃喜欢谁,学会爱惜粮食。

小结：我们的家乡是"绿色米都"——建三江,这里盛产水稻,有美味的大米。每一粒大米都来之不易,我们要做珍惜粮食的好孩子。

五、手指画——"我为米娃添新衣"

1．为幼儿发放涂色素材和颜料,请幼儿用手指点画的方式为米娃添上漂亮的新衣。

2．幼儿之间相互欣赏、讲述自己的作品。

3．将幼儿作品展出。

六、活动延伸

去农业科技园区参观,使幼儿对农作物产生兴趣。

活动设计:黑龙江省七星农场中心幼儿园　李明焕

艺术领域《劳动欢歌》

设计思想:

本次活动通过创设开垦北大荒的情景,利用劳动号子这一民歌形式,让幼儿在音乐游戏中自由地表达,从情感上珍惜现在的幸福生活。通过打节奏、角色表演等多种活动方式体会合作带来的快乐,激发幼儿对民族音乐的喜爱和对劳动人民的崇敬之情。幼儿在聆听、演唱、体验的过程中,感知劳动号子的节奏特点,感受劳动人民的智慧和力量,树立民族自豪感,厚植红色基因。

活动目标:

1. 聆听劳动号子,感知劳动号子的节奏及特点。

2. 能用拍手、跺脚、拍头、拍肩、拍腿等动作演奏歌曲。

3. 通过协作游戏体会合作带来的快乐,激发幼儿对民族音乐的喜爱和对劳动人民的崇敬之情,树立文化自信、民族自信。

活动准备:

腰鼓、打夯教具、开垦北大荒的照片、视频、电影片段。

活动过程:

一、播放开垦北大荒的视频,让幼儿初步了解垦荒故事

1. 教师结合视频并指着过去的照片讲述。

当年的北大荒茫茫荒原,车轮非常容易陷进泥土中,垦荒者都是靠着两条腿一步一步走来的。到了夏天,甚至脸和脖子都会被蚊子咬肿。

2. 情感升华。

看!北大荒的人民为了把荒原变成黑土地,用镐刨土,泥水溅起老高,弄得浑身都是,但谁也没有放弃。让我们看一看,他们还克服了哪些困难呢?

(1)没有厨房,就在野外田间地头做饭。

(2)没有自来水,就喝地里的水。

(3)没有蔬菜,就挖野菜吃。

3. 观看现在的照片。

勤劳的北大荒人终于把北大荒变成了北大仓,为国家生产了大量的粮食,大家再也不会挨饿了。

二、欣赏并理解音乐,鼓励幼儿大胆表现

在这非常艰苦的环境下,北大荒的劳动人民并没有被困难吓倒,而是充满了干劲,并在劳动中创作了振奋人心的歌曲,鼓舞了很多人。我们一起听一听吧!

1. 播放打夯的电影片段。

打夯歌被越来越多的人传唱,尤其是在劳动时唱一唱,全身都有力量。大家唱起来,劲儿往一处使,就会变成大力士,干起活来也不觉得累。这就是垦荒者的劳动智慧,真是一个好办法,我们再来听一听。

2.播放视频《加油干》。

视频中为了使劳动时更有干劲,歌曲中会有鼓励、加油的语句,我们叫它"劳动号子"。小朋友们,刚刚听到的歌曲中哪一句是劳动号子呢?

师:"加油干呀么——"

幼:"嗨嗨——"

小结:"嗨嗨"就是劳动号子,唱到"嗨嗨"时,大家一起使出全力,唱的时候也要用力。只要大家团结一心,没有困难可以吓倒我们,我们是家乡的守护者。

三、创编动作,感受劳动号子的节奏

1.我们一起唱一唱,帮他们加加油吧!

要求:老师唱前面,幼儿唱"嗨嗨"。

师:"加油干呀么——"

幼:"嗨嗨——"

师:"加油干呀么——"

幼:"嗨嗨——"

师幼:"戚哩哩哩,擦啦啦啦,咚罗罗罗哒。"

师:"加油干呀么——"

幼:"嗨嗨,嗨嗨!"

2.请小朋友根据图谱用身体部位来打一下节奏吧!

"嗨嗨"这句要用力唱。如果用我们的身体来表达,哪些动作表示自己用了很大的力呢?幼儿自由发言。

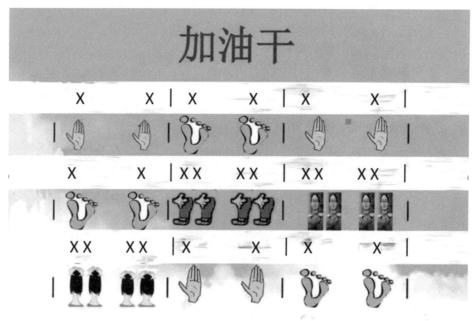

3.播放乐曲,幼儿随乐曲用身体动作完整地表现节奏。

四、游戏活动：大家来表演

垦荒者已经开垦出了很多的黑土地,接下来城市需要更多的人来建设,我们一起来劳动吧!

分组模仿劳动工人打夯。

游戏规则：当唱到"嗨嗨"时,大家抓住绳子,一起用力把打夯石抬起来再放下去。

游戏小结：在大家的帮助下,我们的家乡变得越来越漂亮了。现在,一起来欣赏一下视频里美丽的城市建三江吧!

五、整理器械，活动结束

北大荒变成了北大仓,如今人拉犁的劳动场面已经成为过去,耕种土地也有机械设备,还有无人机和卫星导航可以监测农作物生长,但是劳动号子并不会消失。小朋友,长大后,要把我们北大荒精神带到祖国和世界各地,使北大荒精神在精诚团结的号子声中得以传承。只要大家团结一心,就没有战胜不了的困难。

活动设计：黑龙江省七星农场中心幼儿园　吕东华

大班

艺术领域《家乡的稻田》

设计思想：

我们生活在北大荒这片美丽富饶的土地上,北大荒地域辽阔,风景优美,是一片广袤的平原,适合种植农作物,尤其是水稻,具有"中华大粮仓"的美誉。每到丰收季,稻谷飘香,硕果累累。通过本次美术活动,让幼儿学会渐变色绘画的技巧,了解家乡北大荒这片土地的神奇,感受丰收的喜悦,激发幼儿爱祖国、爱家乡的情感。

活动目标：

1. 欣赏家乡水稻丰收时的壮观景象。
2. 学习色彩渐变的绘画技巧,尝试用饱满的构图、渐变的色彩表现丰收的景象。
3. 感受丰收的喜悦,激发幼儿对家乡的热爱之情。

活动准备：

PPT课件、油画棒、素描纸若干、图片。

活动过程：

一、欣赏与讨论

1. 播放PPT,观看家乡丰收时的景象。

引导幼儿欣赏稻田的自然风光,感受丰收时的美丽景象。

2. 与幼儿讨论稻田中的元素,尝试用颜色词、象声词等形容事物,如金黄的稻田、××的河流、××的树木、××的收割机等。

二、感受与创造

1. 观看图片《金色的稻田》。

这幅图片是以哪两种颜色来进行渐变的?(深黄色和浅黄色)

2. 让幼儿观察,并说说渐变色给自己带来的感受。

小结:它们的颜色逐渐地变化,有的色彩从明亮到暗淡,有的从深到浅,还有的是从一种色彩缓慢过渡到另一种色彩。渐变的画法可以让我们感受到视觉与空间的变化,使作品更加丰富、灵动。

3．讲解渐变色的画法。

（1）选择想要使用的颜色，可以使用两种或多种不同的颜色，并确保这些颜色搭配得合适。

（2）在画纸上用第一种颜色作为渐变色的起点。

（3）添加第二种颜色，使两种颜色有所重叠，这样颜色可以更自然地过渡。

（4）根据想要的效果继续叠加，可以在过渡区域叠加更多的颜色，以创造出层次感和细腻的效果。

4．幼儿自由创作稻田画，运用渐变的方式涂色。

5．教师巡回指导。

三、幼儿作品欣赏

1．将幼儿的作品进行展示，让幼儿互相欣赏、交流。

2．请幼儿介绍自己的作品，分享创作过程中的体会和感受，表达对家乡的热爱。

四、活动延伸

开展"珍惜粮食"系列活动，让幼儿知道一分辛苦，一分收获，要珍惜每一粒粮食。

活动设计：黑龙江省农垦建三江管理局中心幼儿园　贾丹

整合《我们家是世界上最好的家》

设计思想：

爱的启蒙教育从爱自己、爱家乡升华至爱祖国，这是一个完整的教育链条。《中华人民共和国爱国主义教育法》中提出："国家将爱国主义教育纳入国民教育体系。"我园近几年持续积极探索将爱国主义启蒙教育纳入园本课程，初步形成了富有北大荒特色的园本课程。"家"对于幼儿来说熟悉且温暖，有清晰的具象概念，但其认知局限于自己熟悉的一家几口人。本次活动，通过绘本故事的拓展，以"爱小家"为起始线索，设计层层深入的问题及游戏环节，渗入"爱大家""爱家乡"的理念及含义，鼓励幼儿在各个环节充分发挥主观性，大胆想象，大胆表达，促进伙伴间的合作交流，并充分利用我园"家乡美"活动室开展体验活动，让幼儿在观察、倾听、操作中感知家乡的特点，萌生爱家乡的情感。最终激发幼儿爱的情感升华，能大胆说出"我们家是世界上最好的家"。

活动目标：

1．利用"家乡美"活动室开展体验活动，了解家乡的发展。

2．在游戏活动中操作感知，大胆表述对家乡的认知。

3．激发幼儿对家乡、对祖国的热爱之情，懂得珍惜、感恩。

活动准备：

1．物质准备：视频、PPT课件、"家乡美"活动室、手指套若干、地球背景图、电子地图、拍立得、歌曲等。

2．经验准备：阅读绘本《我们家是世界上最好的家》。

活动过程：

一、律动导入

播放歌曲《我们是快乐的一家》。

二、创编分享回顾，激发幼儿升华情感

1．出示PPT，师幼回顾绘本《我们家是世界上最好的家》，分享"大卫的幸福生活"。

2．情感迁移，启发幼儿说出向家人表达爱的方式。

爱家人的方式有很多种，可以做一些力所能及的家务，可以大胆说出来。家人之间最重要的是互相理解、互相包容，希望我们每个小朋友都像大卫一样，拥有一个温暖幸福的家，健康快乐长大。

3．谈话启发：你的家乡在什么地方？

出示家乡的电子地图，幼儿寻找家乡的位置。

三、知识迁移：我们的家乡

1．家乡趣事知多少。

幼儿结合"家乡美"活动室表述对家乡的了解。

2．幼儿在"家乡美"活动室中自由组合，自主选择操作材料进行游戏活动。（引水灌溉、黑土实验室、水稻成长游戏、绿色厨房、美食直播间等）

3．我是家乡形象小天使。

每一组选择一个幼儿做"绿色米都"代言人，进行推介，鼓励幼儿大胆表达。

四、感受个人小家—家乡—国家—世界的含义

出示视频《小家变大家》。

师幼共同小结：每个小朋友的家人组成小家；许许多多的家庭又组成我们的家乡——建三江；许许多多不同的民族、不同的地方组成我们的国家——中国；许许多多国家组成了地球上的世界大家庭。我们要相互关心、相互帮助、相互包容，珍惜、感恩我们的每一个家庭成员，这样我们才能幸福、快乐。

五、放松游戏："手指一家人对对碰"

1．幼儿自主选择手指套，并简单绘制自己家人的形象。

提示幼儿:请想象每个手指头所代表的人物,要符合家里人的特征。

2.幼儿随音乐进行手指游戏。

六、我和我"家"合个影

幼儿自主选择喜欢的场景打卡拍照。(用拍立得或班级彩色打印机打出照片)

小结:我们爱自己的家,爱我们的家乡,爱我们的祖国,更爱我们的世界大家庭,让我们快快到地球妈妈的怀抱里来合个影吧!(使用地球背景图)我们永远是相亲相爱的一家人。教师引导幼儿大声说出"我们家是世界上最好的家"。

七、活动延伸

在活动区域将"我和我'家'合个影"的照片,布置成"我们家是世界上最好的家"摄影展。

活动设计:黑龙江省农垦建三江管理局中心幼儿园　王一淳

艺术领域《小小冰雪设计师》

设计思想:

教师要做善于发现教育契机的"巧匠",引导和支持幼儿不断发现、创造。冰雪文化是北方富有地域特色的教育资源,时时熏陶着幼儿养成快乐的天性。以此次活动为切入点,将幼儿对家乡的认同感迁移到建构小小冰雪世界的游戏中,激发幼儿动手尝试的欲望,让不可能变为可能。同时,让幼儿感受到,在所有完美造型的背后,是无数家乡人的奉献和创造,要从小懂得感恩和珍惜。

活动目标:

1.通过观看视频、图片了解哈尔滨冰雪大世界背后的秘密。

2.发挥想象,大胆尝试用冰雪模块创造冰雪童话乐园。

3.感受冰雪创作的快乐,体验成功与自信,萌发对家乡冰雪文化的热爱和自豪之情。

活动准备:

在户外活动室提前准备冻好的冰雪模块、水等;照片、相关视频。

活动过程:

一、活动导入:冰雪趣事

1.分享自己在冰雪中玩耍的趣事。

2.观看南方小伙伴来到哈尔滨畅游的视频。幼儿在观看的同时积极主动地解说、推介冰雪大世界游玩项目,激发幼儿对冰雪创作的兴趣。

小结:我们的家乡有独特的冰雪魅力,吸引着全国各地的人来感受这个冰雪童话世界。

二、探究冰雪童话世界的秘密

幼儿观看视频和照片。(冰雪设计师在低于-30 ℃的寒冷环境中工作,建冰雕游乐场)

这么精美、富有童话色彩的冰雕雪刻是怎么建构的呢?

小结:先从松花江取冰,用切冰机将冰块分离,并借助起重机、卡车等工具运送到建造场地。在建造过程中,工人们需要根据设计图纸,利用油锯、刨刀、冰铲等工具对冰块进行切割和打磨,使其符合设计要求。同时,他们还利用水或其他黏合剂将冰块黏合在一起,构建出各种形状的冰雕。无数工人在背后默默付出,为我们带来了一个奇幻和浪漫的冰雪世界。

三、我是小小冰雪设计师

1."小惊喜"——展示提前冻好的各种冰雪模块,幼儿简单描述其形状及创作想法,激发创作欲望。

2.幼儿自由组合,分工合作。

(1)绘制设计图。

(2)组织幼儿来到户外活动室,做好安全措施:游戏前提示幼儿穿好冬衣、戴好口罩、手套、围巾等,做好保暖。

(3)搬运材料,分工合作、实施。

3.将幼儿的作品拍照,在幼儿园展览墙展示"我的冰雪梦"。

4.欣赏作品,分享、交流创作经验。

小结:由于天气逐渐变暖,哈尔滨冰雪大世界一般在每年的2~3月就要闭园。引发幼儿思考:未来能否建造一个永远不化的冰雪大世界?

四、活动延伸

1.搜集历届哈尔滨冰雪大世界的建构图,供幼儿区域活动参照。

2.开展冰雪主题的故事会,教师和幼儿一起分享关于冰雪的故事、童话或真实感人的事件。

3.鼓励幼儿发挥想象,编写属于自己的冰雪故事。

活动设计:黑龙江省农垦建三江管理局中心幼儿园　刘新华

十二月 爱我家乡

整合《元宵节》

设计思想：

元宵节是我国的传统佳节，是阖家团圆的日子。元宵节也被称为"上元节""小正月""元夕""灯节"，时间为每年的农历正月十五。此次组织的元宵节活动，来源于幼儿生活，通过组织幼儿参与吃元宵、做元宵、赏花灯、做花灯、猜灯谜等活动，使其感受传统节日的欢乐，从而爱上传统节日的习俗。

活动目标：

1．知道元宵节是我国的传统节日之一，了解元宵节的风俗习惯。
2．学会做元宵，并能结合生活经验猜出简单的灯谜。
3．体验元宵节浓浓的节日氛围，感受阖家团圆的美好。

活动准备：

视频《热闹的元宵节》；儿歌《赏花灯》；图片若干；带有字谜的花灯若干；轻黏土；小盘子若干。

活动过程：

一、视频导入

老师今天带来了一个视频，我们一起来看一下吧！

播放视频《热闹的元宵节》。

在视频中你看到了什么？人们在过什么节日？你是怎么知道的？

小结：视频中的人们在欢度元宵节。每年的农历正月十五是元宵节，元宵节是我国的传统节日，是亲人相聚、团圆的日子。元宵节也被称为"上元节""小正月""元夕""灯节"。

二、理解儿歌内容，感知元宵节风俗

有一首儿歌，介绍了人们怎样度过元宵节，我们一起来听一听、看一看诗歌里是怎样说的吧！

1．教师有感情地朗读儿歌，幼儿初步感知、了解儿歌内容。
2．看图讲述，引导幼儿根据图片逐句理解儿歌内容。
（1）幼儿观察图片并讲述：画中有什么？元宵节是什么时候？人们是怎样过元宵节的？儿歌中有哪些不同形状的花灯？小朋友们在做什么？
（2）幼儿完整朗读、分组朗读儿歌。

地域不同，元宵节会有不同的习俗，南方元宵节的习俗之一是"赏花灯"。

3.手势舞。

（1）鼓励幼儿自由、大胆地创编动作,教师观察并指导。

（2）请幼儿边说儿歌边展示创编的动作。

正月／十五／是元宵,（按照节奏拍掌）

看着／花灯／哈哈笑。（双手握拳,食指张开放在脸的两侧,咧嘴笑）

大红灯／红又红,（双手平举在胸前,转动）

走马灯／转不停。（双手交叉摆动）

鲤鱼灯／尾巴摇,（一只手在前摆动,另一只手在身后摆动）

兔子灯／拉着跑。（双手高举,比成兔子耳朵状,蹦蹦跳跳地跑）

小朋友们／拍手笑,（按照节奏拍掌）

大街／小巷／真热闹。（小跳步,双手高举过头顶交叉并转动再落下）

4.用自己喜欢的旋律演唱儿歌。

我刚才听见有个小朋友在朗诵儿歌时像唱歌一样动听,请所有小朋友都来试试吧！例如,用儿歌《找朋友》的旋律演唱儿歌。

三、游戏——猜灯谜

元宵节还有一个好玩的习俗是"猜灯谜",现在我们也来"猜灯谜",看看谁猜得又快、又准、又多。

四、手工制作元宵

1.说一说。

元宵是什么形状的？你见过什么颜色的元宵？都有什么馅的？

2.做一做。

下面我们就一起来制作元宵吧！

（1）幼儿自取超轻黏土及一次性餐盘,动手制作汤圆,教师巡回指导。

提示幼儿,制作元宵要注意细节,揉、搓、团圆、挖坑、包馅,再团圆,并将制作好的元宵放进小盘。

（2）幼儿分享、交流,展示自己制作的元宵,介绍其口味、颜色及形状等。

小结:元宵节有很多习俗,例如我们今天了解的赏花灯、猜灯谜、吃元宵,另外还有放烟花、踩高跷等。元宵节还有着吉祥如意、合家团圆的美好寓意,希望小朋友们都能和自己的家人美好幸福地生活在一起。

五、活动延伸

1.小朋友们和爸爸妈妈一起制作漂亮的花灯。

2.在美工区画一画欢度元宵节的场景。

活动设计:黑龙江省创业农场幼儿园　田艳艳

整合《米都风光游》

设计思想：

  我们的家乡是"中国绿色米都"，这里山清水秀，物产丰富，因生产稻米而闻名。为了让孩子们更好地了解我们的家乡，知道家乡的美景，表达他们热爱家乡的情感，此次活动设置情境——"米娃"来导游作为主线，循序渐进地带领幼儿了解家乡的美景，例如，黑龙江建三江国家农业科技园区、万亩大地号、北大荒智慧农业农机中心，引导幼儿在感受家乡美景的同时，培养浓浓的爱家乡的情感。

活动目标：

  1. 知道自己生活的地方是建三江，也是"中国绿色米都"。
  2. 能说出家乡的特色景点和文化。
  3. 热爱家乡美景，初步萌生努力建设家乡的意识。

活动准备：

  课件、"米娃"手偶、视频、快板《垦荒赞》。

活动过程：

一、活动导入

  今天老师请来了一位特殊的导游朋友，大家一起来问候一下吧！
  出示手偶"米娃"。
  小朋友，我们的家乡在哪里？有哪些美丽的景色？有什么好玩的地方？请你来说一说吧！

二、坐着巴士去旅行（大屏幕上显示家乡的特色风景图）

  米娃：嗨！我来做你们的小导游，请准备好和我一起出发，去看看家乡的风景吧！
  1."太阳晒得真舒服，风景如画心情好，见面问声你好呀！走走——走走走！"
  第一站：黑龙江建三江国家农业科技园区。
  小朋友，你们知道这是哪里吗？
  黑龙江建三江国家农业科技园区始终坚持"绿色、生态、环保、健康"的理念，全力打造北大荒建三江优势品牌产品，建设中国绿色稻米产业核心区，这里也是优质粳稻生产基地。

第二站:万亩大地号。

米娃:"准备出发——坐着巴士去旅行,坐着巴士去旅行。太阳晒得真舒服,风景如画心情好,见面问声你好呀!走走——走走走!"

小朋友们,你们看,这是哪里啊?

万亩大地号是黑龙江建三江地区大型水稻种植地块的称号。北大荒是国家粮食种植、储备的"压舱石",北大荒农业现代化体现了我国现代农业科技发展的成果。2018年9月,习近平总书记在七星农场万亩大地号了解粮食生产和收获情况。

第三站:北大荒智慧农业农机中心。

米娃:"准备出发——坐着巴士去旅行,坐着巴士去旅行。太阳晒得真舒服,风景如画心情好,见面问声你好呀!走走——走走走!"

小朋友们,你们看,我们又来到了哪里?

这是北大荒智慧农业农机中心,这里有什么?说一说:这些机械设备有什么用呢?

这些机械设备建设规模大、标准比较高、功能也很齐全,在全国处于领先水平。这些机械设备可以帮助农民伯伯快速、高效地耕耘大片粮田,提高粮食产量。

2.你知道家乡还有哪些好玩的地方吗?

引导幼儿凭经验说出建三江湿地机场、植物园、图书馆、气象站等。

小结:看来家乡的美景早已记在你们心中了,我们可以把这些美景介绍给远方的朋友,欢迎他们来建三江游玩。

三、幼儿集体观看家乡的宣传片

1.小朋友们,我们的家乡这样美好,身为北大荒娃,你有什么感受呢?

引导幼儿为家乡感到骄傲、自豪,树立努力学习、长大为家乡做贡献的意识。

2.老师带来了我们家乡的宣传片,我们一起进一步了解我们的家乡吧!

观看宣传片。

小结:小朋友们,你们就像一粒粒小种子,在阳光雨露的滋润下健康成长,长大要为家乡代言。

四、创编活动:夸夸我最爱的家乡

我们的家乡太美了,让我们一起跟随一段好听的快板来赞扬一下我们的家乡吧!

尝试快板表演《垦荒赞》:

中国农业垦区见,示范种植技术全,
标杆样板大农业,科学种田最普遍,
今日中华大粮仓,三江大地谱华章,
斗转星移铸辉煌,历史丰碑永流芳,
我的家乡北大荒,鱼米富足住楼房,
美言好语齐赞颂,绿色米都欢迎您。
——欢迎您!

小结:小朋友,今天我们跟着"米娃"去了这么多地方,了解了家乡的特色景点和粮食文化,作为北大荒娃,我们特别自豪和骄傲,要努力学习,长大把我们的家乡建设得更美好。

活动设计:黑龙江省七星农场中心幼儿园　李婷丽

整合《神奇的冰雪世界》

设计思想:

　　随着寒冷的冬天的到来,幼儿最爱的冰雪世界来了,这也正是我们家乡独特的风景。为了让幼儿更好地了解冰雪中的家乡,做到知行统一,结合大班幼儿耐寒能力增强、爱探究、喜欢户外运动的年龄特点,设计本次活动,让幼儿体验冬天里的快乐和美好,并通过游戏的形式帮助幼儿学会观察、发现,提高幼儿发现问题和解决问题的能力。

活动目标:

　　1. 初步了解冰雪的形成,学习雪花的画法。
　　2. 学会观察、发现问题,尝试从多个角度来理解事物。
　　3. 积极进行实践和探索,乐于合作,感受家乡的美景和家乡人的智慧。

活动准备:

　　1. 雪花、冰形成的视频。
　　2. 画笔、画纸、剪刀、图片。
　　3. 提前在户外制好冰块。

活动过程:

一、视频导入

　　观看雪花形成的视频,理解雪花形成的过程。

　　1. 你在视频里看到了什么?雪花是什么样子的?说说它的形状?它有几瓣?每瓣上的图案和什么形状相似?

2.请你说一说,雪花是怎么形成的?

小结:水蒸气上升到空中形成云,然后云遇到冷空气形成小冰晶,由于冬天气温过低,最后小冰晶聚合形成了雪花。

二、画雪花、剪雪花

了解了小雪花的形态,我们一起来画雪花吧!

思考:怎样使雪花的6个瓣等分呢?幼儿根据对雪花的认知自由画雪花。

教师示范画雪花的方法:

1.取一张正方形纸,将其对角折两次。

2.然后取三分之一处对折,再对折。

3.沿着对折线画出雪花的6个瓣,瓣与瓣之间可自由选择用曲线、弧线、折线相连。

4.花瓣的长短决定雪花的大小。注意画出大小不同、形态各异的花瓣,然后剪下来。

提示幼儿:使用剪刀时应注意安全,不要玩剪刀,要从下向上剪,从外向里剪。剪的时候要把每个花瓣都剪下来,不要把花瓣剪断。

小结:小雪花画好了,我们可以把它做成吊饰装饰幼儿园。

三、冰的形成

认识了小雪花,现在我们来认识冬天里的第二个朋友吧!

1.观看冰形成的视频。

2.幼儿根据在冰雪世界里的已有见闻自由讲述,冰雕师傅都把冰制成了什么?(观看冰雪造型图)

3.思考:你想用冰制成什么?你还希望用冰干什么?

四、探究冰与雪的关系

1.幼儿取出提前用模具制作好的冰块,摸摸它们的硬度,并比较触摸雪和冰的不同感觉。

2.手握到雪的时候,雪会变成什么形状?

思考:为什么我们手里的冰块形状不同?

幼儿清晰描述原因,教师引导幼儿了解雪和冰的可塑性。

小结:在自然界中,水是以气态、液态、固态三态存在的。当水在0 ℃以下时就会结成冰,冰是水的固体形态。

3.出示水的三态变化图,幼儿连线巩固认知。

小结:聪明的家乡人利用冰和雪的可塑性,创造了美丽的冰雪大世界,成为我们小朋友冬天的乐园,这也是我们家乡特有的美景。每到冬季,祖国各地的人都会来感受这份快乐,欣赏我们家乡的美景。

五、活动延伸

1．在幼儿园后院借助小山坡、树坑等自然环境创造冰雪乐园。
2．在教师的指导下冻冰花。
3．浇冰场。
4．做冰滑梯。(准备桶、水瓢、铲子、水带等工具)

活动设计:黑龙江省浓江农场幼儿园　赵静

主题班会

冬至主题班会活动方案建议

指导思想：

冬至是二十四节气之一,这一天是一年中黑夜最长、白天最短的日子。在我国传统文化中,冬至有着丰富的文化内涵和风俗习惯。根据幼儿的年龄和认知特点,开展"冬至"主题班会活动,通过欣赏视频、图片等形式,引导幼儿了解冬至节气的特点,帮助幼儿了解冬至后天气越来越寒冷,一定要注意保暖,预防感冒。通过包饺子比赛等系列活动,促进幼儿间的沟通、交流,增进幼儿间的凝聚力,培养幼儿的动手能力。"冬至"主题班会活动带给幼儿的不只是美味的饺子,更重要的是使我国的传统节气文化不断传承,生生不息,源远流长。

活动主题：

"缤纷冬至,情暖童心"。

活动目标：

* 了解冬至的节气特点、风俗及饮食文化。
* 能通过观看生动、形象的视频及图片,简单复述冬至节气的特点及来历。
* 知道冬至是全年中白天最短、黑夜最长的一天。
* 尝试制作饺子,感受冬至的浓浓氛围。
* 以学习古诗、儿歌等形式弘扬传统节气文化。

活动形式建议：

主题班会、亲子活动、小组活动。

活动时间：

12月。

活动内容建议：

一、冬至知多少

· 观看视频,了解冬至的节气特点,知道冬至是每年公历的12月22日。
· 幼儿讲述自己所理解的冬至的含义。
· 学唱《数九歌》。

冬至象征着数九隆冬的开始,标志着即将进入寒冷的时节,从冬至开始"数

九",从一九到九九,春天就来到了。民间流传着一首富有劳动人民智慧的《数九歌》,其通过自然界中气候与事物之间的巧妙联系,生动地描绘出九九八十一天中天气由寒转暖的渐变过程,既富有韵律,又蕴含着深刻的自然哲理。

《数九歌》:

一九二九不出手,

三九四九冰上走,

五九六九,沿河看柳,

七九河开,八九雁来,

九九加一九,耕牛遍地走。

·冬至这一天是全年中白天最短、黑夜最长的一天。从这天以后,白天开始一天天变长,黑夜开始一天天变短。

二、冬至传说

教师播放视频,幼儿观看,了解关于冬至的传说。

"捏冻耳朵的传说——张仲景的祛寒娇耳汤""吃狗肉的传说""女娲与冬至饺子的传说""吃赤豆糯米饭的传说"。

三、冬至习俗

古代民间有"冬至大如年"的讲法。自古以来就有冬至家家户户吃饺子的习俗,有的地方冬至还有腌肉和喝红薯粥的习俗。

1. 吃饺子。

寓意一:冬至不端饺子碗,冻掉耳朵没人管。

在北方地区冬至这天家家都会吃上一顿饺子,饺子是必不可少的节气饭。

寓意二:冬至到,团团圆圆吃饺子。

冬至这天,一家人会放下手中的其他事情,准备饺子皮、饺子馅,一家人围坐在一起包饺子、吃饺子,这和南方在冬至这一天吃汤圆一样,寓意着圆圆满满、团团圆圆。

2. 腌肉。

民间流传,冬至日腌的肉不流油、不腐坏,而且特别香嫩。所以,很多地方有在冬至这天宰猪腌肉以备过年所用的习俗。

3. 喝红薯粥。

冬至之后天气越来越冷,人们需要特别注意保暖,穿上厚厚的冬装,戴上棉手套、棉帽子,穿上厚厚的棉鞋,防止出现冻疮。鲁北民间有"碌碡顶了门,光喝红黏粥"的说法,意思是天气寒冷不再出门,只待在家中,喝热乎、香甜的红薯粥度日。

4. 养生。

按照中国人的习惯,冬天是对身体进补的大好时节,俗称"补冬"。常言道:"三九补一冬,来年无病痛。"

(1)食补。

冬季进补,宜食富含维生素A的食物,如禽蛋、猪肝、芝麻、黄豆、花生等。此外,冬日保健还要注意补充水分。

肉类如牛羊肉、鸭肉、鹅肉、乌鸡、猪肉及动物肝脏,还有鳝鱼、鲫鱼等鱼类。尤其是羊肉,本身性温,属于发物,中医认为可以补血益精、舒筋活络。冬天适当吃这类食物有助于增强体质、温补肾阳。

谷类如小米、玉米、黑芝麻、红豆、黄豆等,可与主食搭配食用,既能丰富膳食,提高食欲,还有助于补充体能,增强身体抵御寒凉的能力。

蔬菜如韭菜、白萝卜、山药、莲藕、竹笋、香菇、胡萝卜、油菜、菠菜等,这些蔬菜中含有较为丰富的维生素、纤维素等营养元素,可和肉类一起烹饪,以保证营养丰富。

在烹饪时可以适当加入葱姜蒜、花椒、肉桂等辅料,其也有一定的助阳作用。也可以使用百合、枸杞、肉桂、红枣、桂圆等药食同源的食物泡水或煮汤饮用,有助于巩固体内热气,起到固本培元、益气补血的作用。还可适当多吃一些红烧类、火锅类食物,其对身体也有一定好处。

(2)晒太阳。

冬至之后天气越发寒冷,因而阳气的保持和补充对于健康十分重要。补充阳气最简单、有效的方法就是晒太阳,其中最高效的方式是晒背部。可以在中午,找一个向阳的窗边晒晒背部,全身都会很温暖。

四、学习关于冬至的古诗

学习《邯郸冬至夜思家》《冬至》。

五、学习儿歌《冬至到》,加深幼儿对冬至这一节气的认知

附儿歌《冬至到》:

冬至到,冬至到,

南馄饨,北方饺,

暖暖和和吃一碗,保你耳朵冻不掉。

冬至到,冬至到,

敬祖宗,把墓扫,

会亲访友拜老师,

平安幸福乐陶陶。

冬至到,冬至到,
这一夜,最长了,
甜甜蜜蜜睡一觉,
明天太阳会更好。

六、手工活动:我的冬至饺子

1. 擀饺子皮比赛。

2. 包饺子接力比赛。

3. 七彩饺子创意拼盘赛。

4. "特别饺子"评比。

5. 饺子馅的营养大揭秘。

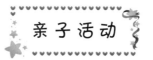

元旦亲子活动方案建议

指导思想：

元旦象征着新年伊始，象征着万象更新。在这岁末年初的温馨日子里，幼儿园以"元旦家家乐"为主题，精心策划了一系列亲子游戏活动，开启新的一年家园共育的美好篇章。同时，积极营造一个自由喜庆的环境，打造欢快愉悦的浓浓氛围，鼓励家长与孩子携手并肩共同参与活动，沉浸于节日的欢声笑语之中。这一活动既加深了亲子之间的情感，也搭建起了家长、幼儿园与孩子之间沟通的桥梁，三者之间的关系更加紧密、和谐。元旦亲子游戏不仅是庆祝新年的欢乐庆典，更是促进幼儿身心健康、社会交往能力提升的重要契机。

活动主题：

"元旦家家乐"。

活动目标：

* 知道元旦这一传统佳节的由来和习俗。

* 通过元旦亲子活动加强家园之间的紧密联系，同时，促进家长与教师、幼儿与幼儿之间多层次的互动与交流，增进彼此的感情。

* 体验节日的欢乐与团聚的温馨，感受新年的喜悦氛围。

活动形式：

亲子活动。

活动时间：

12月。

活动内容建议：

一、元旦的由来、意义和习俗

· 汉武帝时，元旦为农历正月初一，中华民国时，元旦为公历1月1日。1949年9月27日，中国人民政治协商会议第一次全体会议决定采用世界通用的公元纪年法，并将公历1月1日正式定为元旦。

· 元旦中的"元"指开始，是第一的意思。"旦"是象形字，上面的"日"代表太阳，下面的"一"代表地平线。"旦"的意思是太阳从地平线上冉冉升起，象征一天的开始。人们把"元"和"旦"两个字结合起来,寓意新年开始的第一天。"元旦"一词最早出现于《晋书》。"元旦"在我国也被称为"阳历年""新历年""公历年"。

•元旦的习俗。

我国古代元旦的习俗丰富多彩,有换桃符、饮屠苏酒、燃爆竹、杀三生、赏灯、书写福字、舞龙灯等。我们现在庆祝元旦的习俗比较简单,一般元旦当天会放假,庆祝方式有张灯结彩、燃放爆竹、祭拜先人、一家人团聚在一起吃团圆饭等。

二、许愿树

家长和幼儿每人制作一张许愿卡,家长在许愿卡上写上对幼儿的寄语。幼儿可以用图文的方式表达自己的新年愿望,并装饰许愿卡,用红色线绳将许愿卡拴好,活动当天挂在幼儿园大厅的许愿树上,希望梦想成真。

三、赶中国年庙会

可以提前一天将幼儿园布置成民间艺术长廊、民俗游乐街、传统小吃街等场景。

•民间艺术长廊(电影欣赏、扭秧歌表演)。

地点:多功能厅。

•民俗游乐街(剪窗花、做新年贺卡、包饺子、写对联等)。

地点:各班级。

•传统小吃街(提供饺子、汤圆、糙米糖、花生糖、糖葫芦、年糕等)。

地点:走廊。

四、歌唱《新年好》

家长和幼儿随音乐同唱《新年好》。

五、亲子游戏

1. 夹皮球:提高幼儿的跑跳能力,发展幼儿的大肌肉动作,感受亲子游戏的快乐。

玩法:将幼儿与家长分成人数相等的4队,用双腿夹球跳跃低矮的障碍。

2. 扔毽子:发展幼儿的掷准能力,提高手眼协调性,增进亲子间的情感。

玩法:家长站成一队,手持空篮子,幼儿与家长一一相对,往篮子里投掷毽子。

3. 彩虹伞:提高幼儿的聆听能力,根据指令做动作,体会游戏的乐趣。

玩法:每个家长拉住彩虹伞边,幼儿站在伞下,家长边转圈走边说歌谣,说到歌谣最后一句,伞落下来的时候,幼儿四散跑到家长身后抱住家长的腰部,同时家长将伞落下,看有没有幼儿被罩在了伞下,让幼儿体验快速反应、成功躲闪的快乐。

4. 兔子跳圈:提高幼儿的跳跃能力,感受比赛的乐趣。

玩法:在终点放置呼啦圈作为兔子的家,家长在"家"等待宝宝。兔宝宝距离圈3米,从起点模仿兔子跳到终点,哪个幼儿跳得快,哪个幼儿获胜。

5. 亲子接力:感受齐心协力比赛的氛围,增进亲子感情。

玩法:家长在起点处抱住幼儿,听到指令后跑向对面,幼儿拿起球后,家长继续抱着幼儿返回起点处。在规定时间内运球多的一组获胜。

6. 看谁摸得对:家长依靠触觉和其他感官识别自己的孩子,巩固亲子关系。

玩法:请出10名家长和幼儿,间隔一定距离站好。家长蒙眼,原地转3圈后凭感觉去摸自己的孩子。最后请家长一起摘掉蒙眼的毛巾,看自己摸到的是不是自己的孩子。

7. 找相同:提高幼儿的倾听专注力及对语言的理解能力,提升家长与幼儿之间的默契程度。

玩法:家长用语言描述篮子里的物品的特征、颜色等,幼儿猜测物品的名称。

8. 抬花轿:提高幼儿的协调性和平衡能力,通过亲密的亲子接触和合作促进情感交流。

玩法:父母用双手搭成"花轿",幼儿坐在"花轿"上,父母抬起幼儿快速走到指定地方,最快的一组获胜。

9. 投壶:提高幼儿的数字运用能力及投掷准确度,激发幼儿参与游戏的兴趣。

玩法:幼儿站在内圈,家长在外圈向内圈投壶,幼儿记录投中的数量。家长投完后,和幼儿互换身份,游戏继续。

10. 红包猜猜猜:提高幼儿对数字的认知,感受新年的幸福与美好。

玩法:数字卡10张,幼儿抽取其中1张,然后按照抽到的数字找到对应顺序的红包,翻看红包的内容(祝福语等)。

三月
中国"迹"忆

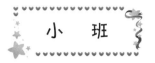

小班

社会领域《学雷锋 好娃娃》

设计思想：

　　幼儿园在保障幼儿身心健康的同时，要不断提升幼儿助人为乐的思想意识，使其茁壮成长。雷锋精神的核心内容之一是热爱党、热爱祖国、热爱社会主义的崇高理想和坚定信念，几十年来，一代又一代人学习雷锋服务人民、助人为乐的奉献精神。此次活动旨在帮助幼儿将对雷锋行为的抽象理解落实到行动上，了解雷锋精神的内涵，鼓励他们从身边的小事做起，形成乐于助人、关爱他人的优良品质，让雷锋精神一点一滴地沁润幼小的心灵。

活动目标：

　　1. 知道3月5日是"学雷锋纪念日"，初步了解雷锋的事迹。
　　2. 尝试做力所能及的助人事情，能积极帮助同伴和身边的人。
　　3. 感受雷锋乐于助人的精神，萌生向雷锋学习的情感。

活动准备：

　　PPT课件、歌曲视频、照片。

活动过程：

一、歌曲导入

　　1. 播放歌曲《学习雷锋好榜样》的视频，激起幼儿的兴趣。

　　今天老师带来了一首歌曲，我们一起听一听吧！

　　这首歌告诉我们要学习的好榜样是谁？

　　小结：这是赞美解放军叔叔雷锋的歌曲，歌曲歌颂了他爱党、爱国、爱人民的精神。

　　2. 出示雷锋的照片。

　　我们来认识一下雷锋叔叔吧！

　　幼儿看照片描述雷锋的外貌。（戴着帽子、穿着军装、拿着枪）

二、阅读雷锋的故事,了解雷锋的优秀品质

1．观察画面内容,自由讲述。

雷锋叔叔看见一个淋着雨的小女孩,是怎么帮助她的?

雷锋叔叔看见背着孩子的阿姨把车票和钱不小心弄丢了,是怎么做的?

雷锋叔叔遇到一位迷路的老奶奶,是怎么帮助老奶奶的?

雷锋叔叔还做了哪些好事呢?(救火、抗洪救灾……)

2．说一说。

你觉得雷锋叔叔是怎样的一个人?我们要向他学习什么呢?(做好事、帮助别人;干一行爱一行、专一行精一行,很敬业;自强不息的创新精神;艰苦奋斗、勤俭节约的创业精神)

小结:雷锋叔叔是一个乐于助人、不求回报的人,每当看到别人有困难,他总是会热心地帮助,他做了许许多多的好事。为了鼓励大家向雷锋叔叔学习,我国把每年的3月5日定为"学雷锋纪念日",以将这种乐于助人的精神发扬下去。

三、我身边的"雷锋",感受雷锋精神的无处不在

其实在我们身边有好多人也在默默做着好事。我们把他们找出来吧!

给孕妇让座的人。

把掉在地上的物品捡起来的人。

扶起倒了的椅子的小朋友。

哥哥帮助妈妈照顾弟弟、妹妹……

小结:雷锋叔叔从不会因为是小事情就不去做,我们也要这样做,勿以善小而不为。

四、小"雷锋"在行动

鼓励幼儿行动起来:及时发现幼儿园的垃圾,主动拾起并投入垃圾箱,整理玩具,摆整齐鞋子,清扫地面,帮助同伴戴手套、系纽扣等。

小结:听了雷锋叔叔的故事,今后我们要以雷锋叔叔为榜样,积极帮助小伙伴和身边的人,这样自己也能收获快乐。

五、活动延伸

家园共育:尝试整理衣物、被褥,帮助家人做力所能及的事情等。

活动设计:黑龙江省勤得利农场幼儿园　侯雪冰

艺术领域《学习雷锋好榜样》

设计思想：

红色故事对于培养幼儿的爱国情怀有着积极意义，《学习雷锋好榜样》这首歌曲节奏鲜明、朗朗上口，非常适合小班幼儿进行节奏表演。《3—6岁儿童学习与发展指南》中艺术领域指出："在大自然和社会文化生活中萌发幼儿对美的感受和体验，丰富其想象力和创造力，引导幼儿学会用心灵去感受和发现美，用自己的方式去表现和创造美。"雷锋精神恰恰能感染幼儿日常生活中的言行。此次活动中巧用图谱，在提高幼儿的音乐素养的同时，激发幼儿的音乐审美情趣、创造力和表现力，增进幼儿对音乐的喜爱之情。

活动目标：

1．感知歌曲简洁明快，时而铿锵有力，时而缓慢抒情的音乐特质。
2．能感知、辨听乐曲三段式结构，能用喜欢的方式表现歌曲的节奏。
3．积极参与打击乐演奏活动，感受与他人合作演奏的快乐。

活动准备：

1．物质准备：电影《雷锋》、音乐《学习雷锋好榜样》及其图谱（可网络检索）。
2．经验准备：幼儿初步了解雷锋的英雄事迹，家长协助查找相关资料。

活动过程：

一、欣赏电影和歌曲，激发兴趣

小朋友们，我们来欣赏一段影片，并聆听一首歌曲，看完、听完之后，请你说说你最喜欢的部分。

1．欣赏电影片段，并聆听歌曲。
2．鼓励幼儿用自己喜欢的动作表达对歌曲内容及节奏的理解，感知四二拍节奏型。

二、观察图谱，理解标记

这里有一张神奇的图谱，跟着里面的小标记就会演奏歌曲，我们来认识一下它们吧！

1．了解图谱中表示动作的标记。

小女孩图片表示挥动双手，鞋子表示跺脚，手套表示拍手。

2．游戏方法：邀请幼儿轮流上前出示标记，或一名幼儿说出标记名称，其他幼儿做相应的动作,提高活动的趣味性和幼儿的参与度。

3.规则:当出现标记时,一起用动作表达它。

小女孩图片表示挥动双手　　　　鞋子表示跺脚　　　　手套表示拍手

三、欣赏表演,快乐演奏

1.教师示范表演,幼儿理解乐曲三段式结构及每段不同的音乐风格。

老师做了哪些动作?哪些地方要跺脚、拍手和挥动双手?

图谱一共分为几段?每一段音乐中拍手、跺脚、挥动双手的动作在哪里重复出现?

2.鼓励幼儿边唱边大胆用身体各部位表演,进一步感受音乐节奏和风格。

你还想用哪些动作表演这首歌曲呢?

3.幼儿合作表演。

四、活动延伸

家园共育:家长与幼儿共同观看相关主题的纪录片、动画片等,家长给幼儿讲述红色故事,激发幼儿爱党、敬党的情感。

活动设计:黑龙江省农垦建三江管理局中心幼儿园　杨皓程

语言领域《一封鸡毛信》

设计思想:

《3—6岁儿童学习与发展指南》中语言领域的教育建议指出:"幼儿的语言能力是在交流和运用的过程中发展起来的。……为幼儿提供丰富、适宜的低幼读物,经常和幼儿一起看图书、讲故事,丰富其语言表达能力,培养阅读兴趣和良好的阅读习惯,进一步拓展学习经验。"《鸡毛信》是经典的儿童故事,主角海娃贴近幼儿年龄,能让幼儿感受到海娃的机智勇敢。此次活动通过故事讲述、问题探究、语言游戏等多个环节,让幼儿在认知、情感、语言等方面得到锻炼。同时,在互动中让幼儿体验到活动的趣味性和成功的喜悦,为幼儿全面发展奠定良好的基础。

活动目标：

1. 初步理解故事《鸡毛信》的内容。
2. 锻炼幼儿的思维及语言表达能力。
3. 积极参与游戏，体验活动的乐趣和成功的喜悦。

活动准备：

PPT课件、信件。

活动过程：

一、谈话导入

出示PPT中鸡毛信的图片。

说一说，这封信和我们日常生活中的信件有什么不同？

思考：它为什么会插三根鸡毛呢？

我们一起去听听故事吧！

二、倾听、理解故事

1. 观看图片，自由讲述故事内容。
2. 通过提问帮助幼儿梳理故事内容。

（1）海娃送的信叫什么信？（鸡毛信）

（2）插上鸡毛代表什么意思？（一根鸡毛表示一般紧急；两根鸡毛表示比较紧急；三根鸡毛表示特别紧急）

（3）他为什么要把信藏起来？

（4）他最终成功地把信送到了吗？他是一个什么样的人？

小结：鸡毛信是抗日战争时期八路军创造的一种特殊信件，插上鸡毛表示该信件需要火速传递。海娃机智勇敢，人小鬼大，为抗日战争贡献了自己的力量。

三、创意游戏：悄悄话

玩法：幼儿分成几组，老师跟每组的第一个小朋友说一句悄悄话，小朋友把悄悄话依次低声传递给本组的下一个队友。如果最后一个幼儿传递出来的消息准确无误，说明消息传递成功，任务完成。

规则：传消息时两人要近一点儿，贴着耳朵说，不要让其他小朋友听见。

小结：每一个小朋友倾听和传递消息一定要仔细，才能将消息正确传递给小伙伴。一旦传递出现失误，任务就失败了。

四、活动延伸

家园共育：亲子共读红色绘本。

心田启蒙：播种爱的种子

附故事《鸡毛信》：

海娃是龙门村的儿童团团长。有一天，他爸爸拿出一封信，要海娃马上给八路军送去。这封信上粘着三根鸡毛，海娃一看就明白了，这是最最紧急的鸡毛信！

海娃装好信，赶着羊下山了。还没走到山口，就远远地看见来了一队日本兵。海娃灵机一动，连忙把信拴在了羊尾巴下边，羊尾巴一盖，什么也看不出来了。

海娃刚站起来，鬼子就来到了他身边。"小孩，你在干什么？不说实话，就杀了你！"海娃故意装作害怕的样子哭起来："我是放羊的，呜呜呜，我就是放羊的嘛。"鬼子把羊都扣了下来，还逼着海娃给他们赶羊。

天黑了，敌人来到一个小山村。村里找不到一个人，也找不到一颗粮食。鬼子们都饿疯了，就叫黑狗子们去杀羊。一个歪嘴黑狗子看中了那头老绵羊，上来就抢。海娃眼看自己心爱的羊要被拖走杀掉，恨死了敌人。可他更担心鸡毛信，它就绑在老绵羊的尾巴底下，幸运的是黑狗子们并没有得逞……

天刚蒙蒙亮，鬼子就挥着大洋刀，带着队出发了。还没走过几个山头，只听"轰"的一声，走在前面的几个黑狗子倒在了地上。原来，他们踩上了民兵埋的地雷。

"小孩，你前面开路！"鬼子要海娃赶着羊在前面带路。海娃心里却想：好哇，让我带路，我就把你们都带到八路军那去，把你们都消灭了！他把敌人引上了一条小山路，海娃知道，这里离八路军住的地方不远了，就一边跑一边大声喊："鬼子来啦！鬼子来啦！八路军叔叔，快打呀！"

八路军战士们听到海娃的喊声，迅速从山上冲下来，把敌人全部消灭了。海娃也完成了送信的任务。

活动设计：黑龙江省农垦建三江管理局中心幼儿园　仇欣慧

社会领域《一袋干粮》

设计思想：

红色基因蕴藏于人心、作用于精神，是一种持久、深沉的内在力量。小班是幼儿情感萌发的关键期，故设计此次活动，传承红色基因，培养时代新人。此次活动主要利用故事导入法、情境教学法、游戏法、体验法，引导幼儿珍惜当下的幸福生活。

活动目标：

1. 欣赏并理解故事《一袋干粮》。

2.通过参与一系列有关长征的体验活动,感受长征路上的艰辛。

3.使幼儿珍惜和感恩现在的幸福生活,萌发热爱祖国的美好情感。

活动准备:

PPT课件、装有婆婆丁的干粮袋、自制的绘本、视频。

活动过程:

一、律动导入

1.组织幼儿围坐成圆圈,跟随音乐律动。

2.引导幼儿拿出背在身上的干粮袋,取出野菜食用,请幼儿说出食用后的感受。

小结:我们生活在和平年代,平时吃的饭菜、蛋糕等味道都很好,可是在战争时期,很多人都是靠吃野菜生活的。现在来听老师讲一个故事吧!

二、故事《一袋干粮》

1.教师结合自制的绘本讲述故事,引导幼儿积极参与进来,看图讲述重要环节,教师时刻与幼儿交流感受。

2.根据问题理解故事。

(1)谢益先将自己仅有的干粮送给了谁?

(2)他为什么不把自己没有干粮的事情告诉战友?

(3)谢益先在行军途中食草果腹,最后怎么了?

小结:谢益先同志看到面黄肌瘦的妇女和两个瘦得皮包骨头的孩子时,便把自己仅有的粮食留给了他们,而自己却喝凉水、吃野菜,不告诉大家。其实他也知道把干粮给了别人,自己无法活着走出草地,但是他仍然毫不犹豫,这是一种无私奉献的精神。

三、了解长征路上的艰辛

1.观看长征相关视频:感受战士们不怕苦、不怕累,为了胜利坚持不懈的长征精神。

2.总结长征路上的艰险。

山高路险,人烟稀少,缺医少药。

没有御寒的衣服,许多人被冻死。

没有食物吃,只能吃树皮、草根,许多人被饿死。

爬雪山、过草地。

一路上还有敌人的追剿,要经过许多沼泽地,一不小心就会陷进去失去生命。

克服和坚持:红军战士们战胜风寒、战胜饥饿、战胜敌人,只因为心中有必

胜的信念。这是我们要学习的,为了目标锲而不舍、坚持不懈!

四、小小红色传承人

1. 请幼儿用自己的话说一说长征的艰辛,并与现在的生活进行对比,引导幼儿珍惜现在的美好生活。

2. 请幼儿讲一讲,以后会怎么做?

3. 致敬英雄,用自己喜欢的方式表达对英雄的敬佩之情。

五、活动延伸

家园共育:与幼儿共同观看长征相关电影,加深幼儿对长征的了解。

活动设计:黑龙江省农垦建三江管理局中心幼儿园　吴海燕

语言领域《长征路上红小丫》

设计思想:

《幼儿园教育指导纲要(试行)》中明确指出:"爱父母长辈、老师和同伴,爱集体、爱家乡、爱祖国。"绘本《长征路上红小丫》是弘扬爱国主义和中华传统美德的红色革命传统故事。开展此次活动,期望幼儿在倾听过程中激发自豪感和热爱祖国之情,同时通过故事内容代入角色,感受红小丫身上的勇敢、坚强的品质,在今后的学习生活中,能够不忘红色信念,树立崇高理想,让爱国主义精神永放光芒。

活动目标:

1. 初步了解故事内容,感受小主人公的坚持和勇气。
2. 通过故事,感受红军小战士在长征路上的智慧和勇气。
3. 激发幼儿爱祖国、爱集体的情感。

活动准备:

1. 绘本《长征路上红小丫》的PPT。
2. 情景剧的背景音乐。

活动过程:

一、图片导入:她是谁

她是长征路上的小红军,今天就让我们来听听这名小红军的故事吧!

二、理解故事内容,感受红军的艰辛和团结奋战精神

1. 教师根据PPT中的图片讲述故事。

在红军长征的队伍里有一名小红军,她加入红军的时候才11岁,所以大家

都叫她红小丫。唱山歌,说快板,敲小鼓,红小丫样样在行,是一名宣传队员。

图片1:红小丫跟着大哥哥、大姐姐们去哪里了?(去长征)

红小丫特别爱唱歌,战士们不管走多远的路,听到红小丫的歌声就觉得全身是劲儿,她走到哪里,哪里就有欢声笑语。

图片2:红小丫怎么了?怎么听不到她的笑声了?(原来她生病了)

她不愿意拖累大家,要求把自己留下。同志们都说:"不行,不能丢下你!"大家抬着红小丫走了个把月,在大家的精心照料下,红小丫终于痊愈了。

图片3:雪山脚下,红小丫又打起小竹板来。

红小丫带给大家鼓励和信心:"红军都是英雄汉,定能征服大雪山。"

图片4:到达了陕北。

翻过大雪山,走过草地,最后长征胜利了。故事到这里就结束了。

2.讨论。

红小丫是一个什么样的孩子?大家喜欢她吗?在红小丫遇到困难的时候,大部队的红军战士是怎样做的?

小结:红军长征是世界军事史上的一个奇迹,年纪尚小的红小丫靠着对革命光明前途的坚定信念和不懈追求,不畏艰险战胜了无数困难,成为徒步走完长征的最小的女红军。她叫王新兰,那时她差3个月12岁。我们要学习红小丫坚强、勇敢的精神,以及红军战士们团结和不放弃的精神。

三、情景剧游戏——照顾生病的红小丫

1.分组游戏:幼儿一共分为2组,16人一组。一人扮演生病的红小丫,剩余15人扮演小红军。引导幼儿根据故事创编剧情,观察幼儿如何照顾生病的红小丫。

2.教师在表演过程中设置一些困难。

小结:在这个游戏中,老师看到了你们的合作和细心,你们也像红小丫一样坚强和勇敢,老师给你们点赞!

四、结束部分

长征路上还有很多小英雄,我们可以和爸爸妈妈多多认识这些英雄,学习他们的精神。相信通过今天的学习你们一定会成为坚强、勇往直前的小小接班人。

五、活动延伸

家园共育:睡前和家人一起聆听红军长征的故事。

活动设计:黑龙江省农垦建三江管理局中心幼儿园 杨鑫

艺术领域《小手枪 瞄得准》

设计思想：

  弘扬红色文化、传承革命精神是爱国主义启蒙教育的根本任务。由于幼儿年龄较小，因此要将抽象的"精神"教育润物细无声地渗透到一日生活中。此次活动以幼儿喜欢模仿抗日小英雄射击的兴趣为切入点，引导幼儿理解故事内容并模拟故事情节。幼儿在射击趣味游戏中感知音乐节奏的变化，练习灵活躲闪。同时用小英雄的机警、勇敢影响幼儿，使其从小树立向英雄学习的意识。

活动目标：

  1．通过理解故事内容，尝试感知|××××|节奏型，模拟射击。
  2．能用射击、躲闪动作表现节奏变化。
  3．喜欢参与音乐游戏，体验音乐节奏带来的愉悦感。

活动准备：

  1．经验准备：了解英雄故事。
  2．物质准备：图谱、PPT课件、手枪模型（废旧材料制作而成）、音乐。

活动过程：

一、音乐导入

  跟随《我是勇敢的小兵兵》律动。

二、师幼谈话——回忆故事内容

  孩子们，还记得小英雄杨来西吗？
  杨来西和八路军叔叔是用什么武器打败日本鬼子的？
  小结：孩子们，我们的幸福生活是无数位像杨来西那样的英雄把侵略者赶出中国换来的。我们要从小学本领，长大保卫祖国。我们现在就把本领练起来吧！

三、播放PPT，尝试射击，感受|××××|节奏型

  1．幼儿尝试跟音乐节奏进行射击。
  动作要领：手臂伸直，与身体呈90°，用另一只手托住手腕，瞄准，力度适中，准备射击。
  2．操作多媒体白板，与幼儿展开互动，练习射击。
  3．如果敌人向我们开枪，我们应该怎样保护自己呢？
  幼儿随音乐节奏变化进行躲闪游戏。

教师提示:每颗子弹射击的方向不一样,在躲的时候要灵活变化。

4.集体音乐互动游戏——"射击—躲闪"。

(1)请小朋友们观察自己的"手枪"颜色,自动分成两小队,跟随队长开始对战游戏。

(2)幼儿根据图谱和音乐再次进行"射击—躲闪"游戏。

小结:今天的活动到这里就结束了,希望你们从小练好本领,长大做一个保卫国家、不怕困难、聪慧勇敢、对国家有用的人!

四、活动结束

跟随《我是勇敢的小兵兵》律动,开展放松活动。

五、活动延伸

将节奏型|××××|投放到班级的角色表演区域,供幼儿活动所用。

活动设计:黑龙江省农垦建三江管理局中心幼儿园　孙银玉

中 班

社会领域《学习雷锋》

设计思想：

3月5日是学雷锋纪念日，设计此次活动，旨在借助雷锋精神培养幼儿从小乐于助人的优良品德，引导幼儿用实际行动来学习雷锋叔叔，感受劳动的快乐，从而发扬中华民族传统美德、弘扬雷锋精神，将品德教育渗透在幼儿生活的细微之处，使其从小养成良好的社会公德意识。

活动目标：

1．欣赏并理解雷锋的故事，知道哪些行为是乐于助人、品德高尚的行为。

2．学会关注和帮助周围需要帮助的人，主动、积极帮助别人。

3．乐于向雷锋学习，培养同情心和仁爱之心。

活动准备：

1．经验准备：看过或者听过有关雷锋的故事。

2．物质准备：关于雷锋等的视频；音乐《爱的奉献》；相关图片若干；童谣《你真是个小雷锋》；PPT课件。

活动过程：

一、图片导入

1．仔细观察画面内容，说一说：他们碰到了什么困难？

2．你还记得谁曾经帮助过你吗？你接受帮助时心情怎样？

画面中的人叫雷锋，他是个怎样的人呢？我们一起来认识一下他。

二、认识雷锋

1．看视频，说一说：雷锋是怎样的人？

2．知道3月5日是学雷锋纪念日，说一说：我们为什么要学习雷锋？

3．生活中有许多人遇到困难需要帮助，我们来了解一下。（出示图片）

4．出示图片：了解雷锋每天做的事情。

小结：雷锋除了爱帮助别人，每天还默默地做好自己的事情，从不给别人添麻烦，和这样的人在一起，大家都会感到温暖和幸福。

三、读童谣，领悟雷锋精神

1．老师带来了一首童谣——《你真是个小雷锋》，请你读一读，找一找，童谣中的"小雷锋"他是怎样做的?

2．观看PPT。

幼儿观看受灾图片,引起共情,说一说想怎样帮助他们。

小结:当别人碰到困难时,我们可以用多种方法帮助他们,如果离得很远,不能亲自到场,捐款也是一种常用的方法。我们生活的社会就像一个大家庭,只有互相关心和帮助,才能彼此感到温暖。

四、鼓励幼儿积极参与公益活动

1．放背景音乐《爱的奉献》,幼儿观看募捐视频。

2．鼓励幼儿不乱花零花钱,有机会可以为灾区的同胞献上爱心。

小结:小朋友,你们虽然还很小,但是也可以做一些力所能及的事情去帮助别人。

五、活动延伸

家园共育:常给幼儿观看贫困山区孩子的生活视频,使其感知自己的幸福生活。

附童谣《你真是个小雷锋》:

老奶奶,看外孙,下车不认西和东。

背行李,拿信封,遇见路人细打听。

小朋友,好热情,搀扶奶奶慢慢行。

拐个弯,进胡同,照着地址送家中。

老奶奶,问她名,她说我是小朋友。

老奶奶,没听清,你真是个小雷锋。

活动设计:黑龙江省创业农场幼儿园　马琳

科学领域《盐宝贝搬家记》

设计思想:

《3—6岁儿童学习与发展指南》中科学领域的教育建议指出:"给幼儿提供丰富的材料和适宜的工具,支持幼儿在游戏过程中探索并感知常见物质、材料的特性和物体的结构特点。"本次活动是结合秋收起义时期广大革命群众用各种方式为红军运输盐的故事而生成的科学探索活动,在情景游戏中充分发挥幼儿的自主探索能力和想象力,使其在思考和动手操作中感受科学活动的神奇之处,在解决问题的过程中感受红军当时的艰难处境,培养幼儿对红军的崇敬之情。

活动目标：

1. 了解盐的溶解性和析出性，探索材料的吸水特性。
2. 能够利用自己喜欢的材料探索巧运盐的方法。
3. 愿意运用智慧克服困难，保持探究的好奇心。

活动准备：

1. 知识准备：已了解盐的作用。
2. 物质准备：PPT课件、电影《闪闪的红星》的片段、关于海水晒盐的视频、歌曲《闪闪的红星》、食盐若干袋、碟子、杯子、魔力擦（海绵）、纸巾、塑料布、毛巾、磁力片、操作卡、水彩笔、幼儿探索时的背景轻音乐等。

活动过程：

一、律动导入，激起幼儿兴趣

幼儿随歌曲《闪闪的红星》进行律动。

二、科学探索：多种方式巧运盐

1. 观看视频及图片，引导幼儿了解红军当时的困难。

画面上的叔叔在吃什么食物？

没有盐人会怎么样？

红军为什么无法运盐上山？

有什么办法可以帮助红军叔叔呢？

2. 鼓励幼儿思考盐是怎么被运送到红军叔叔手里的。

3. 游戏环节：感知盐的溶解性和析出性。

（1）幼儿两人一组，将碟子里的盐倒入水中之后开始搅拌，发现盐的变化，并说一说自己观察到的结果。

（2）盐的析出性。

观看关于海水晒盐的视频，了解盐的析出性。

4. 游戏：探索用各种材料运盐水。

明确探索方法和要求：两个人一组，合作用工具将盐水从一个杯子运到另一个空杯子里。尝试用多种材料（毛巾、海绵、塑料布、磁力片和纸巾等）运盐水，总结哪种材料运输的速度最快。

5. 幼儿操作并填写操作卡。（能运打√，不能运×）

（1）播放轻音乐，幼儿开始探索，教师适当引导。

（2）教师将幼儿操作卡拍照投屏到白板上，幼儿分析材料卡的调查记录结果，开展探讨活动。

小结：我们在探索中会发现，毛巾、海绵等物品具有很强的吸水性，能吸附盐水。纸巾吸水性相对弱一些,运输盐水的速度就相对慢一些,需要多次运输才能将盐水运完。磁力片和塑料布没有吸水性,不能运送盐水。

三、电影片段揭秘

1.观看电影《闪闪的红星》的片段,揭秘潘东子运盐的方法。

小结:我们要学习潘冬子,遇到困难应沉着冷静、机智勇敢地积极想办法。还要做个细心观察的人,多多发现身边事物的特性,并灵活运用,用聪明才智找到解决问题的办法。

2.师幼整理材料,结束活动。

四、活动延伸

请幼儿寻找生活中其他具有吸水性的材料,继续探索。

活动设计:黑龙江省农垦建三江管理局中心幼儿园　姜元元

社会领域《美丽的"邱小姐"》

设计思想:

以《幼儿园教育指导纲要(试行)》中社会领域的目标"爱集体、爱家乡、爱祖国"和科学领域的目标"能运用各种感官,动手动脑,探究问题"作为指导思想设计此次活动,以幼儿为中心,注重体验与互动,通过展示原子弹的诞生背景及其对国家安全的重要性,帮助幼儿产生对祖国的责任感和身为中国人的自豪感。同时,从邓稼先的故事中挖掘爱国情怀和科学精神,引导幼儿树立正确的科学观和人生观,在轻松愉快的学习氛围中,播下爱国主义的种子。

活动目标:

1.通过猜谜游戏,引导幼儿逐步了解原子弹及其相关知识。

2.能结合爆炸声、蘑菇云、邓稼先的故事等线索,猜出"邱小姐"是原子弹。

3.激发幼儿对科技探索的兴趣,培养幼儿对科学家的崇拜和向往。

活动准备:

邓稼先的故事(PPT)、原子弹相关的图片和视频片段(有爆炸声和蘑菇云)。

活动过程:

一、影子图片导入

出示"邱小姐"的影子图片,请幼儿猜一猜,这位神秘的"邱小姐"是谁?

二、根据线索猜一猜

1．她的脾气。

给出第一个线索："她有着巨大的力量，一旦爆发，能震撼整个世界。"

鼓励幼儿大胆想象，说出自己的猜想。

2．她的声音。

播放原子弹爆炸的声音，让幼儿感受其震撼力。

刚刚你们听到了什么声音？这个声音和"邱小姐"有什么关系呢？

揭示第二个线索："她的声音震耳欲聋，让人胆战心惊。"

3．观察蘑菇云。

教师展示原子弹爆炸后形成的蘑菇云的图片。

你们看到了什么？这朵蘑菇云和"邱小姐"有什么关系呢？

揭示第三个线索："她的出现，总是伴随着一朵巨大的蘑菇云。"

三、揭晓答案——原子弹

幼儿结合前面的线索，猜测"邱小姐"的真实身份。

揭晓答案："邱小姐"其实就是原子弹。她有着巨大的威力，一旦爆发，能震撼世界；她的声音震耳欲聋，爆炸后会形成蘑菇云；为了祖国的繁荣和安全，伟大的科学家邓稼先付出了巨大的努力来研究"邱小姐"。

四、讲述故事——邓稼先与原子弹

你们知道邓稼先是什么人吗？他为什么要研究"邱小姐"？

引导幼儿了解邓稼先为祖国的原子弹事业所做出的贡献和牺牲。

小结：原子弹是一种非常强大的武器，但是我们不希望看到它影响人类和平。我们要感谢像邓稼先这样的科学家，他们为祖国的科技发展做出了巨大的贡献。作为中国人，我们要像邓稼先一样为祖国的科研事业发展而努力。

五、活动延伸

和家人一起搜集关于原子弹的故事。

活动设计：黑龙江省农垦建三江管理局中心幼儿园　朱心月

健康领域《过雪山》

设计思想：

随着时代进步，幼儿教育事业也在不断发展，越来越重视爱国主义教育。在历史长河中，有很多体现民族精神的事件值得幼儿去学习和领悟，从而在成长过程中不断加强和完善自身的素质，增强爱国情怀。过雪山是红军长征中最艰苦的行军路程之一,通过此次活动让幼儿永远铭记历史,让长征精神代代相传。

活动目标:

1. 通过游戏让幼儿感受红军过雪山时的艰辛。
2. 提高幼儿的平衡力,增强挑战意识。
3. 还原历史事件,引导幼儿产生共情,了解中国共产党人的伟大,从而厚植对祖国的热爱之情。

活动准备:

红军过雪山的相关视频、桌椅、自制教具洞洞雪山(洞洞板)、绳子、鞋套、冰块若干、自制"石头糖果"、行军包裹、雪板(一面光滑的长条板)、储备盒、热身音乐。

活动过程:

一、谈话导入

你知道有关长征的哪些故事?(腊子口战役、强渡大渡河、巧渡金沙江、过雪山、过草地)

请幼儿观看图片,感受长征过程中每一段路程的艰辛。

二、游戏:过雪山

我们来模拟一下红军叔叔过雪山的艰苦吧!

1. 雪山上面极度寒冷,并且缺衣少食,过雪山之前,小朋友要先做好物资储备,带好行军包裹。
2. 幼儿可将鞋套套在鞋外,并将雪板塞到自己腰间的绳子里。储备盒里带几颗"糖果",可以补充"能量"。
3. 播放热身音乐:就要过雪山了,先运动一下让身体热起来吧!

过雪山玩法:

第一步:幼儿在和膝盖齐平的洞洞板中迈步,模拟通过雪山,感受每走一步的艰难。

第二步:师幼共同搭建斜坡雪山,准备一根绳子,系在雪山终点处,绳子中间系上冰块,绳子的另一端为雪山起点。幼儿需要手扶冰块向上攀登(可在冰块外面包裹薄布、毛巾等物避免冻伤幼儿),登顶之后,幼儿需要将滑板从腰间取出,垫在屁股下面滑下雪山,教师可演示使用方法。

请小朋友合作完成此次挑战。游戏过程中提示幼儿注意安全。

4. 请幼儿说一说过雪山的感受。

过洞洞雪山:脚陷得很深,每一步都很吃力,需要相互扶持。过斜坡雪山:

难攀爬,没有抓手,很冷。

5. 请幼儿打开"糖果"。(里面包裹的是石子)

谈话互动:为什么是石子?

三、感受长征精神

过雪山是整条长征路线中最为艰难的一段路程,其间发生了许多感人的故事。

1. 幼儿观看视频《一颗糖果的故事》,简单讲述过雪山时发生的故事。

2. 教师简单说说延安精神。

小结:红军为了保护祖国和人民,不怕任何艰难险阻,不惜牺牲一切,才让我们今天过上了丰衣足食的幸福生活。

四、活动延伸

谈话活动:"我是勇敢者"。

利用离园前的时间展开谈话活动,讲述自己在遇到困难时如何克服。幼儿倾听同伴讲述之后,分析从同伴身上看到了哪些值得学习的品质。

活动设计:黑龙江省农垦建三江管理局中心幼儿园　王沐

健康领域《重走长征路》

设计思想:

2024年1月1日起正式施行的《中华人民共和国爱国主义教育法》指出:"各级各类学校和其他教育机构应当……针对各年龄段学习特点,确定爱国主义教育的重点内容,采取丰富适宜的教学方式。"中班幼儿集体荣誉感逐渐增强,并能共情他人,正是浸润红色文化的良好教育契机。设计此次活动,以观看红军长征相关电影片段导入,激起幼儿共情,积极参与模拟长征的游戏,并以"飞夺泸定桥—腊子口战役—爬雪山—过草地"为主线融入长征知识,传承长征精神。通过游戏体验,让幼儿在接受红色教育的同时磨炼意志,初步拥有吃苦耐劳和团结协作的意识。幼儿在享受当代幸福生活的同时,应不忘革命先烈的艰苦奋斗精神,做新时代好幼儿。

活动目标:

1. 进一步了解长征,学会相互合作。

2. 通过游戏锻炼幼儿的钻、爬、攀登、跳跃等多种运动技能,提高身体的协调性和灵敏性。

3. 磨炼幼儿不怕困难、挑战自我的意志品质。

活动准备:

长征沙盘;长征相关故事书;长征相关PPT和视频;模拟长征场景的体验区;动画短片《长征》;音乐。

活动过程:

一、了解长征的背景和意义,激发幼儿的兴趣

1.观看动画短片《长征》,幼儿讲述自己的理解。

2.观看视频,了解长征途中的几个经典片段。

(1)引导幼儿通过对比感受红军长征的困难。

时间:1934年10月开始,1936年10月结束,长达2年时间。

(2)梳理长征中的几个经典片段,引起幼儿共情。

湘江战役(1934年11~12月)、强渡乌江(1935年1月)、四渡赤水(1935年1月)、嘉陵江战役(1935年3~4月)、强渡大渡河(1935年5月)、巧渡金沙江(1935年5月)、飞夺泸定桥(1935年5月)、爬雪山(1935年6月)、过草地(1935年8月)、腊子口战役(1935年9月)。

二、游戏:重走长征路

1.幼儿随音乐开始热身活动。

2.游戏体验。

创设4个体验区:飞夺泸定桥、腊子口战役、爬雪山、过草地。

(1)飞夺泸定桥。

玩法规则:幼儿双手抓紧绳索,倒爬至终点,中途不能掉落。

动作要领:双手抓绳,双脚及腰部着地,倒爬5米。

(2)腊子口战役。

玩法规则:单手投掷"炸弹",以炸到碉堡为胜利。

动作要领:双脚一前一后,单手向前投掷4米。

(3)爬雪山。

玩法规则:幼儿迅速爬高(安吉箱)并安全下滑。

动作要领:幼儿手脚并用,借助安吉箱的拼搭孔进行攀爬。

(4)过草地。

玩法规则:躲避障碍"沼泽",安全到达终点。

动作要领:幼儿要手脚着地钻爬网,模拟爬过草地。

3.插上胜利的红旗,结束游戏,幼儿随音乐放松身体。

三、整理活动

1．说一说：在刚才的游戏中你有什么样的感受？

小结：红军在长征过程中遇到了很多无法忍受的困难，他们用生命和毅力一一克服了。正因为他们的无私奉献，才有了我们今天的幸福生活。我们小朋友也要学习红军坚持不懈、不怕困难的精神，为我们祖国的繁荣富强而努力！

2．师幼共同整理器械。

四、活动延伸

区域游戏：

1．游戏目的：帮助幼儿记忆长征路线，提高幼儿的学习兴趣。

2．游戏准备：长征沙盘及相关故事书；制作一个色子（6个面分别贴上写有长征故事的图片）。

3．游戏规则：幼儿掷色子，掷到哪一个面，就可以在长征沙盘中讲述对应的故事。

活动设计：黑龙江省前进农场幼儿园　　边守岩

社会领域《长津湖战役》

设计思想：

设计此次活动的核心理念是培养幼儿强健的体质，以生动、易于理解的方式向幼儿介绍长津湖战役这一历史事件，旨在启蒙幼儿对历史的认知，激发其初步的爱国主义情感与民族自豪感，培养幼儿尊重英雄、珍爱和平的价值观。

活动目标：

1．初步了解长津湖战役，知道志愿军如何保卫家园。

2．在外界干扰的情况下，能尽量保持姿势，提高身体控制力。

3．传承爱国主义精神，激发保家卫国的情怀。

活动准备：

PPT课件；泡沫积木块；玩具枪每人一把；视频。

活动过程：

一、游戏导入："木头人"

第一次游戏：常规玩法，幼儿边说儿歌边做动作。

第二次游戏：木头人抗干扰挑战，增加游戏难度和时长。

1．教师设置游戏障碍，如不停地拿出糖果、小汽车模型等幼儿喜欢的物品

引诱幼儿说话,干扰幼儿游戏。

2.创设小虫子爬到身上的情景,用挠痒痒的方式干扰幼儿,阻挠幼儿挑战成功。

3.突然发问,如:"阳阳,你换室内鞋了吗?"观察幼儿机智反应的能力。

4.幼儿说一说:保持木头人状态,无论如何都不能动,难不难?累不累?

二、观看长津湖战役的视频片段

小朋友们,今天我们来认识一个身体控制力超强的人,他就是用木头人的状态完成了任务。

1.幼儿观察PPT中的照片。

周全弟爷爷跟我们有什么不一样?他的手和脚哪去了?

接下来我们去视频中找找答案。

2.观看视频后讨论。

(1)参加抗美援朝的中国方面的部队叫什么名字?

(2)志愿军为了隐蔽不能烧火做饭,那他们吃什么?

(3)志愿军在那么冷的天气里,吃着没有营养的食物,还要端枪打仗,他们为什么这样做?

(4)志愿军为了伏击美军,在雪地里几天几夜都没动,最后怎么样了?

(5)周全弟爷爷的手和脚是怎样失去的?

(6)是什么让我们的战士如此无所畏惧?

小结:在长津湖战役中,中国人民志愿军第9兵团志愿军为了完成任务,连续几天几夜维持着战斗姿态一动不动,正是他们的坚守,最后全歼了美军一个团,收了三八线以北的东部广大地区。

3.创设情境:再现长津湖战役阵地,搭建掩体。

(1)小朋友们,假设你是优秀的志愿军战士,敌人还有两分钟就会抵达这里,我们要以最快的速度搭建好掩体,准备战斗。

(2)幼儿开始利用泡沫积木块自由搭建掩体。

三、情感升华

1.请幼儿观看PPT中"冰雕连"相关的图片和视频,让幼儿知道在长津湖战役中牺牲的英雄。

2.引导幼儿向英雄致敬。

小结:不论是战争中惨遭迫害的民众,还是为国捐躯的战士,都值得我们缅怀。

四、活动延伸

1. 搜集更多抗美援朝时期的英雄故事,在区域活动时互相分享。
2. 查阅"南京大屠杀"相关资料或利用假期去纪念馆参观。

活动设计:黑龙江省农垦建三江管理局中心幼儿园　郭曼

大 班

艺术领域《一滴水墨开出花》

设计思想:

国画作为我国传统绘画艺术形式,使用独特的材料、工具和绘画方法,可以由一滴水墨的浓淡及笔触变化出无数可能,呈现变幻莫测的艺术形象,能充分发挥幼儿的想象力,并锻炼幼儿胆大心细、敢于创造的能力。新时代的幼儿更应从小感受国画这一艺术形式,激发对传统绘画艺术探究的兴趣。本次活动从大班幼儿的认知特点入手,尝试运用多种感官,引导幼儿放手创作、以形写神,在游戏与探索中走近国画艺术,让中华传统文化的精髓得以世代延续,让深厚的文化自信植根于每个中国人的心灵深处,成为我们共同的精神血脉。

活动目标:

1. 初步掌握水墨画的一些绘画技巧。
2. 尝试用国画的绘画方式表现小蝌蚪的多种灵动形态。
3. 欣赏国画的韵味美,乐意参与绘画活动,感受其中的愉悦感。

活动准备:

1. 经验准备:幼儿已初步掌握毛笔的运笔技能。
2. 物质准备:水墨动画片《小蝌蚪找妈妈》;PPT 课件;油画作品;国画作品;墨;宣纸;墨碟;毛笔;砚台;水洗;视频《一滴水墨》。

活动过程:

一、活动导入

1. 参观画展。

出示国画、油画等中国代表画种的作品,幼儿在欣赏过程中感受其不同特点。

2. 谈话活动:这些画纸是什么材质的,这些画是用什么材料画出来的?
3. 出示宣纸、笔砚及水洗等,引导幼儿了解其用途。

二、了解国画的特点

重点介绍国画是世界上唯一一种利用墨的浓淡变化与宣纸的配合而展示的画种。

1.欣赏视频《一滴水墨》。

请幼儿说一说,一滴水墨引出的变化。

2.欣赏我国第一部水墨动画片《小蝌蚪找妈妈》,感受其独特魅力,激发幼儿兴趣。

3.教师示范怎样运用水墨的浓淡笔触来创作小蝌蚪形象,幼儿欣赏水墨晕染变化而出的小蝌蚪。

三、幼儿作画,教师巡回指导

1.教师组织幼儿回顾毛笔运笔的已知经验。

2.幼儿尝试创作,教师指导、提示运笔的注意要领。

3.交流、分享,欣赏作品。

四、活动延伸

继续了解彩墨画、工笔画、写意画等绘画作品,激发幼儿对绘画艺术的兴趣。

活动设计:黑龙江省七星农场中心幼儿园　张清霞

整合《石壁上的九色鹿》

设计思想:

为全面贯彻党的教育方针,落实立德树人根本任务,培养幼儿的民族自信心及民族自豪感,在"一带一路"倡议的影响下,组织幼儿走近敦煌,探寻古代的飞天。关于九色鹿的故事幼儿很熟悉,其蕴含着深刻的道理。在敦煌莫高窟石壁上,绘有美丽的神鹿,其神态典雅、色彩艳丽,它就是壁画《鹿王本生图》。这幅历经千年风沙侵蚀的敦煌壁画至今仍旧闪耀着神奇的光辉,这朵美丽的艺术之花曾给予艺术家许许多多的灵感和想象。因此,组织此次活动,引导幼儿欣赏它的魅力,唤起幼儿心中艺术的光彩。

活动目标:

1.通过欣赏壁画,认识我国文化艺术宝藏。

2.能分享、交流自己的艺术作品,体会美术与生活的密切关系。

3.感受九色鹿的外形美,欣赏九色鹿诚实守信的美好品德。

活动准备:

PPT课件;视频《九色鹿》。

活动过程:

一、谈话导入

小朋友们,你们知道九色鹿吗?

九色鹿的故事是根据敦煌壁画《鹿王本生图》改编的。敦煌壁画是我国文化艺术瑰宝,它种类丰富,意蕴深厚,壁画中人物、图案、故事繁多,不同的壁画具有不同的文化意义,反映出我国传统民间艺术特色。

让我们一起走近敦煌,去揭开它神秘的面纱吧!

二、欣赏莫高窟,初步感知敦煌壁画的美

1. 出示PPT,简单介绍莫高窟。

敦煌莫高窟是我国现存规模最大、保存最完好、内容最丰富的古典文化艺术宝库。历经11个朝代建造而成,是举世闻名的佛教艺术中心,是集古建筑、雕塑、壁画三者于一体的艺术宫殿,其中敦煌壁画是敦煌艺术的最大亮点。

2. 今天,我们一起来看一看,位于敦煌莫高窟的第257窟。

出示PPT课件:小朋友们请看,这就是第257窟,在它的石壁上描绘了一只神鹿的故事。

请幼儿用清晰、简练的语言描述画面内容,教师和幼儿一起梳理故事蕴含的道理。

3. 观察壁画,幼儿谈论九色鹿的造型特点,并根据其表情、形态说一说其性格品质。

小结:九色鹿的故事主要告诉我们做人要坚守诚信,既然承诺了,就要守诺,要知恩图报,不能见利忘义。

三、深入探究壁画的内涵

1. 欣赏视频《九色鹿》,感受其色彩和情境美。

2. 小组讨论:视频里的动物形象、背景、色彩和壁画上的鹿有什么不同?说说哪一个更有历史感?

小结:敦煌莫高窟记录了我国千年的历史,生动展现了古代社会风貌和人类文明进程,对于研究历史、宗教、民族文化都有重要价值,更是古代丝绸之路上不同文明交流的重要见证。

四、活动延伸

表演区:幼儿自主编排情景剧《九色鹿》并进行表演。

活动设计:黑龙江省农垦建三江管理局中心幼儿园 韩雨晴

心田启蒙：播种爱的种子

艺术领域《小唐俑》

设计思想：

中华民族的舞蹈文化源远流长，记录中华民族舞蹈发展轨迹的文物和文字上下五千年间连绵不断。《唐宫夜宴》的创作灵感来自1959年河南安阳张盛墓出土的隋代乐舞俑，包括8件乐俑和5件舞俑，其现存于郑州市河南博物院，体现了我国深厚的传统舞蹈文化。我国传统舞蹈种类多样，各具特色，有的庄严肃穆，有的艳美至极。现在，孩子们了解的大多是现代舞种，对我国传统舞蹈的了解并不够。为了让孩子们发现古代舞蹈的独特之美，故设计本次活动，旨在让幼儿体验和感受传统舞蹈的魅力。

活动目标：

1. 了解唐朝舞蹈的特点。
2. 能感受乐曲的旋律，模仿小唐俑的舞蹈动作。
3. 敢于在活动中大胆地表现，体验与同伴一起表演的乐趣。

活动准备：

PPT课件；舞蹈视频《唐宫夜宴》。

活动过程：

一、热身活动

教师带领幼儿跳热身舞蹈《唐宫夜宴》。

二、图片欣赏

小朋友们，猜一猜，这些唐俑在干什么呢？（鼓励幼儿大胆表达）

你们观察得真仔细,这些叫作乐舞俑。她们是在演奏和表演舞蹈呢!你们知道她们的动作表达的是什么情境吗?

小结:这些唐朝小姑娘形象俏皮、可爱,一会儿嬉戏打闹,一会儿梳妆打扮,又抢着对着水中倒影检查妆容,她们是准备去宫廷表演。她们生活在唐朝,当时我国与周围国家的关系很好,因此对外文化交流很频繁。唐朝的文化与制度也很先进,所以诗、书、画、乐等方面涌现出大量名家和传世名作。

三、初步欣赏,学习动作

1. 小朋友们,你觉得这个动作是在干什么?谁能来学一学?

小结:她双手交叉于体前,头望向肩膀一侧,膝微弯曲,臀撅起。原来她是拿着镲在舞蹈呢!

2. 小朋友们,你觉得这个动作是在干什么?谁能来学一学?

小结:小唐俑打着手鼓、跳着舞,多好看啊!双手拿鼓,举至身体一侧,高于头顶,双脚分开,左脚直立,右脚尖点地。

四、欣赏舞蹈《唐宫夜宴》

让我们一起看一看唐朝的优美舞姿吧!

1. 欣赏舞蹈视频《唐宫夜宴》。
2. 幼儿自由表演。

小朋友们,我们刚才学了一些舞蹈动作,现在我们来表演一下吧!

五、活动延伸

小朋友们,中国文化博大精深,有很多的舞蹈种类,比如胡旋舞,其来自西域康国等,后传入中原,是唐代著名的表演性舞蹈,我们可以在下次活动中一起学习这种舞蹈。

活动设计:黑龙江省农垦建三江管理局中心幼儿园　胡琳琳

艺术领域《美丽的中国结》

设计思想:

《幼儿园教育指导纲要(试行)》中提到:"适当向幼儿介绍我国各民族和世界其他国家、民族的文化,使其感知人类文化的多样性和差异性,培养理解、尊重、平等的态度。"中国结不仅美丽,还有着美好的寓意,深受世人喜爱,是我国特有的民间手工艺品,是中华民族的骄傲。结合大班幼儿的兴趣点和年龄特点,设计本次活动,引导幼儿了解中国结的独特之美,并尝试动手制作中国结,感受其中的乐趣,使幼儿感知中国文化的博大精深,促进幼儿萌发爱国情怀。

活动目标:

1. 初步认识、了解中国结,欣赏丰富多样的中国结。
2. 学习简单的吉祥结编织手法,提高幼儿的动手能力。
3. 感受中国结的独特之美,增强民族自豪感。

活动准备:

PPT课件、各种各样的中国结挂件、红丝线绳、轻音乐、图片。

活动过程:

一、图片导入,激起幼儿活动的兴趣

出示庆祝春节的图片,感受浓浓的节日氛围。

请幼儿在图片上找到中国结,并说一说,为什么要挂中国结?(有浓浓的年味儿和美好的寓意)

二、中国结的寓意

1. 观看图片,欣赏多种多样的中国结。
2. 摸一摸中国结,用自己的语言描述中国结的样式。

中国结的来源?代表什么?

中国结的寓意因形状不同而有所不同,其名称也不同。

"同心结"寓意恩爱情深,永结同心;

"福字结"寓意福气满堂,吉星高照;

"双喜结"寓意喜上加喜,双喜临门;

"鱼结"寓意年年有余,吉庆安康;

"团锦结"寓意花团锦簇,前程似锦;

"团圆结"寓意团圆美满;

"吉祥结"寓意吉祥如意,万事顺利。

小结:中国结来源于古代的结绳记事,后来慢慢发展为民间特色手工艺品,它不仅仅是一种装饰品,更是中国传统文化的重要象征,传递着美好的祝福。中国结在一些国际会议和赛事中,还可以向世界传达中国人的友好和热情。

三、制作美丽的中国结

1. 观察图片,读出图片上的制作步骤。

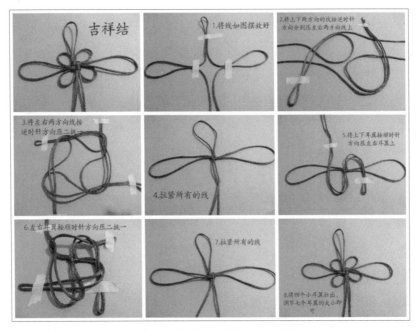

2. 介绍材料,引导幼儿按图示步骤动手编织吉祥结。

第一步:将线按第一张图摆放好。

第二步:将上、下两个方向的线按逆时针方向分别压在左、右两个方向的线上。

第三步:将左、右两个方向的线按逆时针方向压二挑一。

第四步:拉紧所有的线。

第五步:将上、下耳翼按顺时针方向分别压在左、右耳翼上。

第六步:左、右耳翼按顺时针方向压二挑一。

第七步:拉紧所有的线。

第八步:将4个小耳翼拉出,调节好7个耳翼的大小即可。

3. 幼儿选择材料,在音乐声中制作中国结,教师巡回指导。

四、作品欣赏,互赠美好祝福

展示编好的中国结,赠送给好友,并向对方表达美好的祝福。

五、活动延伸

在美工区投放红丝线绳和操作步骤图,幼儿自由探索中国结的更多编法。

活动设计:黑龙江省七星农场中心幼儿园　杨洋

艺术领域《捏面人》

设计思想:

捏面人也称面塑,是传统民间艺术,制作简单,但艺术性很强。在捏面人的过程中,幼儿可以用手和简单的工具塑造各种形象。教师鼓励幼儿发挥想象力,自由创作各种形态的面人,促进个性化的艺术表达。幼儿在创作过程中体验中国民间传统艺术的精髓,对中国优秀传统文化产生浓厚的兴趣。

活动目标:

1. 欣赏中国传统民间手工艺——捏面人,了解捏面人的历史背景和文化意义。

2. 发展手指精细动作,锻炼手部小肌肉,完成揉、捏、搓、剪和塑形等动作。

3. 引导幼儿感受中国传统民间艺术的独特魅力,增强文化自信。

活动准备:

1. 捏面人视频、图片。

2. 彩色黏土、剪刀、牙签、压板等工具。

活动过程:

一、图片导入

1. 这是谁?他在做什么?

2. 播放视频,幼儿欣赏。

将面粉加水和成面团加上漂亮的颜料,捏成各种各样的人物形象就叫捏面人。捏面人不仅展示了艺人的手工技巧,也反映了劳动人民的艺术想象力和创造力。直到现在,这门技艺仍在流传,并入选国家非物质文化遗产名录。

3. 教师展示自己制作的和购买的捏面人作品,让幼儿对这种艺术形式有更直观的理解。

二、捏面人活动

1.介绍材料和工具。

展示制作捏面人所需的材料,如彩色面团(以彩色黏土代替)、剪刀、牙签等,并示范每个工具的用途。

2.示范捏面人的步骤及动作技巧。

(1)巩固练习搓、揉、捏、切等动作。

(2)完成娃娃的头部。

步骤:先捏娃娃的头部轮廓——定出五官的部位——用黑色的面做出眉毛和眼睛——用牙签挑出鼻子和耳朵——安上红色的嘴和黑色的头发。

(3)捏出娃娃的躯干、手和腿,注意变换各种姿态。

(4)为娃娃穿上小衣服。

(5)装饰:用擀出的小面皮做成面花,安在面人胸前或头上。

3.幼儿自由创作。

教师巡回指导,叮嘱幼儿使用剪刀、牙签等尖锐物品时注意安全。鼓励幼儿大胆尝试创作不同的形状和图案,发挥自己的想象力,将中国传统艺术元素融入作品,创作出独一无二的面人。

三、分享交流

1.展示自己的作品并介绍人物形象。

2.幼儿互相欣赏、评价作品。教师鼓励他们发现每件作品中的传统艺术元素,并思考如何进一步改进和创新。

四、活动延伸

1.美工区:投放多种传统民间艺术作品,如剪纸、风筝、中国结等,幼儿欣赏或者制作。

2.表演区:投放皮影戏道具,引导幼儿操作表演,感受中国传统艺术的魅力。

活动设计:黑龙江农垦建三江第二幼儿园　袁苯华

艺术领域《国家宝藏——青铜剑》

设计思想:

在5 000余年的历史长河中,朝代更替,中华文明从远古一直延续发展到今天,每个时代都诞生了许多国家宝藏。本次活动围绕"青铜剑——越王勾践剑"展开活动,旨在通过动画视频,让幼儿了解青铜剑背后的历史,"让文物说话",

传播中国声音,阐释中国精神,展现中国风貌,激发幼儿爱祖国的情感。

活动目标:

1. 了解青铜剑背后的历史,认识青铜剑的造型。
2. 能用绘画的方式表现出越王勾践剑的精美纹样。
3. 激发小朋友热爱祖国的情感,珍惜国家宝藏。

活动准备:

剪刀、双面胶、丙烯笔、白卡纸、牛皮纸、视频。

活动过程:

一、活动导入

1. 播放动画视频,观察各个时代的人物(秦始皇嬴政、三国时期蜀汉开国皇帝刘备、唐代诗人李白)。
2. 说一说,他们的穿戴有什么不一样,他们身上佩带着什么物件?有什么作用和意义?

小结:古代人喜欢佩剑,在影视剧里经常可以看到剑的身影,剑的作用之一是防身,但更主要是作为装饰物,是身份的象征。

二、了解青铜剑背后的历史

观看动画视频,了解天下第一剑。

你们听说过"天下第一剑"吗?让我们一起来看一看吧!

小结:越王勾践是春秋时期的最后一位霸主,关于他的"卧薪尝胆"的典故流传至今,他的佩剑——越王勾践剑因为制作精美、工艺超群,被称为"天下第一剑"。

三、观察青铜剑

1. 仔细观察,说一说,青铜剑由哪几个部分组成,整体造型是什么样的?
2. 介绍青铜剑的细节。

整个剑身装饰有规则的黑色菱形的暗格花纹,靠近剑首的地方刻有文字"越王鸠浅自用剑",鸠浅是越王勾践的本名,以示剑的所有者。

小结:越王勾践剑长55.7厘米,其中剑柄长8.4厘米,剑柄和剑刃相接部分用漂亮的宝石镶嵌成精致的花纹,正面镶有蓝色琉璃,背面则镶有绿松石,因为它的材料主要是青铜,所以叫青铜剑。

四、幼儿绘画

1. 分发材料。

认识了"天下第一剑"——越王勾践剑,我们一起来绘制这一国家宝藏吧!

2. 幼儿绘画,教师指导,引导幼儿发挥想象力,用对称的手法绘制青铜剑的花纹。

3.作品展示、分享。

五、活动延伸

1.回家继续了解其他国家宝藏的"前世今生"。

2.搜集有关历史故事并分享。

活动设计:黑龙江省农垦建三江管理局中心幼儿园　史文静

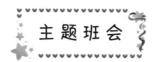

学雷锋纪念日主题班会活动方案建议

指导思想：

  为了加强幼儿园的精神文明建设，让雷锋精神在幼儿心中生根发芽，将雷锋精神一代代传承下去，幼儿园根据不同阶段幼儿的年龄特点开展"学雷锋纪念日"系列主题活动，将雷锋精神渗透在一日生活中，鼓励幼儿向雷锋同志学习，培养幼儿关爱他人、服务社会的优良品质。

活动目标：

  * 寻找身边小雷锋的故事，明白做好事要从自己做起，从身边做起，从小事做起。

  * 自己的事情自己做，积极帮助家人做力所能及的家务，体验劳动的乐趣。

  * 激发幼儿对雷锋的敬意，引导幼儿在日常生活中积极践行雷锋精神，成为具有爱心、公德心和责任感的好孩子。

活动形式建议：

  集体活动、主题班会、亲子活动。

活动主题：

  "雷锋精神代代传"。

活动时间：

  3月。

活动内容建议：

一、学习雷锋精神

- 观看视频：认识雷锋，了解雷锋的故事，知道什么是雷锋精神。
- 请家长、幼儿一起说一说雷锋的光荣事迹。
- 倾听身边小雷锋的故事。

二、忆雷锋

- 出示图片，了解雷锋的助人行为。

  第一张图片：雷锋在火车上给别人倒水喝。（关心他人）

  第二张图片：雷锋在风雨中帮助一位老奶奶抱小宝宝。（帮助他人）

第三张图片:雷锋把自己的饭菜给别人吃。(舍己为人)

第四张图片:雷锋坐在床边补自己坏了的衣服。(勤俭节约)

· 说一说:雷锋是怎样的人?应该学习雷锋的什么精神?

· 开展"小雷锋在成长"活动,即每周完成一个小任务、改掉一个小缺点、学会一项小本领、分担一项家务。

三、实践活动

(一)小雷锋在行动——组织幼儿帮助小班的弟弟妹妹

1. 领着弟弟妹妹做游戏:化身游戏小领袖,耐心地教弟弟妹妹玩新游戏。

2. 做传播智慧的小老师:用浅显易懂的语言,为弟弟妹妹讲述有趣的故事和科学知识。

3. 保护幼儿园小卫士:带领弟弟妹妹捡拾幼儿园草坪、操场上的垃圾,用实际行动守护幼儿园的清洁与美丽。

4. 做好班级值日生:齐心协力打扫班级卫生,擦拭桌椅、拖地、整理图书角,让班级环境焕然一新,为弟弟妹妹营造一个整洁、舒适的空间。

(二)组织角色扮演游戏"我是小雷锋",进一步培养助人为乐的意识

1. 激发幼儿参与角色扮演游戏的兴趣。

2. 师幼互动,引导幼儿积极参与角色扮演游戏。

(三)爱读书的小雷锋

幼儿把自己喜欢的绘本带到幼儿园,建设"雷锋图书角",和小朋友们一起分享。

(四)手工、绘画

1. 利用纸筒、彩泥等材料制作卡通雷锋叔叔形象,表达对雷锋叔叔的敬爱之情。

2. 绘画《雷锋叔叔在我心中的样子》。

世界气象日主题班会活动方案建议

指导思想:

3月23日是世界气象日,气象与我们的生活息息相关,密不可分。《3—6岁儿童学习与发展指南》中科学领域提出了"在探究中认识周围事物和现象"的目标,而了解天气变化,正是幼儿认识周围事物和现象的重要内容之一。值此世界气象日,结合大班幼儿的年龄特点,我们开展"环保宣传教育周"系列活动,进行科普教育。

活动主题：

"小气象大学问"。

活动目标：

* 知道在全球气候变暖的背景下,强降雨、龙卷风、雷暴大风、干旱、高温等极端天气会越来越频繁。

* 幼儿能简单讲述气象防灾减灾知识。

* 了解气象和农业、生活之间的关系,培养幼儿关注气象变化的习惯。

* 感知气象变化与人们生活的联系,能主动关注天气预报。

* 充分体验"科学就在身边",养成乐于在生活中发现、探索和交流的习惯,激发幼儿对科学活动的兴趣。

活动形式建议：

主题班会、亲子活动、集体教学、区域活动。

活动时间：

3月。

活动内容建议：

一、了解世界气象日

了解世界气象日的由来、目的。

世界气象日是1960年由世界气象组织成立的纪念日,时间定在每年的3月23日。世界气象日每年都会确定一个主题,在这一天举行庆祝活动,并广泛宣传气象工作的重要作用。

开展世界气象日活动的主要目的:让各国了解和支持世界气象组织的活动,并重视和热爱气象学,推广气象学在航空、航海、水利、农业和人类其他活动领域的应用。

二、气象科普知识小课堂

· 幼儿观看《龙卷风》《海啸》等视频,了解有关地震、暴雪、洪水等天灾对人类的危害,丰富预防灾害的常识,提高自救能力。

· 观看课件,了解各种气象灾害对人类健康和生命财产的严重威胁。

· 了解气象雷达、气象卫星和智能数字天气预报系统,揭秘天气预报的制作过程。

· 观看气象图,重点了解气象站的基本功能和减灾防灾的各种手段,提高幼儿的环保意识。

三、天气预报的意义

·幼儿与家长一起搜集资料。

（1）天气预报有什么作用？

（2）你从哪里可以看到天气预报？

·规划日程：如果明天是周末，天气预报显示明天是晴天，你想做什么？如果天气预报显示明天是雨天，你想做哪些事？

四、认识动物气象员

细心的祖先发现一些动物也能预报天气，比如，鱼儿上浮、蜻蜓低飞、燕子低飞、蚂蚁搬家等现象都是动物在"告诉"我们，要下雨了。下面是动物预报天气的谚语。

1. 鸡登高鸣，雨止天要晴。

2. 蚕做茧，快插秧。

3. 鸡愁雨，鸭愁风。

4. 蚂蚁垒窝要下雨。

5. 蚯蚓路上爬，雨水乱如麻。

6. 青蛙叫，大雨到。

7. 泥鳅静，天气晴。

8. 泥鳅跳，风雨到。

9. 喜鹊叫，晴天报。

10. 蜘蛛结网，天放晴。

11. 鸡进笼晚，兆阴雨。

12. 燕子低飞要落雨。

13. 鱼跳水，有雨来。

14. 龟背潮，下雨兆。

15. 猪衔草，寒潮到。

16. 鸡不安，爱阴天。

17. 朝霞不出门，晚霞走千里。

18. 麻雀囤食要落雪。

19. 狗卧灰堆，天阴雨催。

20. 长虫过道，下雨之兆。

21. 蚊子聚堂中，来日雨盈盈。

22. 河里鱼打花，天天有雨下。

23. 白蚁灯下飞，大雨洪水至。

24. 喜鹊搭窝高,当年雨水涝。

25. 久雨闻鸟鸣,不久即转晴。

26. 鸟往船上落,雨天要经过。

27. 蟋蟀上房叫,庄稼挨水泡。

28. 蚊子咬得怪,天气要变坏。

29. 蜻蜓千百绕,不日雨来到。

30. 蜜蜂采花忙,短期有雨降。

五、认识天气符号

· 观察、了解晴、雨、阴、多云4种天气类型的特点。

· 认识常见的天气预报符号。

· 认识特殊天气(冰雹、雨夹雪、雾……)的符号。

· 绘制喜欢的天气符号,说一说,晴天、刮风、下雨等可以怎么表示呢?

· 分享自己绘制的符号。

六、开展"天气播报"活动

· 建议幼儿每晚坚持收看天气预报节目。

· 观看中央气象台的天气预报视频,了解天气预报图中的气温读法。

· 播报天气时要说些什么呢?

(1)幼儿尝试按要求播报天气。

按"日期—城市—天气类型—气温"的方式进行播报,提醒幼儿播报天气时也要播报今天之后的天气。

(2)提醒同伴在不同的天气里应该注意什么,例如,明天有雨,请记得带伞。

· 制作天气记录卡。

七、环保宣传画

· 在教师的指导下,幼儿绘制环保宣传画。

· 讲解画作的意图,与同伴分享,讨论天气和自己生活的关系,知道如何根据天气变化保护自己的身体。

八、天气预报牌

让我们行动起来,为我们的家园做出小小的贡献。幼儿在家长的帮助下学习记录天气,完成天气预报牌的制作。

亲子活动

三八节亲子活动方案建议

指导思想：

　　国际劳动妇女节又称"三八节"，在每年的3月8日。设计三八节亲子活动是为了进一步弘扬三八节的精神，让幼儿了解并尊重女性的付出与贡献。通过亲子活动，让幼儿在三八节这个特殊的日子里，学会感谢妈妈、姥姥、奶奶等女性长辈的辛勤付出和无私奉献。通过活动鼓励家长积极营造节日氛围，在游戏和亲子互动中，加深亲子之间的情感联系，促进家长与幼儿之间相互理解，增进彼此的信任感和亲密度。

活动主题：

　　"浓浓三八情，满满儿女爱"。

活动目的：

　　＊理解三八节的意义，感恩妇女对社会的伟大贡献。

　　＊积极制作表达爱的手工艺品，进一步激发幼儿爱妈妈（姥姥、奶奶等）的情感。

　　＊感恩妇女对家庭的付出、对家人的关爱，培养幼儿尊敬长辈、关心家人、热爱劳动的良好品质。

　　＊提供一个表达对亲人的感激和爱意的机会，促进亲子间的情感交流，加强幼儿园与家庭的联系。

活动形式建议：

　　亲子活动。

活动内容建议：

一、开场环节

　　·致欢迎辞。欢迎所有到场的家长，介绍活动意义。

　　·请幼儿说一说。日历上教师指着的红色日期是什么节日？是谁的节日？

　　·节日介绍。简短讲述三八节的由来与意义，引导幼儿理解、感恩女性对社会的贡献。

　　三八节在每年的3月8日，全称为"联合国妇女权益和国际和平日"，是世界各国妇女争取和平、平等、发展的节日。

·三八妇女节在中国。

在中国,妇女节有更特殊的意义。每年的这一天,政府、企业和社会组织都会举办各种庆祝活动,如文艺演出、座谈会、表彰大会等,以表达对女性的敬意和感谢。这些活动不仅展示了女性的风采和力量,也进一步推动了社会对女性的认可和尊重。

·哪些人被称作妇女?

姥姥、奶奶、妈妈、婶婶、结了婚的姑姑、阿姨等。引导幼儿知道,妈妈、姥姥、奶奶、阿姨、幼儿园的女教师、工作在各行各业的劳动妇女等都要过这个节,她们为社会付出了辛苦劳动,做出了突出的贡献,要表彰奖励她们。

二、说一说我的妈妈

1. 妈妈的外貌,包括高矮胖瘦和发型。
2. 妈妈的工作及职业。
3. 妈妈的喜好。
4. 妈妈的优点。
5. 妈妈每天做的事哪些是为她自己做的,哪些是为家庭、为家人做的,了解妈妈的辛劳。
6. 讨论:妈妈很辛苦,既要工作,又要操持家务,我们要怎样关心她们?

三、亲子手工制作

·制作贺卡。提供彩纸、贴画、彩笔、丝带等材料,孩子和母亲共同设计并完成一张手工贺卡。

·DIY相框。用彩泥或者废旧物品装饰相框,放入母亲和孩子的合照,留住温馨瞬间。(提前准备好相框)

四、欣赏绘本故事

《兔妈妈的礼物》《胖胖熊的礼物》。

五、相关儿歌推荐

1.《三月八》:三月八,妇女节。妈妈工作辛苦了,我给妈妈献红花,妈妈见了笑哈哈!

2.《画妈妈》:小画笔,手中拿,今天我来画妈妈,画双眼睛笑眯眯,画个嘴巴笑哈哈。

3.《谢谢好阿姨》:厨房阿姨累又忙,做饭做菜又做汤,饭菜汤里有营养,我们吃了长得壮。

4.《夸妈妈》:三月八日妇女节,我们都把妈妈夸:我的妈妈最美丽!我的妈妈最善良！我的妈妈最温柔！我的妈妈最大方！我的妈妈最勇敢！我的妈妈最坚强！

5.《小乌鸦爱妈妈》：路边开放野菊花，飞来一只小乌鸦，不吵闹啊不玩耍，急急忙忙赶回家。它的妈妈年纪大，躺在窝里飞不动，小乌鸦呀叼虫子，一口一口喂妈妈。

6.《妈妈的爱》：妈妈的爱，藏在哪里？妈妈的爱，藏在香香的饭菜里。妈妈的爱，藏在暖暖的被窝里。妈妈的爱，藏在好听的故事里。妈妈的爱，藏在遮雨的伞里。妈妈的爱，藏在摇着的扇子里。妈妈的爱，藏在鼓励的话语里。妈妈的爱，无处不在，妈妈的爱，给我幸福，伴我成长！

7.《小板凳》：小板凳，你别歪，我请妈妈坐下来，我给妈妈捶捶背，捶捶背，揉揉肩，揉揉肩，捏捏腿，捏捏腿。妈妈说我是好宝贝，好宝贝！

8.《庆三八节》：三八节已来到，老师妈妈齐欢笑，我问妈妈节日好，我给奶奶捶捶背，我为老师做点儿啥？老师说：孝敬长辈很重要，这个礼物就很好。

9.《好妈妈》：妈妈，您是家里的太阳，每天早上都是您最先起床；妈妈，您是家里的月亮，每天晚上您都很忙；妈妈，您是家里的星星，您的眼睛总是那么明亮；妈妈，您是家里的春天，有了您，家里总是暖洋洋。

10.《妈妈呀妈妈》：妈妈呀妈妈，在您生气的时候，我愿变成小喜鹊，喳喳喳，喳喳喳，唱得您呀笑口开。妈妈呀妈妈，在您最忙的时候，我愿变成小黄牛，哞哞哞，哞哞哞，学做您的小助手。妈妈呀妈妈，在您休息的时候，我愿变成小花猫，喵喵喵，喵喵喵，踮起脚悄悄走。

妈妈呀妈妈，在您最累的时候，我愿变成小椅子，坐坐坐，坐坐坐，快快让您歇一歇。妈妈呀妈妈，在您最渴的时候，我愿变成一杯水，哗啦啦，哗啦啦，快快让您喝一口。妈妈呀妈妈，在您最饿的时候，我愿变成大馒头，香喷喷，香喷喷，快快让您吃一口。

六、才艺展示

- 幼儿表演手势舞《妈妈我爱你》。
- 亲子才艺秀。鼓励有特长的家长进行展示，如乐器演奏、歌唱等。

七、亲子互动

- 请幼儿给妈妈梳梳头，妈妈给奶奶或姥姥梳梳头。

八、感恩互动

- 爱的告白。鼓励幼儿大胆向母亲表达自己的爱和感激之情。
- 分享育儿经验。邀请几名家长分享自己的亲子教育心得。
- 赠送鲜花。每个孩子准备一束花，表达对母亲的祝福。

心田启蒙:播种爱的种子

九、活动延伸

家园共育:将孝敬长辈落实在行动上,坚持为妈妈、奶奶、姥姥等做一些力所能及的事情,例如,倒茶、送拖鞋、给奶奶剥一颗糖、给妈妈洗脚、每天帮姥姥捶捶背……

四月
智慧中国

小 班

科学领域《"火箭"飞起来》

设计思想:

《3—6岁儿童学习与发展指南》中科学领域的教育建议指出:"为幼儿提供一些有趣的探究工具,用自己的好奇心和探究积极性感染和带动幼儿。"班级区域中投放的塑料瓶幼儿一直喜爱玩,如何让玩塑料瓶变得更有趣、更科学呢?因此,我设计了此次活动,按照"探索实验—分享交流—实验解密—游戏挑战—情感升华"的顺序组织幼儿积极参加活动,以支持幼儿自发观察为原则,引导幼儿在操作中尝试用不同方法让"火箭"飞起来,体验探究实验带来的乐趣。

活动目标:

1. 通过操作发现,拍打、挤压塑料瓶,瓶口产生的气流可以让"火箭"模型向上飞。

2. 尝试观察、比较挤压瓶子的力道不同、瓶子大小不同,"火箭"飞得高低也不同。

3. 乐于参与探究活动,体验实验带来的乐趣。

活动准备:

塑料瓶若干、纸"火箭"模型若干、PPT课件、发射台。

活动过程:

一、自由探索导入

展示自制"火箭"模型。

1. 自由探索:幼儿尝试不用手碰到"火箭"就能让"火箭"飞起来的各种方法。(如用头顶、用鼻子呼气、用嘴巴吹气)

2. 想一想:为什么用嘴巴吹"火箭",身体并没有碰到"火箭",它就飞起来了?

小结:恭喜你们发现了风,风是一种非常了不起的动力和能量。

二、实验探究

1. 出示实验材料:塑料瓶和"火箭"模型。

2. 介绍实验任务:今天我们要用这两种材料做实验,让"火箭"模型像神舟飞船一样,"咻"地往上飞。

3.幼儿利用提供的材料展开实验。

三、实验解密

小朋友们,一起来说一说你们刚才的发现吧!

"火箭"往上飞了吗?你们是怎么做到的?空气躲在了哪里?

总结实验原理:瓶子里有很多空气宝宝,当瓶子受到挤压的时候,瓶子里的空间被压缩,很多空气宝宝没有地方去,只能往瓶口的地方走,形成了气流,气流就会把我们的小"火箭"顶起来,这样我们的小"火箭"就发射成功啦!

四、总结经验再挑战

1.第一次分析——力量大小与"火箭"发射高度的关系。

幼儿再次利用拍打塑料瓶产生气流的原理发射"火箭",看看谁飞得高。

分享交流——我的办法能让"火箭"飞得最高。

小结:拍打的力量越大,瓶子里冲出的气流就越大,"火箭"自然就飞得越高。

2.第二次分析——空气多少与"火箭"发射高度的关系。

出示两个大小粗细不一的塑料瓶,请幼儿尝试用同样的力量去拍打、挤压这两个瓶子,哪个"火箭"飞得高?

幼儿分享、交流实验结果。

思考:为什么大一点儿的瓶子飞得高呢?

小结:当我们用同样的力量去拍打、挤压的时候,大的瓶子里的空气宝宝多,冲出来的空气宝宝多,气流当然也就更大啦!

五、情感迁移

我们刚刚运用气流的知识让"火箭"飞了起来,那你们知道真正的"火箭"是怎么升空的吗?

教师播放视频,幼儿观看。

小结:我们的航天科研人员勇攀高峰、自立自强,你们想不想成为这么优秀的人呢?你们要努力学习本领,有一天研制出更先进的火箭。

六、活动延伸

在活动区域提供气球、木棒、不同形状的瓶子,请幼儿进一步探索"火箭"飞起来的办法。

活动设计:黑龙江省农垦建三江管理局中心幼儿园　黄璐

整合《"蘑菇云"的故事》

设计思想:

中国第一颗原子弹爆炸成功,中华民族的腰杆挺得更直了。结合幼儿的已知经验,我们带领幼儿参观园所爱国主义启蒙教育活动室,激发幼儿的民族自信心、自豪感。此次活动根据幼儿喜欢操作、探究的特点,选择"蘑菇云"背后的故事为切入点,以充满趣味性的游戏、视频来吸引幼儿的注意力,让幼儿在轻松愉快的氛围中了解原子弹背后的故事,激发幼儿在树立民族自豪感的同时珍惜和平生活。

活动目标:

1. 初步了解"蘑菇云"的由来,并了解它的威力。
2. 知道原子弹是国家自我防御的武器,其奠定了国家安全的基石。
3. 激发幼儿树立民族自信心、自豪感,珍惜、感恩和平生活。

活动准备:

音乐、视频、PPT课件、原子弹模型。

活动过程:

一、活动导入

1. 音乐律动。
2. 视频展示"蘑菇云",引起幼儿的兴趣。
（1）小朋友,你们看到了什么?
（2）发生了什么事情?

小结:这是原子弹爆炸后的场景,原子弹是核武器之一,具有很大的杀伤力和破坏力。

二、了解原子弹背后的故事

教师介绍原子弹背后的故事。

看,这是老师做的原子弹模型。当时我们的科学家在艰苦的环境下,克服重重困难,成功研发出中国第一颗原子弹。这一伟大成就,不仅展示了中国人民的智慧和力量,也为世界和平做出了巨大贡献。

三、视频展示,了解原子弹的威力和危害

1. 请幼儿用自己的语言形容原子弹的威力。
2. 原子弹的威力:原子弹具有极大的杀伤破坏力,在极短的时间内释放出巨大的能量。

3．原子弹的危害：原子弹不仅通过爆炸产生的冲击波、光辐射造成直接破坏，还会引发大面积的放射性污染。

四、"原子弹"游戏

1．师幼合作制作"原子弹"，把气球套在空的塑料瓶上。

2．幼儿游戏。

玩法：教师手拿气球，幼儿数到10，教师松手，气球飞出。

五、通过介绍原子弹，激发幼儿向往世界和平的情感

我们国家研制原子弹的主要目的是加强国防力量，维护世界和平。我们生活在和平年代，希望世界上没有战争，人类相亲相爱。

六、活动延伸

将绘本《点亮原子梦》投入阅读区，幼儿自行阅读。

活动设计：黑龙江省农垦建三江管理局中心幼儿园　张欢

健康领域《有趣的火箭发射》

设计思想：

本次活动"有趣的火箭发射"的设计灵感来源于我国载人运载火箭的发射，幼儿对环形空间站模型、火箭模型、火箭发射塔非常感兴趣。因此，依据《3—6岁儿童学习与发展指南》中的要求，"要珍视游戏和生活的独特价值……最大限度地支持和满足幼儿通过直接感知、亲身体验获取经验的需要"，结合本班幼儿的年龄特点和其对火箭发射的兴趣，设置情境游戏，以幼儿亲身体验为主开展"发射"游戏，使抽象的事物具体化，让幼儿在愉悦的体验中感受运动的快乐。

活动目标：

1．知道火箭是运载航天员进入太空的交通工具。

2．幼儿在游戏中练习双脚向上弹跳，发展下肢力量。

3．初步萌发对科学知识的探究欲望。

活动准备：

火箭模型、云层教具、音乐、图片、视频。

活动过程:

一、跟随《小火箭冲冲冲》律动导入

幼儿随音乐开始律动:"小火箭,小火箭,冲冲冲,带着我们探索宇宙。点火,发射,轰隆隆隆。穿过银河穿过星空……尖尖脑袋穿过云层,长长身体充满能量。喷射火焰飞向天空……按下按钮倒数出发,轰隆轰隆带着火花。飞向远远神秘宇宙……离开地球妈妈怀中,广阔宇宙美丽星球,外星人他在哪里呢……"

二、基础知识——初步认识火箭

1. 观察火箭模型,请小朋友们说一说这是什么。

火箭是怎样飞上天的呢?

根据图片内容讲解:火箭燃烧时尾部会产生大量的气体能量,推动着火箭向上运动,使火箭飞得更高更快。火箭是卫星、载人飞船进入太空工作、生活的交通工具,也是唯一的交通工具,它代表中国航天科技实力,也代表祖国妈妈越来越强大。

2. 观看火箭升空的视频。

说一说:火箭模型的样子——它的身体直直地向上。

找一找:航天员叔叔阿姨们在哪里?

三、身体游戏——发射"火箭"

接下来我们要学习本领了,把我们的身体当作火箭来游戏。

1. 怎样让身体向上发射得更高呢?小朋友尝试一下吧!

2. 自由练习向上起跳。

动作要领:双脚并拢,膝盖碰一碰,屈膝下蹲,双手向后使劲儿,脚掌用力蹬地,身体猛地向上纵跳,同时双手努力向上伸。

3. 倒计时发射。

幼儿排成一排,听口令准备发射身体"火箭",教师进行倒计时:5—4—3—2—1,发射!小朋友尝试体验3遍。

小结:请幼儿总结自己的发射经验,分享给小伙伴,然后再次体验,说一说自己的游戏感受和收获。

四、游戏:穿过云层

1. 玩法:将几条布条按不同高度拉在幼儿的头顶上,当作云层。"火箭"们尝试用力起跳发射并用手去触碰"云层",幼儿根据自己的身高挑战不同高度的"云层"。

2. 教师示范,幼儿注意动作要领。

请听口令,倒计时开始发射。

"火箭"们发射得真高呀,感谢你们的勇敢尝试,给自己加加油吧!

3.放松活动。

小朋友们,现在可以休息一会儿了,我们拉个圈圈坐下,打开我们的"望远镜",躺下看看上空,想一想航天员叔叔阿姨在太空中的生活,快和他们招招手吧!

小结:刚刚我们小朋友做得特别认真,每个人都挑战了自己的纵跳极限高度。如果你长大了想去太空看看,就要好好地学习科学知识,敢于发明创造,研制出更先进的交通工具,载着更多的中国人去太空探秘。

活动设计:黑龙江省农垦建三江管理局中心幼儿园　孟秀华

科学领域《小小"蛟龙号"》

设计思想:

科学教育在幼儿园教育中起着至关重要的作用,不仅能培养幼儿的观察力、想象力和创造力,还能激发他们对世界探索的兴趣。本次活动旨在引导幼儿初步了解"蛟龙号"的相关知识,并通过感知欣赏、动手操作等活动形式,增强幼儿对科学探索的理解和兴趣。

活动目标:

1.引导幼儿了解"蛟龙号"的起源、结构和功能。

2.理解沉与浮的概念,在探索活动中能分辨出哪些东西放在水里是下沉的、哪些是浮起的。

3.激发幼儿对海洋探索的好奇心,为祖国拥有先进的海洋探测器而感到自豪。

活动准备:

1."蛟龙号"相关视频、大海相关视频。

2.物质准备:深水槽、潜水艇模型等。

活动过程:

一、视频导入——神秘的海洋,引发幼儿的兴趣

1.出示大海相关视频,幼儿欣赏。

2.小朋友们,你们知道大海的深处是什么样子的吗?如果我们想去大海的深处去看一看,你有什么好办法呢?

二、认识"蛟龙号"

1.小朋友们,今天我们要一起认识一个超级厉害的朋友,它的名字叫"蛟龙

号"。

蛟龙是传说中的一种神奇生物,可以在水里自由地游来游去。我们的"蛟龙号"就像真正的蛟龙一样,可以在深深的海底遨游。"蛟龙号"是我们中国科学家制造出来的。虽然它很小,但是却可以带着科学家潜入很深很深的海底,去探索那些我们平时看不到的奇妙世界。现在带你们来认识一下它。

2.欣赏视频,倾听"蛟龙号"的故事,激发幼儿的兴趣。

小结:小小"蛟龙号"是中国第一艘载人潜水器,是一个可以深入水下达7 000米探险的载人潜水器,它可以帮助科学家研究海洋中的生物、地理环境等。

3.欣赏视频,观看"蛟龙号"下海探险,激发幼儿的好奇心和探索欲。

"蛟龙号"就像人类的眼睛和耳朵,帮助我们看到和听到海底的秘密。

"蛟龙号"的本领:它可以在海底停留很久,就像我们在陆地上玩耍一样。这样科学家就可以有更多的时间去发现海底的秘密啦!

4.除了"蛟龙号",中国科学家又陆续研制出了两艘载人潜水器——"深海勇士号"和"奋斗者号",它们一起为中国的海底科学探索做贡献。

5.你想对科学家说什么?

小结:在深深的海底,有很多我们从未见过的神奇生物,有五彩斑斓的珊瑚,以及各种奇妙的石头和植物。海洋拥有丰富的矿产资源,如石油、天然气、可燃冰等,在深海中,还有许多未知的秘密等着我们去探索、发现。小朋友们长大以后可以继续探索海洋的秘密。

三、探索发现

1.提供较深的水槽、潜水艇模型,请幼儿探索怎样使潜水艇沉入水底。

2.幼儿探索操作,教师巡回指导。

3.幼儿之间相互分享经验。

四、活动延伸

在户外沙水区布置一些具有科学探索意义的任务,如探索水的流动等。

活动设计:黑龙江省农垦建三江管理局中心幼儿园　闫文佳

中 班

科学领域《中国桥梁》

设计思想:

　　本次活动源于之前开展"神奇的纸"这一活动时,幼儿在了解纸的承重能力时,对桥梁产生了探索欲望。各种各样的桥梁在生活中是经常可以见到的。《3—6岁儿童学习与发展指南》中科学领域的目标指出:"对感兴趣的事物能够仔细观察,发现其明显特征。"出于保护幼儿对身边事物的强烈的好奇心,因此设计此次活动,以各种形式引导幼儿探索桥梁的秘密,让幼儿探究桥梁的发展过程,了解桥梁的作用。本次活动不仅要让幼儿看到桥梁的作用和目的,也是幼儿了解祖国科技进步的重要载体。

活动目标:

　　1. 了解各种各样的桥梁的形状,知道桥梁的作用。
　　2. 尝试用不同的材料搭建桥梁。
　　3. 感受中国桥梁的造型之美和线条美,为中国的科技进步而骄傲、自豪。

活动准备:

　　多媒体课件、武汉长江大桥的模型、奶粉罐、纸壳板、一次性纸杯、卡纸、扭扭玩具积木、筷子、竹签、冰棍杆。

活动过程:

一、情景导入

　　观看多媒体课件。

　　想一想:小动物们怎样过河?大家有什么好的办法?

　　小朋友们说了好多的办法,这些办法都可以帮助到小动物。为了出行方便,人们经常会在河面上搭建桥梁。

二、各种各样的桥梁

　　1. 说一说,你见过什么样的桥梁?
　　2. 认识桥梁。

　　刚才小朋友们说了几种桥梁,它们的结构、特点都不同。我们一起来了解一下吧!

①梁式桥。

主梁承重,主要材料是混凝土,最大跨径为60~70米,是中小跨径桥梁。

②拱式桥。

拱肋承重,目前我国拱式桥最大跨径是170米。

③刚架桥。

支柱与主梁共同受力,比如立交桥、高架桥等。

④斜拉桥。

以梁、索、塔承重,适宜于中等或大型桥梁。

⑤悬索桥。

主缆为主要承重构件,是大型及超大型桥梁。

3.欣赏有关中国建造的壮观的桥梁的多媒体课件。

请幼儿说一说观看感受。

三、分组探究

1.设计桥梁。

搭建桥梁之前,要先对桥梁的外形进行一个初步的设计。

老师为小朋友们准备了纸和笔,请大家把你要搭建的桥梁画在纸上吧!

幼儿自取白纸、彩笔设计桥梁。

2.尝试搭建。

教师按区域将废旧材料分类摆放,幼儿自由选择区域和材料进行搭建。

A区——奶粉罐、纸壳板。

B区——一次性纸杯、筷子、竹签、冰棍杆、卡纸等。

C区——扭扭玩具积木。

教师巡回检查指导,提醒幼儿取放材料有序、安静。

3.讨论分享。

幼儿搭建完成后,教师邀请各组幼儿大胆介绍自己搭建的桥梁的种类、名称、结构(桥面、桥墩、桥梁、悬索)、特征、作用等。

小结:在科技飞速发展的今天,桥梁依然是连接两个地区的重要建筑,是跨越山河湖海等障碍物的重要载体。中国的桥梁结构越来越复杂、功能越来越多,小朋友们一定要学好本领,长大设计出更先进、便捷的桥梁。

四、活动结束

教师与幼儿整理操作材料,活动自然结束。

五、活动延伸

回家后和爸爸妈妈一起了解一下中国十大现代桥梁。

活动设计:黑龙江省农垦建三江管理局中心幼儿园　卞园园

心田启蒙：播种爱的种子

科学领域《天宫课堂》

设计思想：

我国航天事业蓬勃发展，中国空间站的建成代表着我国航天事业又前进了一大步。航天员在太空中的生活是幼儿非常好奇和感兴趣的，了解火箭的发射过程、卫星是如何升入太空的等一直是幼儿心中的向往，因此我设计了本次活动。通过实验对照，帮助幼儿理解失重所带来的一系列现象，激发幼儿探索太空的欲望和科学探究的兴趣，并为中国航天取得的成就感到自豪。

活动目标：

1. 了解中国航天的发展历程和成就。

2. 能积极参与实验，探究太空中由失重带来的一系列现象。

3. 激发幼儿对科学探究的兴趣和好奇心，并为祖国的航天事业快速发展感到骄傲。

活动准备：

1. 物质准备：PPT课件、水杯、水、卫生纸、乒乓球、羽毛、视频。

2. 经验准备：航天知识调查表。

活动过程：

一、互动导入

请小朋友们拿出你的调查表，和大家分享一下你查询到的航天知识。

二、我国载人飞船发展史

1. 观看PPT中的图片。

2003年10月15日，我国成功发射了第一艘载人航天飞船——神舟五号，航天员杨利伟是第一个登上太空的中国人，截至2024年，我国已成功将二十几名航天员送到太空上去。

2. 观看中国空间站的立体图。

这就是我们中国自主建立的空间站，全世界只有我们中国拥有独立的空间站。

3. 2023年10月，我国3名航天员乘坐神舟十七号登上了太空，并和神舟十六号乘组顺利完成了在轨交接。下面就由航天员叔叔阿姨带我们一起去了解一下太空的秘密吧！

三、天宫课堂

航天员们在太空中除了工作,他们的日常生活也非常有趣,而且和在地面上有很大的差别,我们一起来看一看吧!

1. 太空行走、转身。

在太空中走路会很顺利吗?

幼儿观看太空中行走的视频。

教师组织幼儿按音乐节奏踏步行走。

小结:太空中是没有重力的,人们在太空中是失重的,没有重力的帮助,无法像在地面上一样行走,只能飘来飘去。

2. 了解什么是重力。

观看视频,了解重力就是地球对物体的吸引力。

幼儿操作乒乓球、羽毛,感受地球上的重力,了解再轻的物体最终也会落下。

小结:在地球上,由于重力的存在,我们可以在地面上行走,物体可以自由落下,重力就是地球对物体的吸引力,而在太空中是失重的。

3. 在太空中喝水。

在太空中行走都这么困难,航天员们又是怎么吃饭、喝水的呢?

观看在太空中喝水的视频。

小结:在太空中由于失重的关系,水以水球的形式漂浮在太空中,航天员需要用特制的袋子加上吸管将水挤入口中。

4. 浮力消失实验。

(1)幼儿将乒乓球放入水中,观察乒乓球的状态。

幼儿观察到乒乓球浮在了水面上,那么在太空中,乒乓球还会浮在水面上吗?我们一起去看一看吧!

(2)观看太空实验视频。

小结:在地球上,乒乓球会浮在水面上,在太空中,它却停留在了水中,那是因为在失重环境下,浮力消失了。

四、整理材料,结束活动

今天我们进行了这么多有趣的实验,其实太空中的奥秘还有很多,正等着你们去探索。航天员在去往太空时要经历"黑障5分钟",身体最大要承受3~4个G的过载,要想成为航天员,不仅要有强健的体魄,还要掌握很多的知识,小朋友们要努力哦!

五、活动延伸

1. 益智区——泡腾片实验。(实验开始前对幼儿进行安全教育:泡腾片不

能直接放入口中,一定要在大人的监护下食用泡腾片)

请小朋友把泡腾片放入水中,观察发生的现象。同时观看太空实验视频,对比试验结果。

结论:在地球上,泡腾片遇水会产生大量的二氧化碳,形成很多的气泡,其浮到水面上便破裂了。通过之前的乒乓球实验,我们知道在太空中浮力消失了,所以这些小气泡就会一直悬浮在水里面。

2. 图书区:制作一个适合自己的锻炼身体的详细计划表,小朋友进行展示并介绍。

附知识链接:

身体过载超过3~4个G是指在火箭发射或飞船返回过程中,由于加速度的急剧变化,航天员的身体会承受巨大的压力。过载超过3~4个G意味着航天员的身体要承受超过自身重量3~4倍的压力,这会对他们的骨骼、肌肉和内脏器官造成极大的负担。在这种情况下,航天员可能会感到呼吸困难、心跳加速,甚至会暂时失去意识。

活动设计:黑龙江省胜利农场幼儿园　王腾飞

科学领域《探秘航天》

设计思想:

航天科技对于许多孩子而言,是一个既宏大又深奥,却极具吸引力的领域。他们怀揣着对航天知识的浓厚兴趣,渴望探索未知的宇宙。为此,我设计了此次活动,根据中班幼儿的年龄特点,鼓励幼儿仔细观察图片,并清晰地讲述所见所闻,同时大胆表达自己的想法和感受。通过生动的视频资料,引领幼儿初步了解航天员是如何历经艰辛抵达太空的,以及空间站中丰富多彩的工作和生活内容。这些内容不仅满足了孩子们对航天探秘的无限遐想,还激发了他们探索宇宙、追求科学真理的热情。

活动目标:

1. 了解航天员抵达太空的过程。
2. 根据图片大胆讲述,能说出航天员在空间站中的工作。
3. 感受航天员的精神,为祖国航天事业的飞速发展感到自豪。

活动准备:

航天员在太空中的图片、关于航天服的动画视频、关于火箭发射的动画视频、"出发去太空"组图;飞船与空间站组合体交会对接的图片、航天员在太空中工作和锻炼的相关视频及图片、"中国航天"的相关图片等。

活动过程：

一、图片导入

1．出示航天员在太空中的图片，组织幼儿讨论，引出活动主题。

2．航天员为什么要上太空？

小结：地球资源紧缺，生态环境被严重破坏，促使科学家关注和思考人类社会的未来发展，把太空作为实现人类可持续发展的方向。

3．航天员是怎样从地球抵达太空的？

二、了解航天员到达太空的过程

1．观看关于航天服的动画视频。

为什么要换上航天服才能上太空？

小结：航天服是专门为航天员设计的服装，可以保障航天员在太空中的安全。

2．观看关于火箭发射的动画视频，了解火箭发射的过程。

火箭发射升空后，发生了什么事？

小结：航天员乘坐的飞船是通过火箭发射到太空中的。火箭在飞行过程中，抛掉逃逸塔，助推器分离，火箭一级、二级分离，随后船箭分离，飞船入轨。

3．出示"出发去太空"组图，帮助幼儿回顾航天员去太空的过程。

三、了解空间站

1．出示飞船与空间站组合体交会对接的图片。

空间站也是一种航天器，它就像太空中的房子，是航天员在太空中工作和生活的"家"。

2．播放航天员在太空中工作的视频及图片。

小结：航天员的工作很辛苦，既要组装、测试空间站的各种设备，又要做实验、给地球上的小朋友讲解太空知识，还要监测自己的健康状况，不能出一点儿差错。

3．欣赏航天员在太空中锻炼的视频。

请小朋友现在模拟一下，航天员在太空中是怎样锻炼的？让我们一起快乐动起来吧！

四、结束环节

为了去太空，航天员们不仅要通过严格的训练，还要忍受寂寞，冒着生命危险，在太空中收集资料、做实验。有了他们的付出，我们国家的航天事业才能迅速地发展。下次活动我们将继续探索航天员在太空中的生活。

五、活动延伸

家园共育：幼儿回家和爸爸妈妈一起查一查，航天员在太空中的生活和我们在地球上的生活有什么不同，具体在哪些方面不一样呢？收集资料，为下一次活动做准备。

活动设计：黑龙江省农垦建三江管理局中心幼儿园　牟超

整合《中国航天员了不起》

设计思想：

《3—6岁儿童学习与发展指南》中社会领域的教育建议指出："向幼儿介绍反映中国人聪明才智的发明和创造，激发幼儿的民族自豪感。"近年来，我国航天事业蓬勃发展，从航天大国迈向航天强国，理应让幼儿为此感到骄傲和自豪。航天员这一职业，长久以来都受到幼儿的羡慕。本次活动旨在引导幼儿深入了解并感受航天员这一职业的真实面貌，明白航天员不仅仅是一个光鲜、亮丽的称号，更是一份需要高度的专业技能、坚韧不拔的精神和无私奉献的态度的工作，从而引导幼儿深刻地理解航天员所承载的荣誉与责任。

活动目标：

1．了解航天员工作的艰辛及伟大。
2．知道航天员在空间站中的工作及生活内容。
3．为祖国航天事业的发展感到自豪。

活动准备：

PPT课件、相关视频和图片。

活动过程：

一、创设情境，迎接神秘来宾

1．小朋友们，今天将有一位神秘来宾，让我们来看一看他是谁。
2．出示航天员的图片。
我们来和航天员打个招呼吧！（引导幼儿说一说航天员的工作）

二、了解航天员的太空生活

1．观看航天员在太空中生活的视频。
谁来说一说，航天员在太空中都做什么呢？
（1）利用特殊的太空环境做实验。
（2）检查和维修航天设备。

（3）利用微重力、强辐射、太阳能等空间资源完成空间加工、制作和开发工作，给人类的生活带来便利。

小结：小朋友们，航天员的工作艰巨且伟大，2021年我们国家成功发射了神舟十三号，创造了中国航天员连续在轨飞行时间的最长纪录，3名航天员在太空舱里工作了183天。航天员翟志刚叔叔在遥远的太空给我们带来了问候，让我们来听听他都说了什么。

2.我们的问题。

小朋友们，你们想知道太空中的哪些问题呢？你们可以自由提问，把问题画或记在纸上，收集起来我们共同寻找答案。

三、争做小小航天员

成为航天员不仅要有很高的学问，还需要顽强的意志和健康的体魄，需要每天都进行特别严格的体能训练。让我们看一下，成为航天员需要做哪些训练吧！

播放航天员训练的视频，幼儿模拟进行训练。

四、活动延伸

搜集成功登上太空的航天员和载人飞船有哪些。

活动设计：黑龙江省农垦建三江管理局中心幼儿园　陈雨婷

社会领域《中国速度》

设计思想：

随着科技的飞速发展，中国高铁以其惊人的速度和卓越的稳定性，已然成为中国速度的代表。中国高铁作为现代科技的杰出代表，其独特的魅力和成就无疑引发了幼儿浓厚的兴趣。中班幼儿对周围世界充满了好奇心和探索欲，通过学习中国高铁的相关知识，不仅可以满足幼儿的好奇心，还能激发他们的爱国情怀和民族自豪感。此次活动通过谈话、知识讲解、视频展示、图片欣赏等多种方式，引导幼儿全面了解中国高铁的特点和意义。

活动目标：

1.了解高铁的优势、特点及中国高铁的发展成就。

2.能用手工制作和绘画等方法，想象并创作有关高铁的作品，提高动手能力和合作能力。

3.增强幼儿的科技探索欲望，并为祖国的进步和发展感到骄傲和自豪。

活动准备：

1. 经验准备：有乘坐交通工具旅行的经验。
2. 材料准备：高铁的相关图片、视频资料；绘画、手工制作材料等。

活动过程：

一、谈话导入

小朋友们,假期的时候你们都乘坐什么交通工具出去旅游了?

幼儿自由讲述。"有的坐……,有的坐……,还有的坐……"

今天,我们要来认识一种速度特别快的交通工具——高铁。

二、高铁知识我知道

1. 高铁的速度——快。

出示绿皮火车与高铁的对比图片,用对比的方法帮助幼儿发现其速度不同。

绿皮火车是蒸汽机车,特点:速度很慢。

高铁的特点:速度非常快。

例如,从北京到广州:

蒸汽机车:要用2天3夜,需要在火车上睡3个晚上。

高铁:早上出发,下午就可以到达目的地,最快只需要7小时16分钟。

请说一说你的感觉,高铁是不是像会魔法一样?

小结:这就是高铁的魅力,它让我们能更快地到达目的地,有效节省了旅途时间。

2. 高铁的先进技术。

除了快,高铁还有一个特点,就是非常稳。有人在高铁的桌板上放了一满杯水也不会洒出来,我们一起来看一看。

观看视频:将一满杯水放在高速行驶的高铁的桌板上,水一路都不洒。

请小朋友说一说自己的观看感受。

3. 科普问答:你知道高铁又快又稳的原因吗?

揭秘:因为高铁有先进的牵引和制动系统,所以跑得既快又稳。

牵引,就像我们用手拉玩具车一样,其给高铁提供前进的动力,让它能够在轨道上快速行驶。高铁的牵引系统通过电力驱动,其使高铁能够稳定、快速地前进。

制动,就像我们踩刹车让车子停下来一样,是高铁在行驶过程中减速或停车的方式。当高铁需要减速或停车时,制动系统会发挥作用,通过摩擦等方式让高铁逐渐慢下来,直到完全停止。

三、中国高铁的力量

1.幼儿观察高铁在各个场景中行进的图片,如下雪天、山路上等。

科普问答:你的家乡有高铁吗?

揭秘:像我们佳木斯这样的高寒地区,也有高铁在运行。虽然这里的冬天很冷,土地会被冻得很硬,但是工程师们没有放弃,使用了特别的技术和材料,确保高铁能在这样的环境中安全地行驶。

2.认识高铁的设计师。

小朋友们,你们知道这么棒的高铁是谁设计出来的吗?我们一起去认识一下吧!

(1)刘文涛和他的团队。他们是一群非常聪明和勇敢的工程师,设计了西延高铁,让它像一条红色的巨龙在黄土高原上飞驰。他们每天努力工作,从早到晚都在思考如何让高铁更快、更稳、更安全。他们真的很棒!

(2)"铁四院"。"铁四院"其全称为"中铁第四勘察设计院集团有限公司",是一个非常有名的高铁设计团队,是中国的骄傲。他们先后设计建成的高标准铁路约占全国投入运营新建高铁里程的三分之二。他们设计的高铁不仅在我们中国大地上飞驰,还走出国门,到了世界各地。

(3)还有一位非常了不起的设计师,她的名字叫梁建英。她带领的团队不仅设计了高速动车组,还创造了世界铁路运营试验最高速纪录,是中国女性的楷模,为她鼓鼓掌吧!

(4)最后,要给大家介绍的是赵斗和他的团队。他们设计了雅万高铁。这条高铁就像一张亮丽的国家名片,让全世界都看到了我们中国高铁的实力。

小结:小朋友们,这些设计师和其团队用集体的智慧和汗水,为我们创造了这么多便利和奇迹,我们应该为这些伟大的设计师感到骄傲。

四、小组活动——我是高铁设计师

1.提供绘画及手工材料,讲解操作规则,幼儿自由选择材料,开始制作。

第一组:绘画——"我心中未来的高铁"。

第二组:手工制作——利用纸盒、颜料、贴纸等合作完成高铁车厢模型。

2.展示与分享。

展示自己的绘画作品或高铁车厢模型,并分享制作过程中的趣事和收获。

小结:今天,我们一起了解了中国高铁的神奇之处——它快得像飞一样,稳得像坐在家里,而且还能在严寒地区正常行驶,真是太了不起了!我们应该努力学习,将来成为像设计师们一样优秀的人才,为我们的祖国贡献自己的力量!

五、活动延伸

将学习高铁知识的乐趣延伸到表演区,通过角色扮演游戏,让幼儿更深入地了解和体验与高铁有关的各种职业。

1.高铁司机：教师提供高铁司机的制服和帽子，设置一个简易的"驾驶台"，幼儿模拟驾驶操作。

2.乘务员：教师提供乘务员的制服，幼儿扮演乘务员，学习如何为乘客提供服务和帮助。

3.安检员：用玩具代替安检设备，幼儿扮演安检员，体验检查乘客的行李和身体的过程。

4.售票员：教师准备车票，让幼儿学习售票的基本流程。

5.乘客：幼儿扮演不同地方、不同需求的乘客，体验乘坐高铁的乐趣。

活动设计：青龙山农场幼儿园　栗凤

大班

社会领域《海上霸主——航空母舰》

设计思想：

大班幼儿对军舰、航空母舰、核武器等方面的知识越来越感兴趣。《3—6岁儿童学习与发展指南》中社会领域的目标指出："知道国家一些重大成就,爱祖国,为自己是中国人感到自豪。"对于幼儿园的孩子来说,他们还不能深刻体会祖国的强大和自己的密切关系,关于军事力量对于国家的重要性的了解,也仅仅停留在表面,所以设计本次活动,旨在从幼儿感兴趣的航空母舰入手,引导幼儿了解我们祖国雄厚的军事力量。

活动目标：

1．了解航空母舰在军事领域的作用,知道航空母舰主要结构的名称。

2．能根据角色合作游戏。

3．感受祖国强大的军事力量,为中国的强大而自豪和骄傲。

活动准备：

PPT课件、航空母舰战斗群贴纸、航空母舰图片每人一张、视频。

活动过程：

一、介绍航空母舰,引起幼儿的兴趣

1．幼儿观看视频。

今天我们要认识一位新朋友,它的样子很威武、很霸气,它被人们称为"海上霸主",是世界上最庞大、最复杂、威力最强的武器之一。你们猜猜,它是谁呢？它就是航空母舰。

你知道我们国家现在有几艘航空母舰吗？它们分别叫什么名字？航空母舰有哪些本领？

2．介绍航空母舰的功能。

（1）航空母舰可以有效维护我国海上合法权益,主要用于攻击水面舰艇和潜艇,打击陆上目标、沿海基地和港口设施。

（2）航空母舰攻击威力大,防护能力强,常与护航舰船——巡洋舰、驱逐舰、护卫舰、潜艇和补给舰等组成航空母舰战斗群,执行作战任务。

（3）航空母舰按担负的作战任务可分为攻击航空母舰、反潜、护航航空母舰和多用途航空母舰。

3．观看航空母舰相关视频。

二、了解航空母舰的结构及航空母舰战斗群

现在我们一起来了解一下航空母舰的主要结构吧！

航空母舰的主体结构包括指挥塔、飞行甲板和下层船舱3部分。

1．请幼儿依据教师的描述在航空母舰图片上圈出这3部分。

指挥塔：工作人员在这里控制方向，指挥空中交通，监视甲板上的活动。雷达和通信设备也安装在这里。

飞行甲板：飞机起降的地方。

下层船舱：主要是生活区、用餐区、燃料仓及动力舱。

2．贴纸游戏：组建航空母舰战斗群。

教师讲述，幼儿寻找对应的贴纸，贴一贴。

核心：1艘航空母舰。

指挥和控制中心：2～3艘防空型巡洋舰或驱逐舰，远程打击地面目标。

扩展防卫圈：2～3艘多用途导弹驱逐舰，协助巡洋舰，具备防空、反潜和反舰作战能力。

警戒和作战：1～2艘攻击型核潜艇，对战水面或水下目标。

补给：1～2艘综合补给舰，为航空母舰战斗群补给燃料、食物和弹药。

3．观看视频。

看完视频，请问你有什么感受？

三、游戏：守护"航空母舰战斗群"

1．介绍游戏玩法：幼儿根据自己的角色任务自由创编动作进行游戏。

2．自由选择"航空母舰战斗群"相关的角色牌，根据角色牌模拟相应的工作。"航空母舰战斗群"成员：

航空母舰：1名幼儿。

防空型巡洋舰或驱逐舰：2名幼儿。

多用途导弹驱逐舰：2名幼儿。

攻击型核潜艇：2名幼儿。

综合补给舰：2名幼儿。

开始游戏，教师创设情境，幼儿模拟航空母舰战斗群守护领土。

小结：我们的祖国日益繁荣昌盛，国防军事力量越来越强大。航空母舰作为军事力量的重中之重，是集陆海空为一体的联合作战平台。航空母舰不仅是国家军事力量的象征，同时也是国家形象的象征。我们为自己是中国人而感到

自豪。

四、我们爱祖国

现在请全体小朋友起立,跟老师一起大声地说:爱国不分大小,人人有责;团结一心,为中华之崛起而奋斗!

五、活动延伸

幼儿和家人一起搜集更多关于航空母舰的资料。

活动设计:黑龙江省农垦建三江管理局中心幼儿园　马蕾

艺术领域《遨游太空》

设计思想:

神秘的太空一直都是幼儿向往的。《3—6岁儿童学习与发展指南》指出:"成人要善于发现和保护幼儿的好奇心。成人可以提供更多机会让幼儿去感受、去想象、去创造,使幼儿的经验得到丰富。"结合大班幼儿的年龄特点,本次活动以幼儿的兴趣为主,充分发挥其想象力,引导幼儿在探索太空奥秘的同时,发现美,创造美,并了解我国第一位进入太空的航天员——杨利伟和神舟五号发射成功的故事,为中国航天科技发展感到骄傲。

活动目标:

1.知道航天员是一个神圣的职业。

2.能运用油水分离法、水拓画等绘画手法表现太空之美。

活动准备:

星空灯、PPT课件、航天员杨利伟照片、丙烯颜料、调色盘、画笔、剪刀、油画棒、湿巾、星空背景板、水拓画材料等。

活动过程:

一、利用星空灯导入

将教室布置成较暗的环境,请幼儿闭眼,打开星空灯后再睁眼。

说一说:你看到了什么?想到了什么?(引出太空相关内容)

二、我了解的太空

1.小朋友们,你认为太空是什么样子的?

在色彩斑斓的太空中,有着大大小小的星球,有我们居住的地球、火红的太阳、光环围绕着的美丽的土星,还有冥王星、火星、水星、木星、天王星等。

2.太空这么美,我们都很想去太空看一看,怎么才能进入太空呢?

3.你们看这位航天员是谁?

杨利伟是我国第一位进入太空的航天员,是我们中国人的骄傲。

4.航天员到太空去做什么呢?

小结:航天员是个神圣的职业,需要掌握很多知识。他们在太空上探索未知的宇宙,寻找新的能源,发展新科技。

三、创作环节——多姿多彩的太空

现在,我们来创作美丽、神秘的太空吧!

1.幼儿自由分组,选择喜欢的创作方式。

第一组:绘制星球。

方法:仔细观察星球的形状、纹理和颜色,用画笔蘸取丙烯颜料,在调色盘上调出自己想要的颜色,画出星球,并用剪刀剪下来贴在星空背景板上。

第二组:利用油水分离法绘制太空。

方法:幼儿用白色油画棒画出星球,再用蓝紫色系的颜料绘制星空。

第三组:水拓画。操作步骤:

(1)准备操作盘、颜料、水、底液、画签、画纸。

(2)在操作盘中倒入作画底液,搅拌均匀。

(3)用画签点入底液。

(4)用画签点入主体颜色蓝色。

(5)加入其他颜色,丰富画面。

(6)用画签在水面挑出造型。

(7)将画纸放入水面,静置几秒,一角揭开取出。

2.作品展示。

(1)请幼儿讲解自己的作品。

(2)幼儿选出自己最喜欢的作品,说一说喜欢的理由。

小结:浩瀚的太空中充满着未知的事物,我们需要不断地对太空进行探索。小朋友,你们长大后也可以成为一名航天员,继续探索太空的奥秘,为我们国家的科技发展贡献自己的力量。

3.整理桌面,自然结束活动。

四、活动延伸

1.引导孩子们给航天员写一封信,表达他们对太空探索的向往和祝福。

2.可以将这些信件收集起来,作为此次活动的纪念,也可以寄给相关的航天机构或航天员,增强活动的真实感和参与感。

活动设计:黑龙江省农垦建三江管理局中心幼儿园　宋若瑶

社会领域《马兰开花》

设计思想：

　　祖国今天的强大离不开老一辈革命家的拼搏与奉献,有必要让幼儿了解历史,感受作为一名中国人的自豪。1957年10月4日,人类第一颗人造地球卫星在苏联成功发射,人类从此进入太空时代。经过几代航天人的不懈努力,我国航天事业取得一系列重大成就。开展此次活动,旨在结合幼儿的兴趣,使其了解卫星研发背后的故事及科学家的伟大精神,学习科学家的聪明、睿智及良好的品质。活动中通过游戏法、问答法等多种方式调动幼儿的兴趣,激发幼儿长大后建设和报效祖国的决心。

活动目标：

　　1.初步了解《马兰开花》这一童谣背后的故事。

　　2.知道一些保守秘密的方法,能够大胆设计属于自己的简单的密码。

　　3.懂得保守秘密是一种良好的品质。

活动准备：

　　PPT课件、保密誓词卡片、纸、笔。

活动过程：

一、游戏导入

　　组织幼儿开展"马兰开花"游戏。

　　这个游戏叫什么名字呢?你知道它的由来吗?

　　小结:这个游戏叫作"马兰开花",是根据童谣《马兰开花》改编的,其源于我国第一颗原子弹爆炸时的信息传递。让我们一起来看一看吧!

二、幼儿破解密码

　　幼儿观看PPT课件,了解马兰开花的故事。

　　1.观看故事的前半段——故事背景。

　　根据当时的情况,科学家们需要用密语传递信息,确保资料不被泄露。如果是你,你会想到什么办法?

　　2.观看故事的后半段。

　　科学家们想到了什么办法?"小皮球"代表什么?"马兰"代表什么?"二十一"又代表什么?如果当时资料被泄露了,那么会发生什么样的事情?

　　小结:我国第一颗原子弹爆炸成功离不开科学家们的不断钻研与尝试,更

离不开他们的精诚团结与严守秘密。通过这个故事我们知道:一名合格的社会人,不仅要学识渊博,诚实守信、保守秘密也是必不可少的优良品质,这也是我国公民应尽的义务。

三、密码的种类

1．除了这种用名词替代密码的方式,你还知道其他种类的密码吗?

2．观看课件(关于密码的种类)。

摩斯密码、猪圈密码、维热纳尔方阵、跳舞的小人、四方密码、棋盘密码、三分密码、培根密码等。

四、我的专属密码

1．国家的秘密是我们必须保守的,我们小朋友要诚实守信,因为秘密是不能外传的。今天老师带来了一个机密资料,它只属于我们班级小伙伴,请你们来设计一个专属密码,想一想,可以用什么样的方法在我们之间传递信息?

2．幼儿进行设计。

3．利用自己设计的密码尝试传递信息。

小结:保守秘密是诚信和责任感的体现,是对承诺的尊重和对责任的承担。我们需要学会信任同伴,并与同伴建立友好的关系,学会尊重他人的隐私和秘密,从而加深与同伴之间的友谊。

五、保密誓词

1．教师向幼儿介绍保密誓词的意义,并示范如何宣读保密誓词。

2．每个幼儿拿起自己的保密誓词卡片,跟随教师一起宣读,表达自己保守秘密的决心。

小结:我们的前辈为了祖国的繁荣昌盛做出了很多贡献,作为祖国的下一代,祖国的未来属于我们。我们要努力学习本领,为祖国的强大贡献力量!

六、活动延伸

与家人一起了解我国研发原子弹的艰难历程,感受祖国的日益强盛与伟大。

活动设计:黑龙江省农垦建三江管理局中心幼儿园　　王晶

科学领域《发射吧,火箭》

设计思想:

《3—6岁儿童学习与发展指南》中社会领域的目标指出:"知道国家一些重大成就,爱祖国,为自己是中国人感到自豪。"中国载人航天事业一次次地创造

辉煌,火箭、飞船、航天员、太空等也成了小朋友们热议的内容。大班幼儿喜欢接触新事物,对未知领域充满好奇。因此,设计本次活动,抓住幼儿对火箭升空的好奇心和探究欲望,通过有趣的实验操作,让幼儿在实验过程中了解火箭发射的原理,并在操作中发展动手能力,满足幼儿科学探究的欲望,进一步激起其对航天科技的兴趣。

活动目标:

1. 简单了解火箭的相关知识与发射原理。
2. 尝试制作小火箭,并完成发射实验,提高幼儿的动手能力。
3. 满足幼儿科学探索的兴趣,使其向往努力发展祖国航天事业。

活动准备:

手机通信等的相关图片、火箭发射过程的视频、气球、打气筒、线、吸管、夹子、双面胶。

活动过程:

一、谈话导入,引出活动主题

与别人通话时,是怎样将自己的声音和图像传输到对方的手机里面的?

出示打电话或视频连线的图片。

小结:这些行为都离不开卫星的帮助,手机信号在某些时候是需要通过远在太空之中的卫星进行传输的,而卫星和太空中的其他许多物品都是需要火箭的帮忙才能够进入太空中的。

二、了解火箭发射的基本过程

1. 火箭是什么?有什么用?

火箭具有强大的推力,可以带着卫星、飞船、探测器、空间站等各种各样的航天器,突破地心引力的束缚进入太空。它是目前唯一可以将物品运载到太空中的飞行器,所以说它是人类开展航天活动的运载工具。

2. 火箭从发射到进入既定轨道完成任务,都经历了哪些过程?这些操作都是由谁来完成的呢?

观看火箭发射过程的视频。

小结:再先进的机械都离不开人类的操作,火箭发射也不例外,其需要地面的工程师进行实时的监控和操作分离等。

三、气球火箭实验,感受火箭发射的过程

小朋友们,我们已经简单了解了一些关于火箭的知识,接下来就让我们一起走进神秘的科学世界,一起来制作属于我们的小火箭吧!

1.出示实验材料,并进行操作演示。

(1)先用打气筒将气球充满气,并用夹子对气球口进行固定,避免气球漏气。

(2)将一段吸管贴在气球的一侧,吸管口要对着气球口的一侧。

(3)将线的一端固定在高处,将线的另一端穿过吸管并拉直。

(4)火箭发射准备就绪,松开固定在气球口的夹子,气球火箭发射成功。

2.解析实验原理。

小朋友们,你们知道气球火箭为什么能飞出去吗?

小结:这是牛顿第三定律,也就是作用与反作用定律的魔法。当气体从气球中喷出来时,气球就会因为反作用力而向与喷出气体相反的方向飞出去,这与真正的火箭升空的原理是一样的。

3.幼儿进行实验操作,教师巡回指导。

4.幼儿整理实验物品,结束活动。

四、致敬航天人

我国航天事业从无到有,从弱到强,已经有近70年的历史。几代中国航天人刻苦训练,科学家不断创新,才取得众多辉煌成就。你们想对那些默默奉献的中国航天人说些什么呢?让我们一起向为了中国航天事业奋斗的人致敬!

五、活动延伸

家园共育:幼儿与家长查找关于我国火箭的相关资料,并进行记录。

活动设计:黑龙江省农垦建三江管理局中心幼儿园　卢珺

社会领域《厉害了　我的国》

设计思想:

近年来,我国在经济、军事等方面都展现出强大的综合国力,备受世界关注。作为中国人,拥有民族自豪感、民族自信心尤其重要。《3—6岁儿童学习与发展指南》中社会领域的目标明确指出:"知道国家一些重大成就,爱祖国,为自己是中国人感到自豪。"设计此次活动,旨在借助多媒体课件、互动游戏等教学手段,层层递进地让幼儿在视听活动中亲身感知国富民强的社会氛围,将高科技知识通俗化,通过以小见大的方式进行渗透,逐渐引导幼儿培养民族自豪感。

活动准备:

PPT课件、人手一个iPad、相关视频。

活动目标：

1. 了解我国日新月异的变化，培养幼儿对科技创新的兴趣。

2. 尝试利用互联网互动，鼓励幼儿大胆讲述现代科技发展给生活带来的便捷。

3. 积极参与游戏，感受游戏的乐趣，激发幼儿的民族自豪感。

活动过程：

一、导入部分

1. 引导幼儿观看视频，感受战乱中人们的不幸生活。

视频里的小朋友是怎样的？

2. 幼儿观看PPT，感受战乱中的孩子和幸福生活的中国小朋友的不同。

二、观看视频，感受我国军事力量的强大

1. 观看解放军三军仪仗队的相关视频，感受铁血军人的飒爽英姿。

2. 观看中国武器的相关视频，感受中国现代化武器的震撼。

小结：在中国人民解放军的保卫下，我们的祖国和平美好，人们生活得幸福安康。

三、介绍我国现代高科技产品，感受中国科技的强大

1. 教师根据视频讲解高铁相关知识，引导幼儿感受高铁的世界影响力。

2. 观看PPT，了解网购和电子支付，感受支付宝及快递的便捷，并指导幼儿用iPad操作个别软件。

3. 观看PPT，展示共享单车。

（1）教师介绍共享单车。

（2）幼儿体验扫码解锁共享单车，并扫码支付、还车。

小结：小朋友们，我们生活在一个和平、伟大的国家，祖国的强大给了我们温暖幸福的生活。其实，还有很多国家的孩子生活在战争和饥饿中，过着缺衣少食的日子。作为中国的娃娃，我们多么幸福和骄傲呀！要珍惜现在的幸福生活，努力学本领，长大把祖国建设得更强大！

四、活动延伸

家园共育：幼儿与父母一起寻找生活中的高科技产品。

活动设计：黑龙江省农垦建三江管理局中心幼儿园　李雨珊

科学领域《火神"祝融"》

设计思想：

浩瀚的宇宙对幼儿来说是神秘的，探秘太空是大班幼儿常常热议的话题。为保护幼儿的好奇心，幼儿园开展了一系列太空探秘活动。设计此次活动，旨在引导幼儿在活动中体验和探索、实践和创新，最终达到团结合作，以及沟通与协调能力的提升。在引导幼儿体验的同时，开阔幼儿的国际化视野，激发幼儿作为中国人的自豪感，坚定建设祖国的信念。

活动目标：

1. 通过对中国火星探测器的认识，感受中国在航天科技方面的探索与努力。

2. 认识中国火星车祝融号，知道其名称和用途，以及其对中国航天探测研究做出的贡献。

3. 激发幼儿探索宇宙的好奇心，为祖国航天成果感到自豪。

活动准备：

火星图片和视频、祝融号相关图片和视频、乐高玩教具、废旧纸板、胶水、图画纸、彩笔等。

活动过程：

一、观看视频（关于火星景观）

视频中的星球是什么星球？你知道我们是怎样得到这些珍贵的视频资料的吗？

二、了解祝融号

观看祝融号登陆火星的视频。

小结：2021年5月15日，天问一号火星探测器经历了296天的太空之旅后，携带祝融号火星车及其着陆组合体，成功地降落在火星北半球的乌托邦平原南部，实现了中国航天史无前例的重大突破，祝融号也成了中国首个火星巡视器（火星车）。

1. 祝融号名字的由来。

为什么这个火星探测器叫祝融号呢？

宇宙承载着中国人民千百年来的向往。从"神舟"到"嫦娥""玉兔"，再到"天宫""天问"，中国人民把对遥远星空和未知宇宙的无尽憧憬寄托在这些美好的名字上。

火的应用促进了人类文明的发展,它驱散了黑暗,给人类带来温暖,而祝融是我国上古神话中的火神,因此把火星车命名为"祝融号",寓意点燃我国星际探测的火种,指引人类对浩瀚星空、未知宇宙的接续探索和自我超越。

2. 观看图片,了解祝融号的具体构造。

你知道祝融号的构造吗?

小结:祝融号是天问一号任务火星车,高1.85米,宽3.2米,配备了先进的主动悬架,具有蠕动、抬轮、车体升降等多种运动模式。它看上去像一只美丽的蓝色闪蝶,4只翅膀是用于能源供给的太阳能电池板,其携带多种科学载荷,质量达到240千克左右。

三、设计我心目中的火星车

1. 祝融号成功登陆火星标志着我国航天事业取得了又一重大成就,表明我们中国人有能力走出地球,迈向深空。作为中国人,我们为祖国的强大和科学家的努力而骄傲,今天我们也来做一回小小科学家,设计一款属于我们自己的火星车。

2. 幼儿分组操作。

(1)绘画。

(2)拼搭乐高。

(3)利用废旧纸板制作火星车。

(4)为自己设计的火星车命名,并讲述其含义。

3. 幼儿展示。

介绍火星车,体会成功的快乐。

四、活动延伸

家园共育:家长引导幼儿了解更多的太空知识,激发幼儿探索宇宙奥秘的兴趣。

活动设计:黑龙江省创业农场幼儿园　刘莎莎

世界地球日主题班会活动方案建议

指导思想：

4月22日是世界地球日，设立此节日，旨在唤起人类爱护地球、保护家园的意识。幼儿园此次开展以"珍爱地球，呵护家园"为主题的活动，提倡全民参与到环保行动中来，通过绿色低碳的生活方式，促进资源开发与环境保护的协调发展，从而改善地球的整体环境，保护生态环境与生物多样性，让我们的地球妈妈越来越好。

活动主题：

"珍爱地球，呵护家园"。

活动目标：

* 知道世界地球日是哪一天。

* 了解地球对人类的重要意义及人类面临的环境危机。

* 行动起来，承担起保护地球妈妈的责任，还地球美好。

* 懂得保护地球是每个人的责任，从小树立环保意识，积极保护环境。

活动形式建议：

主题班会、亲子活动、社会实践活动。

活动时间：

4月。

活动内容建议：

1. 通过儿歌认识地球，发现地球现存的问题。

· 学习儿歌《地球生病了》。

地球上有什么？卫星图片上显示的地球是一个蓝色的大圆球，地球上有海洋和遨游的海洋生物，有清澈的河流、高山、可爱的动物，还有可爱的小朋友。

可是……

我们的地球"脏"了，人类丢弃垃圾造成了河流污染。

我们的地球"化"了，全球气候变暖，北极熊、企鹅的家在慢慢变小。

我们的地球"臭"了，空气中有难闻的气味。

·了解地球生病的原因:环境污染、人类过度捕捞等。
2.保卫地球行动——"珍爱地球,绿色童行"。
·问——为什么要垃圾分类呢?
垃圾分类以后可以回收利用,有价值的废旧资源可以变废为宝,还可以减少污染,保护环境呢!
·观——看保护地球的电影。
在日常生活中,孩子们有许许多多的疑问,带着这些疑问,师幼可以共同观看有关自然灾难的影片。
·学——多样探索。
教师通过生动有趣的活动向幼儿传授有关地球的知识,直观、形象地让幼儿感知地球的基本形态。
·用——水源巧利用。
让幼儿将环保意识传递给家人,倡导每个家庭开展"节约用电一小时""水的二次利用"等活动。
·玩——光影游戏。
在太阳的照射下,地球的公转和自转给我们制造了好玩的影子游戏,引导幼儿产生探究自然光和人造光的兴趣,发现与地球有关的秘密。
·护——保护地球。
根据各年龄段的特点,开展多种形式的活动,鼓励幼儿从身边的小事做起,化身环保小分队,进行垃圾清理。虽然幼儿做的只是一些小事,但绿色的种子已然根植在他们幼小的心灵中。
·绘——画地球。
每个孩子都是天生的艺术家,引导幼儿将童真的想法表达出来,用他们灵巧的手绘出地球,诠释自己保护地球的愿望,如"我要给地球妈妈戴上最美丽的小花头饰""我要给地球妈妈穿上漂亮的绿裙子"。
·唱——歌颂地球。
歌颂地球,你我同行。地球是我们人类的家园,地球妈妈养育了我们,也养育了一切生物,指导幼儿用动人的歌曲表达对地球妈妈的爱。
·阅——地球。
地球资源不是取之不尽,用之不竭的,任意破坏、伤害地球其实也是在伤害人类自己。幼儿从绘本中可以看到地球的壮丽与脆弱,教师鼓励幼儿成为地球的守护者,珍惜大自然的馈赠,和动物、植物做朋友,共同保护地球。

3."保护地球"儿歌宣传。

·《环保拍手歌》:

你拍一,我拍一,环境保护我第一。

你拍二,我拍二,爱护小草和小花。

你拍三,我拍三,别让垃圾堆成山。

你拍四,我拍四,墙上不能乱涂划。

你拍五,我拍五,江河湖流要保护。

地球妈妈我的家,争做环保小卫士。

·《保护地球》:

青青的草,不要踩。

绿绿的树,不要摇。

红红的花,不要摘。

美丽的地球妈妈,要保护。

4."世界地球日"倡议书。

亲爱的家长、老师、小朋友们:

地球是我们唯一的家园,营造安全、健康、温馨的家园,是每一个公民的责任,更是我们应尽的义务。每个人都要积极行动起来,保护我们美丽的家园。202×年4月22日是第( )个世界地球日,让我们一起大手牵小手,从现在做起,共同保护我们的家。

在此,×××幼儿园倡议全园家长、老师、小朋友们快快行动起来,从我做起,从身边的小事做起,保护土地,珍惜资源,爱护地球妈妈!让我们共同建设美丽家园,一起成为地球小卫士吧!

(1)绿色出行低碳生活。

提倡幼儿和家长上学、放学或节假日出行,多走路、骑单车,提倡低碳出行,可以照片或视频的方式在班级群内分享给同伴和老师。

(2)不乱扔垃圾,不乱喷洒农药,多种花草树木。

(3)珍惜地球资源,节约用水:

①洗脸、洗手、刷牙时请间断性开水龙头,建议使用节水龙头。

②一水多用:用盆接洗脸水、洗衣服水、洗菜水,用来冲厕所。淘米水、煮过面条的水,可以用来洗碗筷。养鱼的水可以浇花,能促进花生长。

③节约用电:人走灯灭,光线充足的情况下建议不使用电灯。

在我们尽情享受幸福生活的同时,请以感恩之心对待大自然,担负起保护地球的责任,地球越来越好才更适合人类生存,人类的未来才会更加美好。让我们快快行动起来吧!

清明节主题班会活动方案建议

指导思想：

　　清明节是我国四大传统节日之一，也是二十四节气中的第五个节气，是为革命先烈和已故亲人扫墓的日子，更是进行家庭教育引导及培养孝道的好时机。清明节的一些习俗有丰富的文化内涵和教育意义，开展清明节系列教育活动，可以了解中华传统文化，引导幼儿学习革命烈士的高贵品质，增强爱国情感和社会责任感，懂得感恩，树立长大后建设祖国的理想。

活动主题：

　　"清明时节传孝道"。

活动目标：

　　* 了解清明节的来历，知道清明节的习俗。
　　* 敬仰、怀念革命烈士，珍惜今天的幸福生活。
　　* 弘扬中华传统美德，进一步培养幼儿爱祖国的美好情感。

活动形式建议：

　　主题班会。

活动时间：

　　4月。

活动内容建议：

　　1.了解清明节的由来。

　　每年4月5日左右是清明节，它是二十四节气中的第五个节气，是人们祭奠先祖的日子，这一天人们为革命先烈和死去的亲人扫墓。

　　与其他节气不同，清明除了是节气外，还是相传已久的中国传统节日。二十四节气中只有清明既是节气又是节日，它和春节、端午节、中秋节并称为中国四大传统节日。

　　清明节气共有15天，象征着春天到来，时间在春分之后，清明一到，气温升高，雨量增多，正是春耕春种的大好时节。因此人们常说，"清明前后，点瓜种豆""植树造林，莫过清明"。

2．了解清明节的习俗。

·扫墓祭祖。

扫墓是清明节最重要的习俗之一，这一习俗彰显了中华民族尊老敬祖的传统美德。每到这一天，人们会前往祖先的墓地添土等，表达对逝去亲人的怀念和尊重，也会到革命先烈的墓前缅怀，追念革命先烈的英雄气节。

·踏青。

踏青也叫春游，是清明节期间外出郊游的一种活动。此时春回大地，万物复苏，正是欣赏大自然美景的好时节。踏青的习俗有助于增进人们对自然的热爱和保护环境的意识。

·放风筝。

清明节人们最喜爱的活动还有放风筝。古人认为放风筝可以放走自己的秽气，人们在风筝上写下疾病、灾难等不吉利的事情，然后把风筝放飞到高空，再剪断风筝线，寓意着让这些烦恼随风而去。此外，放风筝还有助于锻炼身体和增加乐趣。

·植树插柳。

清明前后气温升高，雨水增多，正是种树好时机，因此自古以来就有清明植树的习惯，并且一直流传至今，成为一项重要的环保措施和社会公益活动。古人插柳的习俗与避免疫病有关，人们在门楣或屋檐上插上新折的柳枝，以驱邪避凶。同时，柳树也象征着春天的到来和旺盛的生命力。

·吃青团。

江南水乡一带清明节有吃青团的习俗。"青"字寓意春天来临，代表着生机勃勃；"团"则象征团团圆圆、阖家欢乐。

·传统活动。

除了以上几种主要习俗外，还有一些传统活动，如荡秋千、蹴鞠、射柳、斗鸡、拔河等。这些活动不仅丰富了节日的文化内涵，还寄托了人们对健康、幸福生活的美好愿望，以及对勇敢拼搏精神的追求。

3．认识死亡，尊重生命。

·阅读绘本《一片叶子落下来》。

对于年龄还小的幼儿来说，也许难以理解死亡。这本绘本用叶子在自然中的轮回讲述了生命这一主题。幼儿一起参与叶子的生命之旅，感受其中蕴含的道理。

·讲述赵一曼等英雄的故事，播放哈尔滨东北烈士纪念馆的相关课件。

我们今天的幸福生活是无数革命先烈用生命和鲜血换来的，他们的精神永远值得我们学习。我们不应该忘记他们，要继承他们的遗志和革命精神为祖国

做贡献,做一个正直、勇敢、无私的人。

4. 清明文化。

- 食文化。

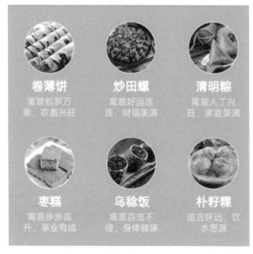

- 书画作品：《清明上河图》。
- 清明相关诗词：《清明》《长安清明》《清明日宴梅道士房》《清明即事》《清明夜》《清明日忆诸弟》《清明日》《清明日独酌》《清明日对酒》《清明日感怀》《满庭芳·清明》《汴梁清明》。

5. 清明花木。
- 清明花信：一候桐花，二候麦花，三候柳花。
- 时令花木：紫丁香、琼花、紫藤、蝴蝶花、牡丹、锦绣杜鹃、绣球、樱花、垂丝海棠、白及。

6. 清明节的相关节日。
- 寒食节的由来及习俗。

清明节和寒食节都是中国传统节日，寒食节是清明节的前一天。春秋时期，介之推不食君禄隐居绵山，晋文公为了逼他出山，放火烧山，结果把介之推烧死了。晋文公为了纪念介之推，下令每年在介之推死的那一天禁火，人们只吃冷的食物，以寄哀思。这就是"寒食节"的由来。寒食节的习俗主要包括禁烟火、只吃冷食，以及祭扫、踏青等。

- 清明彩蛋的由来。

随着时间的推移，寒食节的禁火、只吃冷食等习俗逐渐被清明节吸收和融合。如今二者已经合二为一，成为一个节日。清明节画彩蛋就来源于寒食节。因为寒食节不能生火，要吃冷食，所以可以提前做好煮鸡蛋，留到寒食节当天食用，清明节吃鸡蛋的习俗就这样流传了下来。

- 彩蛋的制作工序。

在蛋的侧面或一端钻一个小孔，抽出蛋白和蛋黄，就可以在蛋壳上进行彩绘或镂刻了。把画完的彩蛋粘在裱糊丝绸的板子上或红木座上，外面加上玻璃罩封存。幼儿展示作品，用完整的语言讲述自己的创意。

- 玩鸡蛋。

请幼儿自由探索鸡蛋的多种玩法，看看谁的玩法多。

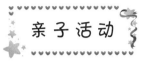

世界读书日亲子活动方案建议

指导思想：

爱读书的孩子语言能力及理解能力强,可以为将来学习其他科目奠定良好的基础。幼儿园与家长一起,为幼儿架起阅读的桥梁,帮助幼儿进入奇妙的书本世界,探索世界的广博,开阔眼界。因此,以"世界读书日"为契机开展此次亲子活动,激发幼儿的阅读兴趣,为幼儿语言能力的发展奠定良好的基础。同时,以《流浪狗》为阅读对象,开展亲子读书会,帮助幼儿培养保护弱小动物的意识、责任心和爱心。

活动主题：

"让我们在阅读中一起成长"。

活动目标：

* 培养幼儿对阅读的兴趣,养成良好的阅读习惯,提高阅读能力。

* 促进家长对早期阅读的重视,指导家长掌握亲子共读的方法。

* 通过绘本《流浪狗》亲子共读活动,让幼儿获得更丰富的阅读体验。

* 了解和感受流浪狗的艰难处境,激发幼儿保护弱小动物的意识,培养幼儿的责任心和爱心。

活动形式建议：

亲子活动。

活动时间：

4月。

活动内容建议：

1.共同梳理"世界读书日"的由来,了解设立"世界读书日"的原因。

"世界读书日"全称为"世界图书与版权日",又称"世界图书日"。1995年,联合国教育、科学及文化组织(简称联合国教科文组织)宣布4月23日为"世界读书日",致力于向全世界推广阅读、出版和对知识产权的保护。每年的这一天,世界100多个国家都会举办各种各样的庆祝活动和图书宣传活动。

2. 建议创设温馨的家庭读书环境。

·共建"一平方米"书屋。

家长和幼儿一起设立"一平方米"书屋,让幼儿拥有一个属于自己的温馨的阅读小天地。

·设计、制作"每日阅读贴贴卡"。

制订家庭读书计划,梳理阅读书目,设计"每日阅读贴贴卡",每天亲子阅读20~30分钟,幼儿自主记录是否完成,养成读书习惯,让亲子阅读成为家庭的好习惯。

·制作亲子共读手抄报或"我的第一本书"。

向幼儿介绍图书的基本结构(封面、扉页、目录、正文等),引导幼儿自主设计一本书。幼儿可以在读书时将喜欢的内容剪或画下来,排版成册,展示分享给其他伙伴,便于幼儿参与讲述活动。

3. 倡导家长阅读修身。

家长是孩子的第一位老师,应做好孩子读书的表率。

·选择好书,坚持阅读。每天至少抽出30分钟时间读书,并主动和幼儿交流读书心得,言传身教。

·陪伴幼儿诵读经典,爱上传统文化。

·引导幼儿学以致用,结合生活做到知行合一。"纸上得来终觉浅,绝知此事要躬行。"

·定期带幼儿逛书店,使其爱上图书。

4. 图书漂流。

·在班级开展图书漂流活动,请幼儿自主制定规则及要求等。

·对幼儿从家中带来的图书进行登记、编号,方便幼儿离园时自由选取图书带回家和爸爸妈妈一起阅读,让书海"复活"。

5. 开展共读一本书活动,比如《流浪狗》。

流浪狗该如何收治,一直是一个严峻的问题,美国凯迪克大奖绘本《流浪狗》也许能给大家带来一些启发。共读一本书主题活动可设计4个环节:亲子手工、派发绘本、亲子共读、亲子游戏等。

6. 好书推荐。

教师以"世界读书日"为契机开展"好书推荐"活动,指导家庭多读书、读好书。

·3~4岁幼儿如何选书?

3~4岁的幼儿正处于语言爆发期,对颜色鲜艳的图画和重复的语言非常感兴趣,父母在选书时最重要的原则就是选择图文结合的图书。另外,此年龄段的幼儿自我意识渐强,常常遇到一些生活难题而影响情绪,可以选择一些控制情绪、习惯养成方面的绘本,帮助幼儿提高解决问题、管理情绪的能力。

推荐书目:

《和甘伯伯去游河》(接纳与宽容);

《动物绝对不应该穿衣服》(观察与发现);

《鳄鱼怕怕 牙医怕怕》(消除恐惧);

《100层的巴士》(想象力);

《阿文的小毯子》(分离、焦虑);

《不睡觉世界冠军》(哄睡);

《胡萝卜种子》(坚持与自信);

《你愿意做我的朋友吗?》(社会交往);

《母鸡萝丝去散步》(安全教育);

《鳄鱼爱上长颈鹿》(爱的表达)。

·4~5岁幼儿如何选书?

4~5岁的幼儿专注力明显提升,想象力丰富,有了强烈的归属感和秩序感,理解能力也在上升,因此在选择绘本时可以拓宽类别,如逻辑思维类、社交类、科普生活类、传统文化类的图书都可以尝试。

推荐书目:

《打瞌睡的房子》(节奏感);

《雪人》(培养美感);

《不一样的卡梅拉》(冒险);

《环游世界做苹果派》(乐观);

《牙齿大街的新鲜事》(习惯养成);

《糟糕,身上长条纹了!》(自我认同);

《我的兔子朋友》(宽容);

《鸭子骑车记》(勇气);

《鸭子开车记》(好奇心);

《彩虹色的花》(分享)。

·5~6岁幼儿如何选书?

5~6岁的幼儿阅读习惯已经养成,读书成为生活的一部分。这个年龄段的幼儿抽象思维、逻辑思维开始萌芽,可以阅读一些桥梁书,帮助幼儿完成从图画到文字符号的过渡。

推荐书目：

《穿靴子的猫》（冒险）；

《奥莉薇》（自我认知）；

《爱心树》（成因）；

《神奇校车》（自然科学）；

《玛修的梦》（梦想）；

《神奇的色彩女王》（培养美感）；

《爱打嗝的斑马》（幽默）；

《臭毛病》（教养）；

《小黑鱼》（团结）；

《三只小猪》（安全教育）。

· 家长好书推荐：

《3~6岁儿童学习与发展指南》（首都师范大学出版社出版）；

《培养孩子从画画开始》（鸟居昭美）；

《行之有效的正面管教工具》（甄颖）；

《谁拿走了孩子的幸福》（李跃儿）；

《好妈妈胜过好老师》（尹建莉）；

《爱和自由》（孙瑞雪）；

《家园合作 共育新苗》（徐立芬）；

《给孩子最好的礼物》（肖川）；

《你就是孩子最好的玩具》（金伯莉·布雷恩）。

· 教师好书推荐：

《0~8岁儿童学习环境创设》（朱莉·布拉德）；

《自主游戏：成就幼儿快乐而有意义的童年》（董旭花、韩冰川、阎莉等）；

《给童年"留白"》（胡华）；

《童年的秘密》（玛利亚·蒙台梭利）；

《给幼儿教师的一把钥匙》（王化敏）；

《捕捉儿童敏感期》（孙瑞雪）；

《爱的教育》（埃迪蒙托·德·亚米契斯）；

《儿童的一百种语言》（卡洛琳·爱德华兹）。

好书会成为孩子一生的陪伴。读书可以让孩子收获快乐。让我们和"小书虫"一起，走进书的世界，一路收获美好和成长，让好习惯催化读书的种子生根、发芽、开花、结果！

五月
中国力量

小班

社会领域《美丽的国旗》

设计思想：

"爱国"这个话题，对于幼儿园的孩子来说比较抽象，他们还没有更深层次地了解该如何热爱祖国。国旗是幼儿熟悉的，是一个国家的重要象征，了解自己祖国的国旗也是幼儿爱国的重要表现之一。因此，根据小班幼儿的年龄特点以及本班幼儿的现状设计此次活动，让幼儿认识、了解国旗，懂得升旗礼仪，感受升国旗时的庄严和雄壮，萌发爱国情感。

活动目标：

1．了解中国国旗的特征，知道尊重、爱护国旗。

2．能正确用剪、贴的方式制作国旗，知道升国旗的礼仪。

3．感受中国国旗升起时庄严肃穆的氛围，萌发自豪感和爱国情感。

活动准备：

1．经验准备：《歌唱祖国》手势舞。

2．材料准备：一次性筷子、固体胶、红色手工纸、PPT课件、相关视频和图片。

活动过程：

一、开始部分

1．欣赏《歌唱祖国》手势舞，激发幼儿的学习兴趣。

这首好听的歌曲歌颂了我们伟大的祖国，歌曲中唱到了五星红旗，我们一起来看一看吧！

2．出示图片，引导幼儿观察国旗，描述国旗的特征。

国旗是什么颜色的？

国旗是什么形状的？

国旗上有什么图案？一共有几颗五角星？

小结：五星红旗是中国国旗，旗面是红色的，象征着国旗是用革命烈士的鲜血染红的，形状是长方形的，国旗上面有一颗大五角星和四颗小五角星，四颗小五角星环抱着一颗大五角星。

二、基础部分

1. 师幼讨论在日常生活中如何尊重和爱护国旗。

我们不能在国旗上涂涂画画,不能踩踏国旗,不能随便裁剪国旗。

2. 播放升国旗的视频,启发幼儿思考在升国旗的时候应该注意哪些行为,同时感受升国旗时的庄严和神圣。

视频里的人在做什么呢?

仔细看一下,他们在升国旗的时候是怎样做的呢?

你们看完升旗仪式后有什么感受?

我们在升国旗的时候应该怎么做呢?

小结:升国旗的时候要立正、脱帽,向国旗行注目礼,不能随便说话,不能和小伙伴打闹。

3. 提供制作手工国旗的材料,组织幼儿粘贴国旗。

(1)明确制作方法和要求。

(2)作品展示。

小结:小朋友们,让你手中的国旗也升起来吧!让我们一起感受国旗的美丽吧!(小朋友们将作品举起来合照留念)

三、结束部分

欣赏我国运动员在奥运会赛场上获得冠军后升国旗、奏国歌的视频,感受国旗升起时中国人的自豪。

小结:当中国国旗在奥运会赛场上冉冉升起的时候,我们全体中国人都感到无限光荣和自豪。

四、活动延伸

搜集关于国旗诞生的故事。

活动设计:黑龙江省勤得利农场幼儿园　李万影

艺术领域《我们的国歌》

设计思想:

我们幼儿园每周一都举行升旗仪式,每当国歌响起,幼儿的自豪感油然而生,激发了幼儿心中的正能量。《3—6岁儿童学习与发展指南》中艺术领域的教育建议指出:"欣赏和回应幼儿的哼哼唱唱……了解并倾听幼儿艺术表现的想法或感受。"因此,根据幼儿的年龄特点和已有经验设计此次活动,引导幼儿了解国歌《义勇军进行曲》,并结合每周一幼儿参加升旗活动的经验,学习升国旗、奏国歌的礼仪,跟着旋律骄傲地唱歌,激发幼儿的爱国情感。

活动目标:

1. 了解国歌的名称、创作背景和意义。
2. 学唱国歌,激发爱国情感。
3. 培养幼儿对国家、国歌的尊重意识。

活动准备:

国旗、天安门升旗仪式视频、国歌音频。

活动过程:

一、导入部分——感知国歌旋律

聆听国歌音频,感受歌曲庄严激昂的旋律。

小朋友们,你们在哪里听过这首歌?当你听到这首歌时,会有什么感觉呢?

小结:这首歌是中国国歌《义勇军进行曲》,它是中国的象征和标志,是属于我们中国人的歌。歌曲雄壮有力,代表着我们中国人的精气神,每个中国人都要学会唱国歌。

二、感受国歌旋律,初步学唱国歌

1. 欣赏国歌,请幼儿说一说,应该用什么样的感情去倾听、学唱国歌?
2. 教师关注幼儿听国歌时的状态,提醒幼儿身体立正,认真倾听,庄严肃穆。
3. 再次播放国歌,幼儿跟唱。

三、尊重国歌

1. 了解国歌和国旗的关系。

(1)教师讲解关于国歌的故事。

(2)每当举行升旗仪式时,都会奏响国歌。国歌和国旗都承载着深厚的民族精神。国歌通过激昂的旋律和鼓舞人心的歌词,激发人们的爱国情感和民族自豪感;国旗通过鲜明的色彩和图案,展示国家的形象和尊严。

2. 鼓励幼儿大胆说出升国旗、奏国歌时的礼仪(要肃立、脱帽、行注目礼)。
3. 观看天安门升旗视频。
4. 幼儿现场体验升旗仪式,教师巡回指导。

四、活动延伸

家园共育:利用网络欣赏多种场景的升旗仪式,家长带领幼儿跟唱国歌、立正、行注目礼。

附国歌由来的相关知识:

心田启蒙：播种爱的种子

　　1931年，日本帝国主义发动九一八事变，无数中华儿女奋起反抗。中国著名剧作家和词作家田汉深感民族危亡，决定创作一部以抗日救亡为主题的电影剧本《风云儿女》，在创作过程中写下了《义勇军进行曲》的歌词，然而不久他就被捕入狱了。中国著名音乐家聂耳读到田汉的歌词深受感动，决定为其谱曲。1935年，《义勇军进行曲》作为电影《风云儿女》的主题曲在上海金城大戏院首次唱响，随之迅速传遍祖国大江南北，这首歌成为中华民族反抗日本帝国主义侵略的战斗号角，鼓舞无数中华儿女投身抗日救亡运动。中华人民共和国成立后，《义勇军进行曲》被正式确立为中华人民共和国国歌。

活动设计：黑龙江省洪河农场幼儿园　杨晨

语言领域《红军帽》

设计思想：

　　《3—6岁儿童学习与发展指南》中语言领域的目标指出："具有初步的阅读理解能力……能听懂短小的儿歌或故事……会看画面，能根据画面说出图中有什么，发生了什么事等。"小班幼儿崇拜军人，但对红军的了解较少，因此设计此次语言活动，不仅可以为幼儿的语言发展提供机会，同时也可以增进幼儿对红军的了解，初步培养幼儿的拥军爱国之情。

活动目标：

1．通过儿歌认识红军帽的特征，感受红军帽蕴含的精神。
2．能够有感情地朗读儿歌，尝试分组表演儿歌。
3．激发幼儿的拥军爱国之情。

活动准备：

　　红军帽实物、PPT课件。

活动过程：

一、活动导入

　　出示红军帽，引导幼儿观察。
　　红军帽是什么颜色、什么形状的？红军帽上面有什么？它代表什么？
　　小结：红军帽又称"八角帽"，是灰蓝色的，帽顶外口呈八角形，下端有一个半月形的帽舌，帽檐上方有一颗红色的五角星，代表红军的身份和信仰，象征工农兵学商团结一心向革命。

二、阅读并理解儿歌《红军帽》

1．播放PPT，教师有感情地朗诵儿歌，幼儿欣赏。

我爱红军帽,它是传家宝。

红军戴上它,英勇保国家。

2. 为什么说红军帽是"传家宝"?

小结:红军帽是老一辈革命家的象征,是年轻人和后辈对老一辈革命家的尊敬和崇拜,也是红色传承的象征。

3. 学说儿歌《红军帽》。

4. 集体朗诵儿歌;分组朗读儿歌;男生、女生分组接龙朗读儿歌。

三、教师讲述红军的故事,引导幼儿了解红军艰苦的生活

如《长征路上红小丫》《倔强的小红军》等。

四、创意分组,理解并表演儿歌

幼儿身穿红军的衣服、红军的帽子,根据儿歌的内容进行表演。

小结:红军帽不只是一顶普通的帽子,更是红军精神的象征。红军战士为了我们的幸福生活,不怕困难和危险,甚至牺牲了自己的性命,我们要牢记这些红军战士。

五、活动延伸

活动结束之后,将多顶八角帽投放到表演区域,供幼儿体验角色表演的乐趣,同时促进幼儿交往能力和表达能力的发展。

活动设计:黑龙江省农垦建三江管理局中心幼儿园　　李思文

艺术领域《我是小小兵》

设计思想:

《3—6岁儿童学习与发展指南》中艺术领域的教育建议指出:"创造机会和条件,支持幼儿自发的艺术表现和创造。"小班幼儿通过看电影和听新闻等方式开始了解具有中国特色的军人形象,特别崇拜身穿戎装的军人。因此,选择《军队进行曲》这首曲子,来厚植他们的爱国拥军情怀。歌曲节奏明快、旋律优美,具有进行曲特有的节奏感、力度感,非常适合小班幼儿欣赏和表演。此次活动遵循小班幼儿的学习特点,以进行曲为载体,借助视频、图片等直观形象的呈现方式,通过音乐游戏等形式,吸引幼儿参与律动表演,在提升幼儿的感受力、创造力和表现力的同时,加深其对军人的崇敬之情。

活动目标:

1. 欣赏并感受歌曲的节奏感、力量感。

2. 根据乐曲节奏的特点,鼓励幼儿大胆用动作表现小小兵的精气神。

3. 使幼儿对于体验士兵角色充满自豪感,增进幼儿对军人的崇敬之情。

活动准备:

1. 音乐《军队进行曲》、士兵操练踏步音频、士兵操练图片、道具枪每人一支、敌人入侵组图。

2.《我是勇敢小兵兵》的律动视频。

活动过程:

一、情境导入

1. 播放士兵操练踏步音频。

听,谁来了?这整齐的脚步声会是谁的呢?

2. 图片揭秘。

小结:原来是神气的士兵正在操练。他们为了保卫家园,每天都在刻苦训练,让我们向他们致敬!

二、模仿士兵操练

观看图片,了解士兵怎样操练,模仿他们的动作。

(1)说一说:刚刚你们看到的士兵是怎样操练的?士兵操练时做了什么动作?(踏步)

(2)出示打靶训练图片,鼓励幼儿模仿开枪打靶动作,同时配以"啪"的声音。

三、欣赏音乐《军队进行曲》

今天老师还带来了一首曲子,一起来欣赏一下吧!

1. 欣赏音乐,感受音乐节奏。

请你说一说,它的节奏是快的还是慢的?给你一种什么样的感受?每段的音乐节奏一样吗?

今天我们也来当小士兵,跟着音乐一起来操练!

2. 尝试操练。

动作要领:踏步时要昂首挺胸,眼睛看前方,腿抬高,脚步要有力,展现小士兵的勇敢和力量。开枪时要专心,才能打中靶心。

3. 律动:《我是勇敢小兵兵》。

观看视频,幼儿尝试完整表演。

四、音乐游戏:士兵出击

1. 创设"保卫家园"情境。

不好,有敌人入侵,我们的营地遭到攻击了,小士兵们快拿起你们手中的武器保卫我们的家园!

2. 每人分发一支道具枪,配合音乐节奏自由展现士兵出击动作。

3. 幼儿交流、展示自己击退敌人的动作。

4. 想一想:除了开枪,你还可以用什么方式击退敌人?请表演动作。

小结:我们今天所拥有的安宁、幸福的生活离不开军人对我国领土的保护,小朋友们,要努力学本领,坚持锻炼身体,将来成为一名真正的士兵,保护我们的国家。

五、活动延伸

与家人观看阅兵仪式,感受中国军队的威武气势。

活动设计:黑龙江省鸭绿河农场幼儿园　乔力雪

健康领域《出发吧!小红军》

设计思想:

游戏是幼儿园最基本的活动形式,也是幼儿最喜欢的活动形式。《3—6岁儿童学习与发展指南》中健康领域的教育建议指出:"利用多种活动发展身体平衡和协调能力……发展幼儿动作的协调性和灵活性。"因此设计本次体育游戏活动,以红军经历的几场战役为主题,幼儿模拟红军,用走、跑、跳、钻、爬等方式依次闯关,在锻炼身体的同时,感受红军精神。

活动目标:

1. 初步了解湘江战役、四渡赤水战役、嘉陵江战役,感受战争时期军人的艰辛。

2. 运用走、跑、跳、钻、爬等方式进行闯关游戏,鼓励幼儿勇敢闯关,锻炼幼儿的协调性。

3. 感受红军精神,激发幼儿对中国红军的敬佩和对祖国的热爱之情。

活动准备:

闯关场地和传送带、滚筒、梯子等各种户外游戏器械;PPT课件;红色歌曲;小红旗;相关视频;等等。

活动过程:

一、律动导入

播放红色歌曲,师幼共同进行热身运动。

二、红军故事

1. 出示PPT中的红军图片,请幼儿说说他们是谁。

他们就是中国红军。

2．依次播放湘江战役、四渡赤水战役、嘉陵江战役的视频片段，用儿童化的语言简单介绍这3次战役。

3．请幼儿说一说，在视频中都看到了什么，有什么感受？

小结：红军在长征途中经历了重重磨难，克服了各种难关，无畏牺牲，最终打败了敌人，取得了胜利，这才让我们拥有了现在幸福的生活。

三、勇往直前的小红军

今天我们来模仿小红军，一起闯关打败敌人！（教师带领幼儿来到闯关场地）

1．播放湘江战役片段，将幼儿引入红军"渡过湘江"的情境。

闯关玩法：幼儿排队依次穿过梯子搭建的独木桥，听到枪声就蹲下，枪声结束继续渡江，直至到达对岸，挑战成功。

2．播放四渡赤水战役片段，将幼儿引入红军"渡赤水"的情境。

闯关玩法：用游戏器械搭建渡河障碍，幼儿依次通过，全体到达终点即胜利。

3．播放嘉陵江战役片段，将幼儿引入红军"勇渡嘉陵江"的情境。

闯关玩法：全体幼儿钻进传送带，将其当作船只，集体合作，手抓传送带一起走到终点，闯关成功。

四、胜利会师

1．全体幼儿通过闯关，到达终点，拿起小红旗站到高台上欢呼，庆祝胜利会师。

2．在红色歌曲声中自然结束活动。

五、活动延伸

睡前和家人一起倾听红军故事。

活动设计：黑龙江省农垦建三江管理局中心幼儿园　张潆玉

中 班

健康领域《穿越火线》

设计思想：

《幼儿园工作规程》中指出："以游戏为基本活动,寓教育于各项活动之中。"游戏是幼儿获取知识、技能、情感最有效甚至最高效的学习手段,同时也是幼儿最喜欢的活动,对幼儿的教育引导起到极其重要的作用。设计本次活动,组织幼儿观看解放军日常训练的视频,意在让幼儿感受解放军的辛苦与坚强,加深对解放军的了解,同时感受军营的严谨作风,学习解放军不怕辛苦、敢于拼搏、坚强勇敢的品质。

活动目标：

1. 了解当代军人的日常训练,感受军人品质。
2. 掌握手膝着地匍匐前进的动作要领,发展动作的协调性和敏捷性。
3. 激发幼儿对解放军的崇敬和热爱之情。

活动准备：

PPT课件、仿真炸弹、桌椅、平衡木、相关视频。

活动过程：

一、了解中国军队的强大

1. 播放视频《国庆节阅兵式》。

刚才视频里的人迈着飒爽英姿的步伐,你知道他们是谁吗？（中国人民解放军）

2. 向幼儿讲解解放军做的保卫祖国、保护人民的事情。（抗洪抢险、抗震救灾、修筑公路、开山架桥、保护边防等）

3. 说一说：应该向解放军学习什么？

小结：在解放军的保护下,祖国妈妈很安全,我们生活得很幸福,他们为使祖国更加强大努力奋斗着,解放军真伟大,我们要谢谢解放军！

二、观看视频《解放军的一天》

现在,我们一起来看一下解放军叔叔每天是怎么训练的吧！

1.观看视频,说一说:你在视频中看到了什么?

2.说一说解放军叔叔每天的日常训练。

小结:解放军叔叔要掌握多项先进武器的操作技能,还要进行体能训练和军事演习等。

三、体能训练——穿越封锁线

1.在情境中做热身活动。

幼儿扮演小军人侦察敌情,做慢跑、快跑系列动作,重点活动手腕、手肘等上肢关节。

2.开始游戏,学习并掌握匍匐前进的方法、动作要领。

(1)幼儿自由探索穿越封锁线的方法,体验结束后自由讨论,交流经验。

(2)教师指导、纠正动作,示范匍匐前进的动作要领。

(3)提高难度,第二次尝试穿越封锁线,幼儿随着封锁线的高矮变化灵活变换动作,以便安全通过封锁线。

3.游戏:炸碉堡。

玩法:幼儿匍匐前进穿过封锁线,通过爬、跳等技能通过各种障碍,向敌人阵地扔"炸弹"炸碉堡,然后从封锁线外侧跑回来,与下一个人击掌,然后下一个人再出发。

规则:

(1)匍匐前进时身体尽量压低,手、肘、膝盖着地,身体一旦碰到封锁线,挑战失败,原路返回起点后重新开始。

(2)每次只能拿一枚"炸弹",不能多拿。

(3)任务完成返回时必须和下一个人击掌,下一个人方可出发。

教师激发幼儿的挑战欲,鼓励幼儿大胆尝试,敢于克服困难,完成游戏任务。

四、放松身体,收拾场地

播放音乐,幼儿做放松运动,共同整理场地。

五、活动延伸

区域活动:投放军人服饰和常见武器的玩具模型,供幼儿模仿军人。

活动设计:黑龙江省胜利农场幼儿园　吴晓霞

健康领域《中国武术——象形拳》

设计思想:

中班幼儿观察能力和模仿能力增强,崇拜英雄的意识也随之增强。在生活

中,幼儿非常喜欢模仿影视剧中的武术动作,因此,结合爱国主义教育特色课程,设计此次"中国武术——象形拳"活动,以幼儿对小动物的浓厚兴趣为切入点,通过生动、有趣的多种方式引导幼儿学习并模仿象形拳这一武术动作,在锻炼身体的同时,感受中国武术深厚的文化底蕴和博大精深的魅力。

活动目标:

1. 了解象形拳的基本概念和动作特征。
2. 尝试看图学习并掌握象形拳的基本动作和套路。

活动准备:

PPT课件、视频。

活动过程:

一、游戏导入

请幼儿用动作模仿自己喜欢的小动物,其他幼儿来猜是什么动物。

小结:聪明的中国人模拟各种动物的特长和形态,创造出表现人物搏斗形象和生活形象的拳术,即"象形拳"。今天我们就一起走近中国武术,感受其中的魅力。

二、观图习武

中国武术博大精深,分为传统武术、表演武术、健身武术3类,还可以分为拳术类、器械类、气功类等。老师有一本功夫秘籍——《健身武术》,其中就有象形拳。古代武术大师通过观察动物的习性,创造出了象形拳,其成为中华武术史上的传奇。

1. 学习象形拳中的猴拳。

要领:猴拳主要是模仿猴的形态,动作好似小猴子在缩脖、耸肩、含胸、圆背、束身、屈肘、垂腕、屈膝等。

学看图谱:辨识叼、采、抓、扣、猴跃、窜、小跳步、交叉步等动作。

2. 教师详细讲解、示范猴拳的基本招式,引导幼儿学习动作要领。

3. 幼儿随音乐练习动作。(练习2~3次)

4. 幼儿分组练习,教师巡回指导,纠正动作,鼓励幼儿相互学习,共同进步。

5. 在掌握单个动作要领的基础上,试着把这些动作连贯起来做,形成一整套动作。

6. 教师和幼儿共同随音乐做连贯的猴拳动作。

三、召开武林大会

1. 幼儿武术动作比赛。

第一轮重在比试谁的动作有力。

第二轮重在比试谁的动作规范。

2. 幼儿两两一组，自由组合，进行招式比赛。（安全教育：不允许打闹嬉戏）

小结：中国武术是我们中华民族的瑰宝，学习中国武术不仅是强身健体的好方法，更是弘扬和传承中华优秀传统文化的重要途径。

3. 观看武术表演的视频，幼儿边看边模仿，激起民族自豪感。

四、活动延伸

象形拳的种类还有很多，比如螳螂拳、鹰爪拳、蛇拳、鹤拳等，请幼儿和家长一起搜集感兴趣的象形拳的具体内容。在表演区投放图谱，幼儿尝试模仿动作。

活动设计：黑龙江省农垦建三江管理局中心幼儿园　田春梅

社会领域《我是小海军》

设计思想：

在排练舞蹈《远航》时，我发现幼儿对旗语非常感兴趣，看得出他们对海军非常向往，因此设计本次活动，引导幼儿了解海军的职责和使命，以及他们是如何保卫祖国的。此次活动源于幼儿的兴趣，可以为幼儿创造自由探索、主动发现的机会，引导幼儿了解海军作为国家的重要军事力量，承担着保卫祖国领海和维护国家安全的重要使命，同时感受海军的风采，增强对海军的热爱之情。

活动目标：

1. 了解海军服装，知道海军的职责和使命。
2. 学习海军旗语，能够动作规范地表现旗语动作。
3. 感受海军的风采，增强对海军的崇拜之情。

活动准备：

1. 经验准备：初步了解海军和军舰。
2. 物质准备：海军工作视频；海军服装的图片；海军旗语的图片；每人一面小旗。

活动过程：

一、活动导入

出示海军服装的图片，了解海军服装。

这是谁的军装？和其他军装有什么不同？

小结：这是中国人民解放军海军的军装，以白色和蓝色作为主色调，这两种颜色与广阔的蓝天和海洋相呼应，展现出海军与海洋的紧密联系，还传递出深沉、稳重、威严的气质，象征海军的坚定信念和崇高使命。

二、观看视频，欣赏海军风采

海军到底是做什么工作的呢？让我们跟着视频一起来了解一下吧！

1．负责保护我们海上的交通运输、渔业生产、海洋安全等。

2．支援陆军部队在陆站地区作战。

3．海军的通信方式也很特别，在海战中起着重要的作用。

三、学习海军旗语

海军旗语是一种海上信号语言，用于不同国家船只之间进行沟通和交流。

1．出示图片，了解旗语。

红旗意味着"停船"，要求对方船只停止行动。

白旗意味着"航行自由"，表示对方可以自由行动。

双旗同时升起，表示对方应该立即停船。

2．学习旗语动作。

（1）单旗上升。

动作描述：一面旗帜从下往上迅速升起。

含义：表示指挥官要求全舰船员集结。

（2）单旗下降。

动作描述：一面旗帜从上往下迅速下降。

含义：表示任务已完成或取消。

（3）两旗上升。

动作描述：两面旗帜从下往上迅速升起。

含义：表示船队准备离港或开展行动。

（4）两旗下降。

动作描述：两面旗帜从上往下迅速下降。

含义：表示船队行动结束或返回港口。

（5）闪烁。

动作描述：旗帜快速升起与下降。

含义：意味着紧急情况，船员需要立即采取行动。

（6）单旗摇摆。

动作描述：旗帜左右晃动。

含义:要求本船或船队周围其他船只采取行动或调整位置。

3．游戏:"我是海军指挥员"。

一名幼儿用旗语指挥,其他幼儿扮作海军,观察旗语变化,快速做出相应的动作。

四、活动延伸

1．表演区内幼儿可表演旗操。

2．建构区内幼儿可自由搭建军舰。

活动设计:黑龙江省农垦建三江管理局中心幼儿园　贾丹

社会领域《"海上雄师"》

设计思想:

军强则国强。幼儿对军人都很崇拜,军队装备的恢宏气势、军人整齐划一的步伐对幼儿的心灵有着强有力的震撼作用。《3—6岁儿童学习与发展指南》中社会领域的教育建议指出:"向幼儿介绍反映中国人聪明才智的发明和创造,激发幼儿的民族自豪感。"开展本次活动,旨在通过了解我国航空母舰建设的成果,进行国防教育,点燃幼儿的强国梦、强军梦,强化幼儿的国防观念,帮助幼儿建立自尊、自信、自豪感,从而产生凝聚力、向心力,提高幼儿的自律性和责任感。

活动目标:

1．知道航空母舰是保卫祖国的重要国防战备武器,初步了解航空母舰的基本特征和强大作用。

2．尝试进行模拟舰载机的"弹射起飞"小实验,激发幼儿的创造力。

3．感受我国国防力量的不断壮大和科技的力量,激发幼儿的民族自豪感和对军人的崇敬感。

活动准备:

PPT课件、视频、纸飞机、皮筋、彩虹色马甲、音乐《我是小海军》、相关图片。

活动过程:

一、律动导入

1．幼儿随音乐《我是小海军》展开律动。

2．幼儿立正,站姿集合。

3．你们知道海上作战都有哪些战备武器吗?(出示航空母舰的剪影图)

小结:有一种海上作战武器,非常厉害,它叫航空母舰,简称航空母舰。

二、认识并了解"海上雄师"——航空母舰

1. 教师播放视频并讲解。

航空母舰是大型水面战斗舰艇,是世界上最庞大、最复杂、威力最强的武器之一,它功能齐全,就像是一只"海上雄师"。

全世界200多个国家和地区,只有11个国家拥有航空母舰,其中就包括我们中国,说明中国人是很厉害的!现在,航空母舰已经成为一个国家综合实力的象征。

2. 出示航空母舰的图片。

小朋友,你们猜一猜,我国现在有几艘航空母舰?

(1)辽宁号航空母舰(简称辽宁舰):我国第一艘服役的航空母舰,舷号为"16"。(2012年正式入列)

(2)中国人民解放军海军山东舰(简称山东舰):我国第二艘航空母舰,舷号为"17"。(2019年正式入列)

(3)中国人民解放军海军福建舰(简称福建舰):我国第三艘航空母舰,舷号为"18"。(2022年正式下水)

3. 教师简单介绍航空母舰的结构。

三、了解航空母舰的作用及航空母舰的高科技

1. 2012年11月23日,我国第一型舰载机歼-15成功在辽宁舰起降,我们来欣赏一下。

观看视频,学"航空母舰style"。

2. 幼儿跟随视频走步。

3. 2022年6月,完全由中国自主设计建造的我国第三艘航空母舰——福建舰正式下水。(观看党建室墙面上的福建舰图片,并介绍其周围的护卫舰)它采用平直通长飞行甲板和电磁弹射技术,目前只有两个国家掌握了这项技术,其中就包括我们中国。航空母舰本身的防御力较差,所以配备了舰载机等。

抛出问题:舰载机想要起飞执行任务,首先要在很长的跑道上加速,可是,航空母舰上无法提供像地面那么长的跑道,怎么办呢?你们有没有什么好办法?

幼儿自由讨论后,观看相关视频。

解决方法:中国科学家想出了好办法,舰首往上翘,然后航空母舰逆风加速,这就是辽宁舰和山东舰都在用的"滑跃式起飞"。

4. 尝试进行弹射起飞实验。

尝试用简单的小工具制作起飞器,体验飞机起飞瞬间的成就感。

四、模拟游戏

1. 在航空母舰上,我们海军官兵严格履行岗位职责。他们穿着不同颜色的航空母舰甲板防护识别服,不同色彩用来区分航空母舰上的不同专业岗位,他们被我们有趣地称为"彩虹人"。

红色:危险和安全管控战位。

黄色:指挥类战位。

绿色:起降、设备制作和飞机维护战位。

蓝色:调运和供气保障战位。

紫色:燃油补给战位。

棕色:机务战位。

白色:安全、医务、政工战位和临时上舰人员穿着。

2. "彩虹人"游戏活动。

教师交代游戏规则,幼儿进行游戏。

让我们变身成为"彩虹人"。这里有一张模拟航空母舰甲板的图片,请小朋友们选择自己喜欢的颜色来确定岗位职责。

小海军们,迅速集合,请你找到对应的颜色站位,立正站好。

五、活动延伸

航空母舰是保卫国家的武器装备。现在还有很多国家的孩子仍生活在战火硝烟中,我们能生活在和平、幸福的中国,多么自豪!为了保卫中国人民的和平生活,我们从小就要多学本领,长大制造更多的先进武器保卫国家,让祖国世世代代强大繁荣。

家校共育:请幼儿和家人一起搜集更多有关航空母舰的图片。

活动设计:黑龙江省农垦建三江管理局中心幼儿园　曹晨蕊

艺术领域《中国人民志愿军战歌》

设计思想:

音乐欣赏是幼儿园音乐教育的重要组成部分。音乐欣赏是对音乐作品进行感受、理解和初步鉴赏的一种审美活动。它不仅可以开阔幼儿的音乐视野,发展想象力、记忆力和思维能力,还能训练听觉的敏感性,培养良好的倾听习惯,培养幼儿的审美情趣和审美能力。此次活动旨在引导幼儿感受与欣赏《中国人民志愿军战歌》这首激昂的音乐作品,并进行情感的表达。

活动目标:

1. 欣赏歌曲,感受中国人民志愿军的英雄气概和不畏强敌的精神。
2. 尝试运用多种艺术手段表现音乐作品的节奏。
3. 乐于参与音乐活动,感受中国人民志愿军的爱国情感。

活动准备:

PPT课件、沙槌、小鼓、歌曲、图片和图谱等。

活动过程:

一、感受与欣赏歌曲

1. 出示3张图片,提问:图片中的人物在干什么?看到图片你有什么感觉?

(1)小朋友在做游戏:非常开心,气氛欢快、活泼。

(2)小朋友在睡觉:非常安静。

(3)战士出征抗战:非常有力量,有必胜的感觉。

2. 欣赏歌曲《中国人民志愿军战歌》

听到这首歌你有什么感觉?3张图片中哪一张能够体现这首歌曲的情感?

小结:我们听到的这首歌曲叫《中国人民志愿军战歌》,创作于1950年,麻扶摇作词,周巍峙作曲,原名叫《打败美帝野心狼》。这首歌曲在"三年来全国群众歌曲评奖"中获得一等奖。这首歌曲以雄壮有力的旋律,表达了中国人民志愿军保卫和平、保卫祖国、保卫家乡的坚定决心和英勇斗志,也体现了全国人民共同抗敌的爱国热情和团结一心的精神风貌。

二、看图谱,用肢体动作表现歌曲

我们的身体能发出各种声音,不同的部位能发出不同的声音,现在我们就用身体打击乐来表现这首歌曲吧!

1. 出示图谱一:倾听歌曲的第一段。

我们可以用什么部位来为这首歌曲伴奏?还有其他更有力量的表达方式吗?

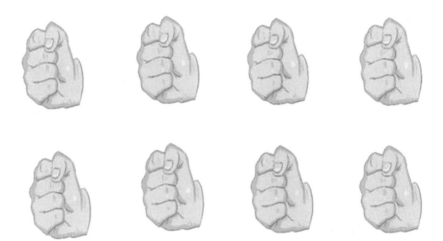

2.出示图谱二:强调重拍——"中国好儿女",幼儿比较拳头和拍肩哪个动作更适合。

3.出示图谱三:幼儿探索适合发声的部位。

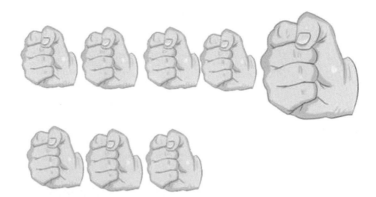

4.根据图谱进行完整展示。

小结:这首歌是非常干脆且有力量的,它带给中国人民志愿军必胜的信念。

三、用打击乐器表现歌曲

1. 出示打击乐器沙槌、小鼓并介绍。
2. 幼儿探讨两种乐器分别适合表现哪段音乐。
3. 幼儿尝试演奏。
4. 幼儿分组演奏并交换乐器。

四、总结并结束活动

这首歌曲中每一个音符都紧凑而干脆有力,所有的情感汇聚到一块,产生一种慷慨激昂的效果,点亮了中国人民志愿军必胜的信念。

听完这首歌曲,我们小朋友也要拥有阳光的心态和克服困难的信心。

五、活动延伸

1. 家庭合唱:鼓励家长与幼儿一起学习并演唱《中国人民志愿军战歌》,在增进亲子关系的同时,让幼儿在家庭中感受到浓厚的爱国情怀。
2. 家长可以搜集关于中国人民志愿军的故事,与幼儿一起了解中国人民志愿军的英勇事迹和伟大精神。
3. 社会实践活动:鼓励幼儿参与志愿者活动,如帮助老人、保护环境等,培养他们的社会责任感和奉献精神。

活动设计:黑龙江省农垦建三江管理局中心幼儿园　张鑫伟

大 班

健康领域《排雷小工兵》

设计思想：

　　大班幼儿对高科技产品展现出强烈的好奇心和探究欲望，在面对困难和挑战时能够积极地想办法应对。基于幼儿的这一成长特点，我设计了此次"排雷小工兵"活动，旨在通过寓教于乐的方式，让幼儿在轻松、愉快的氛围中学习并体验。在活动中巧妙融入红色元素，通过了解革命先烈们不畏艰难、勇往直前的英勇事迹，激发幼儿的爱国情怀和勇于挑战的精神。同时，利用金属探测器这一具有现代感、科技感的道具，让幼儿了解其广泛的用途，满足他们的好奇心和探索欲。

活动目标：

　　1．简单了解金属探测器的原理和其在生活中的应用。

　　2．在操作金属探测器的游戏活动中，培养幼儿的观察力和实验探索的能力。

　　3．传承科学探究精神，乐于成为一个对祖国有用的人。

活动准备：

　　PPT课件、自制"地雷"、金属探测器、《地雷战》的片段、相关视频等。

活动过程：

一、游戏导入

　　1．幼儿利用金属探测器发现隐藏的"地雷"，感知金属探测器的神奇之处。

　　2．师幼共同小结金属探测器的神奇之处。

二、"排雷小工兵"游戏活动

　　1．观看影片《地雷战》的片段，交代任务。

　　抗日战争时期小英雄们机智勇敢，不怕牺牲，用经典的地雷战完成了很多大人不能完成的任务，打击了敌人，取得了胜利。

　　今天我们就化身"排雷小工兵"，把"敌人"设置的"地雷"全部找出来，让他们的计谋失败。你们愿意接受挑战吗？

　　2．幼儿自由分成两组，一组进行"埋雷"，一组进行"排雷"。

玩法：一组幼儿在指定的范围内进行"埋雷"，另一组幼儿使用金属探测器进行"排雷"。

3．两组幼儿互换，分别体验"埋雷""排雷"。

三、了解探测器

1．揭秘金属探测器的探测原理。

我们刚才使用的是金属探测器，它和扫雷器利用的是同一个原理——电磁感应。地雷一般为金属，当金属探测器靠近金属时，电流就会发生变化，从而发出鸣声，人们就可以发现地雷了。

2．探测器的种类及其广泛的适用范围。

生命探测仪：可以在地震时用于寻找被深埋的人，拯救生命。

火星探测器：指探测火星的人造航天器，包括从火星附近掠过的太空船、环绕火星运行的人造卫星等。

食品金属探测仪：专门用于检测食品中的金属杂质。

载人深海探测器：用于深海实验和海底探测，具有强大的海底作业能力。

3．观看视频，加深理解。

了解生命探测仪能准确地找到地震时被埋在废墟下的人，以及用载人深海探测器可以探测深海海底等。

小结：当前，金属探测器越来越精密，其不仅仅用于战争，而是广泛地运用于各领域。小朋友们要努力学习，发明更加高效、更加精密的金属探测器。

四、活动延伸

1．和家人一起查找多种探测器的相关资料。

2．幼儿在益智区利用各种材料设计自己的"金属探测器"。

活动设计：黑龙江省农垦建三江管理局中心幼儿园　韩仁娇

整合《兵器大观》

设计思想：

《3—6岁儿童学习与发展指南》中社会领域的目标明确指出："知道国家一些重大成就，爱祖国，为自己是中国人感到自豪。"本次活动结合幼儿的兴趣点，将红色精神深植于幼儿纯真的心灵之中，激发他们的爱国情怀和民族自豪感。活动紧扣幼儿对武器这一独特事物的好奇心与探索欲，以武器的发展历程为线索，引导幼儿探索从古至今我国武器的发展历程，以生动的故事讲述、直观的模型展示及互动式的体验活动，让幼儿在轻松、愉快的氛围中，感受我国在军事科技领域的重大突破和军事实力的不断增强。

活动目标：

1．初步了解军事武器的种类和作用。

2．掌握一些军事武器的基本性质和用途。

3．培养幼儿对军事武器的兴趣和好奇心。

活动准备：

PPT课件、拼图、视频。

活动过程：

一、活动导入

幼儿边唱儿歌《我是勇敢小兵兵》边齐步走。

小朋友们,刚才我们唱的儿歌里有什么武器？它们用在陆上作战、空中作战中,还是海上作战中？

二、欣赏PPT

今天老师给小朋友们带来了陆上作战武器的图片,请小朋友们一起欣赏。

1．观看PPT上的枪支对比图。

我国现在使用的枪支和抗日战争时期的枪支有什么不同？

小结：军人手中的枪是用来保卫人民群众安全的,我国现在的枪支其发展水平排在世界前列。

2．教师出示其他陆上作战武器的图片。

军人在陆地上除了使用枪,还可以使用什么武器？

小结：这些陆上作战武器随着我国经济实力的提升及科技的发展还在不停地更新迭代,我们小朋友要努力学习,将来设计出更加先进的武器。

三、幼儿继续观看PPT和视频

刚刚我们观看了陆上作战武器,下面来看一下空中和海上作战武器吧！

1．观看视频,了解抗日战争时期敌机轰炸。

看到这个视频你有什么感受？

小结：那时,我国能用来作战的飞机还寥寥无几,只能用枪和炮还击敌人,与敌人的战斗力相差悬殊。

2．出示现在空中及海上作战武器的图片。

与抗日战争时期的武器装备对比,你有什么感受？

小结：现在我国空中和海上作战武器已经足够强大,再也不允许其他国家来侵犯我们中国。

四、拼图游戏

今天,我们认识了这么多武器,下面分成3组进行拼图比赛。

玩法:3组分别选择陆上、海上、空中作战武器,每组成员需要合作拼图,第一个拼完并说出武器名字的小组为获胜组。

五、活动延伸

和爸爸、妈妈一起查阅有关我国先进的武器的资料,也可以根据自己的创意设计一款武器。

活动设计:黑龙江省农垦建三江管理局中心幼儿园　丁慧慧

科学领域《奇妙的月相变化》

设计思想:

大班幼儿喜欢读科普读物、做科学实验,对太空有着强烈的探索欲望。2020年12月17日,嫦娥五号返回器携带月球样品返回地球,极大地激发了幼儿对太空生活的浓厚兴趣。为了进一步深化幼儿对太空的探索体验,提升他们的动手能力和科学素养,我设计了本次活动,融入了月相变化的内容。通过直观观察、生动讲解和有趣的互动,引导幼儿深入了解月球的奥秘,感受月相变化的神奇与美丽。

活动目标:

1.通过倾听故事及观看月相变化图,初步了解月亮的变化规律。

2.尝试运用三球仪实验表现月相变化,激发幼儿对科学活动的兴趣。

3.对生活中的自然现象感兴趣,并乐于探究。

活动准备:

PPT课件、视频、月相变化图、三球仪的图片、实验材料等。

活动过程:

一、图片导入

出示月相变化图,引发幼儿的兴趣。

小朋友们请看,这是老师收集到的月亮变化的过程,请你说一说,每张图片中的月亮有哪些不同?

二、介绍月相

1.观看视频资料,了解月相变化,激发幼儿的学习兴趣。

小结:月亮本不发光,我们从地球上看到的月亮其实是被太阳照亮的部分,其在天文学中叫作"月相"。因为我们在地球上所处的角度不同,看到的月亮被太阳照射的部分就不同,所以看到的现象也不同,这就是月相变化的原因。

2．出示三球仪的图片,进行讨论。

(1)你能指出太阳、地球和月亮分别位于哪个位置吗?

(2)它们是如何旋转的呢?

小结:太阳通常位于中心位置;地球则位于太阳的一侧,沿着一定的轨道绕太阳旋转;月亮则位于地球的一侧,沿着自己的轨道绕地球旋转。

三、科学实验

1．讲述故事《天狗食月》。

天狗真的吃掉了月亮吗?月亮为什么会少一块呢?我们一起去探索一下吧!

2．出示实验材料,讲解制作三球仪的过程及要求。

3．幼儿拼搭三球仪,教师巡回指导。

4．师幼共同探索、交流月食形成的原因。

小结:刚才我们一起制作了三球仪,模拟出月球、地球、太阳的运动轨迹,以及月相变化的过程,你们有没有觉得探索宇宙的奥秘是一件非常有趣的事情?其实,除了这些自然现象,太空中还有许多秘密,等着我们研制出先进的科学仪器去揭开。

5．知识牵引:观看我国载人月球车的相关视频。

小结:观看完我国载人月球车的发展历史,我们深感祖国的强大。每一次的航天探索,都彰显着中华民族的智慧和勇气。身为中国人,我们自豪,更为祖国骄傲。我们要努力学习,长大也成为祖国的骄傲!

四、小游戏

幼儿3人分成一组,分别扮演地球、月球和太阳,模拟它们之间的运动关系。

玩法:扮演太阳的幼儿站在中央,双手举过头顶,做出太阳的造型;扮演地球的幼儿围绕"太阳"转动,同时自己也围绕着自己的轴心转动,模拟地球围绕太阳转动的过程;扮演月球的幼儿则在"地球"的周围旋转,同时自己也围绕着自己的轴心转动,模拟月球围绕地球转动的过程。

小结:真正的宇宙还有很多奥秘等待我们去探索,老师希望小朋友们能保持对天文学的好奇心,多观察、多思考,将来为探索宇宙贡献自己的力量。

五、活动延伸

在家人的指导下,幼儿定期记录月相的变化,在班级交流、分享自己的发现。

附故事《天狗食月》：

相传，在古代，有一只神兽，它顽皮且充满好奇心。有一天，它抬头看见天空中那轮明亮的月亮，竟然误以为是一块美味的月饼。饥饿之下，它忍不住张开大嘴，一口将月亮吞下。顿时，天地间一片黑暗，人们惊慌失措，纷纷猜测发生了何事。

玉帝得知此事后，立刻派天兵天将去捉拿它。当它被带到玉帝面前时，王母娘娘认出它原是后羿的猎犬黑耳，因嫦娥偷吃仙丹升天，黑耳追她一直追到月亮，然后误吞了月亮。王母娘娘心生怜悯，便封黑耳为天狗，让它守护南天门。

然而，天狗并未因此改过自新，它依旧顽皮、爱捣蛋，常常把月亮拿来玩耍，吞进吐出，让人们在黑夜中饱受煎熬。后来，女娲娘娘出面制止了它的行为，天狗才收敛了许多。

活动设计：黑龙江省农垦建三江管理局中心幼儿园　尤明月

科学领域《桥梁梦想家》

设计思想：

"桥梁"是一个极具科学探究意义的主题，它蕴含着丰富的科学原理，契合大班幼儿强烈的好奇心和求知欲。随着"桥梁"系列活动的开展，幼儿关于桥梁的知识不断丰富，于是便有了想要造"桥梁"的想法。本次活动旨在帮助幼儿进一步了解和探索桥梁的秘密，掌握更多关于桥梁的知识，激起幼儿的想象力，促进其积极搭建心目中的未来之桥梁。

活动目标：

1. 了解桥梁的基本知识。

2. 尝试运用多种材料与同伴合作设计、搭建"桥梁"，提升幼儿解决问题的能力。

3. 积极合作搭建，培养发散性思维，感受创造、发现的乐趣。

活动准备：

1. 物质准备：PPT课件、视频、乐高、线绳、纸筒、纸壳、玩具小车、各种装饰物。

2. 经验准备：了解桥梁的类别及相关知识。

活动过程：

一、导入环节："桥梁专家大比拼"

小朋友们,我们已经积累了很多有关桥梁的知识,下面我们将进行一场桥梁知识大竞赛。

幼儿分3组进行竞赛活动。

竞赛规则：

1．先按到铃的小朋友为答题者,其他幼儿回到自己的位置。

2．答对一题,本组积1分。

问题：

1．在我国有几座"世界之最"的桥梁？

世界上最长的桥——丹昆特大桥；

世界上最高的桥——北盘江大桥；

世界上最古老的桥——赵州桥；

世界上最长的跨海大桥——港珠澳大桥。

2．出示PPT课件中的钱塘江大桥的图片。

这座桥的名称是什么？它是谁设计的？（钱塘江大桥；中国桥梁专家茅以升）

3．出示木桥、石桥、水泥桥、钢铁桥的图片。

这些分别是什么材质的桥？

4．出示图片,请小朋友按照桥的外观进行分类。

梁桥、拱桥、悬索桥、斜拉桥、立交桥等。

5．万里长江第一桥是哪座桥？

武汉长江大桥。

6．中国第一座跨海大桥是哪座桥？

东海大桥。

二、"桥梁专家大探索"

1．桥梁在我们的生活中有着怎样的作用呢？

桥梁的主要作用是帮助车辆、行人跨越江河、峡谷、道路和其他障碍,缓解交通压力,使道路更畅通。

2．结合视频了解桥梁的基本结构。

桥墩（在河中或岸上支撑桥梁的结构）、桥台（设在桥的两端,一边与路堤相连,一边支撑桥面）、桥面。桥的种类众多,但都少不了这几个基本组成部分。

三、"小小桥梁设计师"

1. 请每组幼儿派代表来抽取任务卡,根据任务卡的提示讨论和绘制设计图。

任务卡的内容:

(1)缓解城市交通拥挤。(建立交桥)

(2)跨越江河等大型水体。(建斜拉桥)

(3)解决人车混行的交通乱象。(建过街天桥)

2. 幼儿根据设计图选择所需的材料建造桥梁。

3. 展示与分享:"我的大桥"。

说一说:你们小组选择了哪些材料建造桥梁?为什么要造这样的桥梁?桥梁的结构是怎样的?

4. 设计首秀合影留念。

小结:桥梁在我们的生活中发挥了重要作用,可以帮我们缩短路程、节省时间,让我们的交通更顺畅。未来我们去往太空可能不只是通过宇宙飞船,也许可以建造出通往太空的高速桥,这就需要你们努力学习本领去创造奇迹了,加油吧,孩子们!

四、活动延伸

1. 亲子活动:邀请家长与幼儿一起参与制作桥梁模型,并举办桥梁设计大赛,促进亲子间的互动与合作。

2. 桥梁故事创作:鼓励幼儿根据自己设计的桥梁编写小故事,可以是关于桥梁的建造过程、使用场景或功能介绍等的内容,培养幼儿的想象力和语言表达能力。

3. 实地参观:组织幼儿参观当地的桥梁,观察真实的桥梁结构,了解桥梁在现实生活中的应用和重要性。

活动设计:黑龙江省农垦建三江管理局中心幼儿园　张晓曦

健康领域《小勇士的极限挑战》

设计思想:

《幼儿园工作规程》中指出:"以游戏为基本活动,寓教育于各项活动之中。"此次活动旨在鼓励幼儿尝试挑战从不同高度跳下,注意在运动中保护自己,培养敢于拼搏、勇敢坚强的品质。通过锻炼,增加幼儿的勇气和自信心,激发其对英雄人物的敬爱之情和热爱祖国的美好情感。

活动目标:

1. 倾听故事《闪闪的红星》,了解潘冬子机智勇敢、不怕困难的品质。
2. 敢于尝试、挑战跳跃动作,提高身体的控制力和协调能力。
3. 积极参与挑战活动,激发对英雄人物的敬爱之情和热爱祖国的美好情感。

活动准备:

1. 摆放几张桌子并在其周围铺设安全垫;头盔、护膝等防护用品。
2. 红旗、徽章、绘本《闪闪的红星》、PPT课件等。

活动过程:

一、故事导入

出示红星(可以是徽章的形式),激起幼儿的好奇心。

今天,我们来听一听和这颗红星紧密相关的故事——《闪闪的红星》。

讨论:从潘冬子的故事中,我们可以学到什么呢?

小结:潘冬子虽然还只是一个小男孩,但他有着一颗不怕困难、勇敢的心。这颗闪闪的红星,不仅仅是一枚徽章,它更代表勇气、希望和坚强。

我们也要成为像潘冬子一样的小勇士,学习他的勇敢和坚持,一起来接受挑战吧!

二、热身运动

1. 头部左右转动:请宝贝们站立,双脚微微打开,与肩同宽,轻轻将头部向左右转动。
2. 手臂环绕:伸直手臂,做大圈环绕。
3. 腿部前后摆动:站立时,腿部向前后轻轻摆动。

提示幼儿:慢慢伸展四肢,注意调整呼吸,动作要缓慢、平稳,避免用力过猛。

三、游戏:小勇士的极限挑战

1. 初级挑战:低桌跃进。

师幼共同布置游戏道具,教师检查道具是否摆放结实、稳定,边缘是否平滑。

请幼儿想一想,说一说:我们怎么能一跃而上?

教师动作示范:轻轻跳上桌子,确保动作慢而稳。站稳后,再慢慢跳回安全垫上,着重展示用膝盖轻微弯曲的方法来缓冲落地时的冲击。

幼儿尝试,教师给予鼓励。

2. 中级阶段：桌梯挑战。

将不同高度的桌子按照升高的顺序排列好，形成一个阶梯式的跳跃路径并铺好安全垫。

示范并讲解动作重点：轻盈起跳，稳稳降落。

幼儿开始挑战：教师做好安全防护，观察并评估幼儿的个体差异，及时辅助、指导。

3. 高级阶段：助跑长跳。

平放安全垫，在安全垫的后方设定一个明显的标记线，作为幼儿的跳跃起点，跳跃的目标是跨过一个或者几个紧靠放置的桌子。

教师动作示范：助跑—起跳—着陆。

重点指导幼儿着陆时应双足并用，用膝盖弯曲来缓冲冲击力，保持平衡并站稳。

幼儿有序尝试，教师关注，确保可能发生跌倒现象的区域有教师可以及时介入。

小结：刚刚你们用勇敢与自信挑战了自己，成为敢于面对困难的人。

四、活动结束，分享、交流体验

师幼围坐成一个大圈，谈谈活动后的感觉。

小结：今天，每个人都超越了自己，证明自己可以勇敢和坚强地去参加挑战。跳跃的时候，小朋友们即使感到害怕，也一次次地尝试，这就是真正的小勇士！老师希望你们一直把这种挑战精神保持下去，成为自信、勇敢的人，保卫我们强大的祖国。

附红色故事《闪闪的红星》：

1932年初冬，在一个叫柳溪的山村里，居住着几十户贫苦人家。他们受尽了恶霸胡汉三的盘剥和欺压，饥寒交迫，生活在水深火热之中！

年仅8岁的潘冬子就是穷苦人家的一个普通孩子，他和小伙伴天天眺望南山，盼望着当了红军的爸爸能早日打倒恶霸，除掉胡汉三。胡汉三听说红军就要打过南山，惊慌失措，准备逃命。

潘冬子挑柴经过胡汉三家门前，被正准备仓皇逃命的胡汉三拦住盘问，胡汉三逼他说出他父亲潘行义的下落，并吊打拷问潘冬子。这时，红军在潘行义的引导下，打进了村子，解救了潘冬子。转眼几个月过去了冬子的爸爸潘行义随部队一起开始了第五次激烈的反围剿斗争。为了配合红军前线作战，柳溪村男女老幼全都动员起来，在胡家大院建起了临时红军医院，冬子的妈妈领着姐妹们做起了护理员，给伤员们喂汤喂药。

冬子和小伙伴们给红军叔叔送食物。当孩子们进山之际，突然对面的山谷里有一队敌军悄悄潜伏进来。机智、勇敢的冬子带领小伙伴们破坏了敌人企图偷袭红军后路的计划,红军赶来围歼了敌人。

冬子的爸爸和中央红军一道开始了艰苦卓绝的二万五千里长征。临别前,爸爸给冬子留下了一颗闪闪的红色五角星。

红军撤离的消息很快传到了胡汉三的耳朵里。可恶的胡汉三又回来了!村庄又陷入了恐怖之中。潘冬子和妈妈暂时离开村子,转入了深山老林。可是为了掩护乡亲们撤退,潘冬子的妈妈牺牲了。潘冬子看到妈妈的死,变得更加坚强。在闪闪的红星照耀下,潘冬子积极参加对敌斗争。他在战斗中破坏了吊桥,切断了敌人的后路,使敌人缴枪投降;他巧妙地把盐化成盐水,躲过敌人的搜查,把急需的盐送到游击队手里;他和小伙伴把情报及时送给了游击队,还将敌人的运粮船弄沉了,破坏了敌人的搜山计划;他多次沉着、机智地应付胡汉三的试探,勇敢地配合游击队端了敌人的老巢。

父亲潘行义终于从延安回来了!父子相见感慨万千,他们面对青山,心潮澎湃,深深怀念牺牲的亲人们。红军奉命改编为新四军,父子俩一同奔赴抗日前线,踏上新的征程。

活动设计:黑龙江省七星农场中心幼儿园 罗丹

健康领域《学做解放军》

设计思想:

《3—6岁儿童学习与发展指南》中健康领域的教育建议指出:"开展丰富多样、适合幼儿年龄特点的各种身体活动,如走、跑、跳、攀、爬等,鼓励幼儿坚持下来,不怕累。"为保护幼儿对军人的向往和崇敬之情,结合爱国主义园本课程之"小小强军梦",设计此次"学做解放军"活动,以爬战术为切入点,以个人、集体竞赛的方式,组织幼儿掌握匍匐前进的动作要领。在情境代入中培养幼儿的自律、团队意识和坚持不懈的勇敢精神,进一步增强幼儿从小学做解放军的意识,激发幼儿的爱国情感,同时提高其身体机能,使教育活动达到双赢效应。

活动目标:

1. 初步了解军人的爬战术训练。
2. 尝试学习多种匍匐前进的动作技能。
3. 体验军人自律、勇敢和坚持不懈的精神,进一步激发幼儿爱国、爱军的情感。

活动准备:

军装、自制"电网"、高低台、"山洞"、地垫、仿真步枪若干、音乐、视频。

活动过程：

一、以音乐《学做解放军》导入

小朋友们都很崇拜军人，今天我们来试一试做解放军吧！

二、热身活动："我当小军人"

1. 军人站姿体验（向前看齐、稍息、立正）。
2. 幼儿根据教师口令规范站姿。

小结：解放军除了在训练时保持好的站姿，在生活中也是时刻保持这样的站姿，希望今后你们也能保持这样挺拔的站姿。

三、基本部分——学习爬战术

1. 军人每天都要参加严格的体能、战术训练，磨炼自己的体质和意志，提高军事素质。
2. 观看视频，学习爬战术。

（1）学习低姿匍匐前进。

动作要领：卧倒（身体俯卧，两臂前伸，肘部弯曲，掌心朝下），在卧姿的基础上，听到低姿匍匐的口令后，腹部贴于地面，右腿屈回，同时伸出左手，蹬右腿的时候左手扒地，身体向前移动的同时屈左腿、伸右手。

（2）学习高姿匍匐前进。

动作要领：手臂和腿配合，腹部离开地面，两小臂和两膝支撑身体，准备动作要快，前进时手脚用力。

（3）学习侧身匍匐前进。

动作要领：身体左侧及左小臂着地，左腿回收，用右脚内侧发力蹬地，同时左手向前发力扒地，使身体前移。

（4）学习持枪匍匐前进。

动作要领：身体贴近地面，屈回右腿，伸出左手，用右腿和左臂的力量使身体前移，紧接着屈回左腿、伸出右手，用左腿和右臂的力量继续前移，依次交替进行。

（5）集体持枪匍匐前进。

教师播放音乐，提醒幼儿在匍匐前进时，若发现前方有危险（听到"枪声"或"炮声"），要马上停止前进，低头保护自己，确认安全后再继续前进。

四、匍匐前进大比拼

1. 幼儿利用现有的材料自主搭建，在教师的指导下设置匍匐前进大比拼的场地。
2. 幼儿自主分成两队，探讨最快爬过去的方式。

引导幼儿根据障碍物的高低,确定匍匐前进的方式。

3.两队幼儿进行匍匐前进大比拼,最先到达终点者获胜。

4.宣布获胜的队伍。

五、放松身体,结束活动

1.组织幼儿根据轻音乐放松头、肩、腰、腿、脚等部位。

2.整理队伍。

小结:今天,我们体验了解放军的一天,学会了爬战术中几个匍匐前进的动作。老师在你们的表现中看到了坚持、勇敢,给你们点赞。我们要从小认真学本领,才能对得起军人叔叔用鲜血为我们换来的幸福生活。希望你们长大以后能够实现自己的军人梦,用行动去保家卫国,为社会安宁贡献自己的力量。

师幼齐呼:"强国有我,强军有我!加油!"

六、活动延伸

家园共育:家长带领幼儿观看阅兵视频,激发幼儿对军人的崇拜之情。

活动设计:黑龙江省农垦建三江管理局中心幼儿园　李美荣

五月 中国力量

主题班会

母亲节主题班会活动方案建议

指导思想：

每年5月的第二个星期天是母亲节,为了向母亲表达爱意,围绕母爱开展活动,引导幼儿学会表达爱,学会关心、体贴亲人等。激发幼儿爱家人的情感,同时培养幼儿的动手能力,让幼儿真切感受到妈妈的伟大付出,为妈妈骄傲,懂得赞美妈妈,用自己的实际行动回报妈妈的付出。

活动主题：

"无私慈母爱 情系母亲节"。

活动目标：

* 能用清晰的语言大胆地介绍妈妈的外貌特征、工作、兴趣爱好,感恩妈妈在生活中为自己的付出。

* 了解母亲节的意义,能用实际行动为妈妈做力所能及的事情。

* 感悟妈妈为自己的成长付出了艰辛的劳动,知道妈妈会一点点变老,产生感激之情。

活动形式建议：

主题班会、亲子活动。

活动时间：

5月。

活动内容建议：

一、妈妈的节日

简单了解母亲节的来历,知道每年5月的第二个星期天是母亲节,是妈妈、姥姥、奶奶的节日。

二、不一样的妈妈

观看妈妈从年轻到现在不同时期的照片,讲述妈妈的变化及引起变化的原因。

三、说一说"我眼中的妈妈"

· 讲述自己的妈妈,包括妈妈的工作、妈妈喜欢做的事情、妈妈每天都为自己做了哪些事情。

- 妈妈喜欢什么颜色？
- 妈妈喜欢什么食物？
- 我为妈妈做过什么？

四、我在妈妈肚子里

了解自己在妈妈肚子里时候的样子，了解妈妈的辛苦，知道妈妈对于自己的重要性。

五、体验孕妈妈的一天

- 为幼儿分发气球，让幼儿将气球绑在肚子上，沉浸式体验孕妈妈的一天。
- 谈话：让幼儿自由发言，说一说自己当了一天孕妈妈的生活体验。幼儿妈妈要经历这样艰辛的10个月后，说一说自己有什么感受。

六、感谢妈妈

妈妈用所有的爱呵护、养育我们，像守护我们的天使，我们要珍惜妈妈的爱，健康、快乐地长大，不惹妈妈生气，关心、爱护她，努力回报妈妈的爱。

- 制订母亲节和妈妈出游的计划。
- 对妈妈说说心里话。
- 和爸爸一起做健康的美食送给妈妈。
- 组织幼儿设计一张"健康食谱"送给妈妈。
- 将幼儿绘制的《最美妈妈》《有你最幸福》等绘画作品张贴在展板上。
- 集体歌唱感恩母亲的歌《妈妈我爱你》，学说表达感恩的话语。
- 鼓励幼儿每天回家帮妈妈做一些力所能及的事，说一句感恩的话。
- 每天为妈妈梳梳头、洗洗脚、捶捶背、捏捏腿、倒杯水等。
- 与爸爸坚持和妈妈一起做家务。

七、演唱歌曲推荐

《我的好妈妈》《世上只有妈妈好》《烛光里的妈妈》《鲁冰花》《母亲》《小背篓》《我爱妈妈》《妈妈的吻》。

八、手指操配合的音乐推荐

《幸福的家》《亲亲妈妈》《妈咪》《鲜花送妈妈》《妈妈我爱你》《妈妈你真好看》《祝我老妈》。

九、母亲节相关儿歌推荐

《妈妈的爱》《妈妈好》《妈妈和我》《母亲节》《好孩子》《小乌鸦爱妈妈》《小司机》。

十、小班童谣推荐

1. 小鸭子,光脚丫,游到河中捉小虾。捉小虾,为了啥?母亲节给妈妈!

2. 妈妈你坐好,给你捶捶腰。咚咚咚,咚咚咚,捶得妈妈咯咯笑。

3. 小娃娃,乐哈哈,我给妈妈洗脚丫。左洗洗,右洗洗,痒得妈妈泪花花。

4. 妈妈过节送点啥?我到海边捉浪花。染上颜色做项链,我把项链送妈妈。妈妈戴上真漂亮,笑啊笑啊笑醒了。

5. 妈妈帮我洗澡澡,我在水中玩泡泡。弄得水花到处飞,妈妈说我瞎胡闹。我给妈妈扮鬼脸,惹得妈妈哈哈笑。

6. 妈妈那双手,牵我到处走。今天逛超市,明天去郊游。有时看电影,有时去会友。大手牵小手,甜在我心头。

7. 妈妈有根魔法棒,缝的衣服好漂亮。妈妈有根魔法棒,地板拖得亮堂堂。妈妈有根魔法棒,饭菜做得香又香。妈妈有根魔法棒,是我学习好榜样。

8. 母亲节,不送花,我送妈妈一幅画。幼儿园,开画展,这幅画儿得奖啦!你问我,画的啥?妈给外婆洗脚丫。

立夏主题班会活动方案建议

指导思想:

每年公历5月5~7日,太阳到达黄经45°时为农历的立夏节气,其是二十四节气中第七个节气,也是夏季的第一个节气。立夏表示即将告别春天,标志盛夏时节的正式开始。幼儿园开展立夏主题活动,旨在使幼儿了解立夏的传统习俗,传承中国传统文化,让幼儿感受立夏节日的气氛,提高他们对节气传统习俗的认知。

活动主题:

"春光散 立夏至"。

活动目的:

* 通过活动,使幼儿获得关于立夏的知识,掌握立夏的特点,自由探究立夏的秘密。
* 走进大自然,感受和了解立夏时节的气候和运动等内容。
* 在节气传统文化中体验式学习,激发幼儿认识自然的兴趣和对生活的热爱。

活动形式建议:

主题班会、亲子活动。

活动时间：

5月。

活动内容建议：

一、了解立夏

通过PPT课件、视频、图片向幼儿讲解立夏的时间、含义，以及农事和生活的变化。

1．立夏是夏季的第一个节气。

立夏的时间是每年的5月5~7日。

2．夏季代表性的植物为荷花。

立夏过后天气转热，人们以火红的颜色来象征夏季的炎热。

3．立夏三候。

一候蛙鸣：立夏过后，在田野里能够听到青蛙的鸣叫。

二候蚯蚓出：雨后能够见到蚯蚓掘土。

三候王瓜生：立夏过后黄瓜的藤蔓开始快速攀爬生长，人们开始穿薄一点儿的衣服。

4．立夏时节，人们会举行活动。

比如，吃立夏蛋等，农民会抓紧时间种植水稻。

二、寻找立夏

·讨论：立夏时节大自然有什么变化？

·去幼儿园操场或植物园观察植物的生长状况。

·寻找草丛里的小昆虫，观察小昆虫的特征。

·分享自己发现的立夏景象。

三、涂涂画画——立夏长卷

·请幼儿观察长卷上有什么？讲的是什么事情？

·组织幼儿给长卷涂色，教师指导幼儿选择涂色材料，分小组进行涂色。

·作品分享：将涂色完成的立夏长卷在走廊、大厅等位置进行展示。

四、亲子互动

·了解在立夏时节多做哪些穴位的按摩有益身体健康。

·幼儿尝试边学立夏儿歌边做按摩活动。

五、立夏与蛋宝宝

·斗蛋游戏。

要求：了解斗蛋的方法，斗蛋时要遵守游戏规则。幼儿选好蛋后，自由选择对手进行斗蛋(手紧握蛋快速碰撞对方的蛋)。蛋完好无损的幼儿继续寻找下一个对手再战,最后评选出打败对手最多的幼儿为冠军。

教师引导幼儿思考,为什么主动发起攻击的蛋总是先破,让幼儿明白一个道理:斗蛋就像做人一样,总想着去欺负别人,反而会让自己受伤。

·我的创意蛋宝宝。

要求:提供多种材料,如彩色笔、水粉颜料、彩色纸等,幼儿大胆装饰蛋宝宝。

亲子活动

社会拓展亲子活动方案建议

指导思想：

家长与孩子共同参与社会拓展活动，可以促进亲子关系和谐发展，同时可以帮助幼儿更好地融入社会、了解社会规则和文化，进而提升他们的社会适应能力和综合素质。此次活动充分考虑幼儿的年龄特征、兴趣和需求，并确保活动内容能够吸引他们参与和探索，促进亲子间的情感交流和合作，促进彼此间亲密相处和互相信任。

活动主题：

"成长之路 '幼'见美好"。

活动目的：

* 促进家长与孩子的关系和谐发展，营造和谐的氛围。

* 通过参与社会拓展活动，幼儿可以提升社会交往能力和团队协作能力。

* 让幼儿了解社会规则和文化，培养他们的社会责任感和公民意识。

活动形式：

社会拓展。

活动时间：

5月。

活动地点建议：

野外、社区、超市、小菜园。

活动内容建议：

一、户外野游

1. 幼儿园全体幼儿坐大巴车出发。

2. 在大巴车上组织幼儿进行歌唱、手指游戏等。

3. 幼儿分成4队。

4. 游戏环节。

（1）拔河：各班全体幼儿与10~15名家长进行拔河。

（2）齐心协力：每班选6组家庭合作进行运球。

5.亲子图色。

幼儿和爸爸妈妈一起设计帽子,并涂色。

6.野餐。

二、亲子进社区

(一)亲子互动游戏

1.开场舞蹈:组织一段简单、活泼的开场舞蹈,教师和家长一起带领幼儿进行热身。

2.你画我猜:将幼儿和家长分成若干小组,每组选出一名幼儿和家长进行搭档,幼儿画,家长猜,增进亲子间的默契。

(二)社区环保行动

1.垃圾分类挑战游戏:让幼儿和家长一起参与垃圾分类,了解环保知识。

2.清洁公园:组织亲子团队进行公园清洁行动,捡拾公园内的垃圾,保护环境,培养幼儿的环保意识。

(三)亲子手工制作

准备相关材料,亲子共同制作完成社区标志牌,幼儿可以在标志牌上画上自己喜欢的图案或写上文字,表达对社区的爱。

(四)亲子社区体验

角色扮演:模拟社区场景,让幼儿和家长扮演不同的社区角色(如医生、警察、环卫工人等),通过角色扮演体验不同职业的工作内容,增强幼儿的社会认知能力。

三、我有一块田

(一)知识竞猜游戏

1.教师宣布活动开始,并讲述知识竞猜的游戏规则。

各班选5名种植经验丰富的家长参加游戏,教师提出蔬菜种植的相关问题,如种植柿子需要注意什么等问题。最先举手的家长获得答题权,答对一题积一分,答错一题扣一分,最后积分多的班级获胜。

2.各班教师互相配合,为获奖的班级颁发奖励。

(二)集体相互配合,开展种植活动

各组家长在教师的带领下,有序进行种植工作。如分割木头组将木头割成长短不一的小段;下木桩组将木桩有序埋在菜园的四周,使菜园变得更好看;种植组先备垄,然后开展种植活动,最后进行浇水。

(三)助力种植,形成合力

教师小结,讲述活动的目的,感谢各位家长和幼儿的参与。

四、走进超市

（一）超市介绍

1. 向幼儿介绍超市的基本布局和各个区域的功能，如生鲜区、食品区、日用品区等。

2. 让幼儿观察超市的标志、宣传海报等，了解超市的促销活动和特色商品。

（二）商品观察与分类

1. 教师带领幼儿按区域观察商品，引导幼儿注意商品的摆放、标签和价格等信息。

2. 幼儿尝试对商品进行分类，如食品、玩具等，加强他们对商品分类的认识。

3. 引导幼儿尝试找到食品外包装上的生产日期和保质期，学会判断食品是否在有效食用期内。

（三）模拟购物体验

1. 将幼儿分成若干小组，每组分发购物清单和购物资金。

2. 在教师和家长志愿者的陪同下，幼儿根据购物清单在超市内寻找并挑选商品。

3. 引导幼儿与收银员进行互动，学习支付和找零。

（四）分享与总结

1. 回到幼儿园后，组织幼儿分享购物体验，讲述他们在超市里的所见所闻和感受。

2. 教师对活动进行总结，强调超市购物的基本知识和注意事项，鼓励幼儿今后在家长的陪同下进行购物。

六月
文明生活

六月 文明生活

小 班

语言领域《生活礼仪——礼貌用语》

设计思想:

  中国是一个承载着悠久历史的文明古国,以礼仪之邦著称,中国人拥有勤劳、勇敢、诚实与文明礼貌的崇高美德。礼仪教育不仅是对传统美德的传承,更是与当代社会主义核心价值观中的"文明"理念相契合。根据小班幼儿年龄较小、喜欢在情境中学习、喜欢模仿的特点,我设计了此次活动,采用源于生活的绘本故事,引导幼儿在体验中感悟,在情境中表演,学习使用基本的礼貌用语,潜移默化地让幼儿感知国学教育中的礼仪教育。

活动目标:

  1.认真倾听故事,理解故事内容。
  2.学习使用简单的礼貌用语"请""谢谢""对不起"。
  3.感知国学教育中的礼仪教育,初步培养幼儿讲礼貌的行为习惯。

活动准备:

  1.经验准备:幼儿熟悉手势舞《礼仪之邦》。
  2.物质准备:歌曲《问好歌》、视频《小猪妈妈的夹心面包》、PPT课件、绘本《小猪一家亲》、手势舞《礼仪之邦》视频、图片。

活动过程:

一、律动导入

  播放歌曲《问好歌》,组织幼儿做手指律动,互相问好。
  中国是礼仪之邦,使用简单的礼貌用语是我们生活中最常见的礼仪,比如见面问好是一种很重要的讲礼貌的行为。

二、故事欣赏

  1.播放PPT,仔细观察画面中的小动物。
  2.观看动画视频《小猪妈妈的夹心面包》。
  你认为小猪一家人有礼貌吗?为什么?
  请幼儿自由讲述,表达想法。

3.带着任务再听一遍故事。

说一说:故事里的小猪一家人都说了哪些礼貌用语?

小结:小猪一家人在吃夹心面包的时候发生了一段有趣的故事,它们分享食物时互相谦让,对话时用到了"请""谢谢""对不起"。

思考:在什么样的情况下我们要说"请""谢谢""对不起"这些礼貌用语?

三、语言游戏:我该说什么

1.情境图片一:小皮球丢了,你想向其他人询问,应该怎样说?

应该说:"请问,你看到我的小皮球了吗?"

2.情境图片二:别人帮助你的时候,你应该怎样说?

应该说:"谢谢!"

3.情境图片三:当你不小心碰到别人的东西,你应该怎样说?

应该说:"对不起!"

小结:生活中,在与他人交流时使用礼貌用语才是有礼貌的好孩子。

四、手势舞表演——《礼仪之邦》

师幼共同表演手势舞《礼仪之邦》。

小结:中国自古以来就重视文明礼仪,讲礼貌是我们中华民族的传统美德。生活中还有很多礼仪需要我们学习,希望小朋友们长大后都能成为讲文明、懂礼貌的好孩子。

五、活动延伸

1.语言区:投放绘本《小猪一家亲》。

2.表演区:幼儿自主分配角色,创意表演《小猪妈妈的夹心面包》。

活动设计:黑龙江省农垦建三江管理局中心幼儿园　满华

健康领域《男孩女孩不一样》

设计思想:

小班幼儿对自己的服饰、发型有了初步的喜好和辨别力,但性别意识还处于模糊阶段。好奇心强的孩子如厕时常常默默驻足观察同伴,甚至个别幼儿在午休时还会出现触摸自己身体器官的行为,这些现象凸显出幼儿在性别认知上的模糊,以及对个人身体隐私部位的好奇。《3—6岁儿童学习与发展指南》中健康领域的教育建议指出:"幼儿阶段是儿童身体发育和机能发展极为迅速的时期,也是形成安全感和乐观态度的重要阶段。"本次活动旨在让幼儿对自己的身体特征有进一步的了解,围绕"辨别自我,寻求归属""了解特征,探讨差异"

"理解功能,保护隐私"3个环节展开,以增强幼儿的健康安全意识。

活动目标:

1. 能区分男孩、女孩的不同,掌握男孩、女孩的基本特征。
2. 认识自己的性别,并学会保护隐私部位的方法。
3. 强化幼儿的性别意识。

活动准备:

1. 经验准备:幼儿知道自己的性别,对自己的身体结构有初步的认知。
2. 物质准备:绘本《男孩女孩不一样》、PPT课件、男孩和女孩的图片、卫生间标志卡、装扮贴贴卡(裙子、帽子、裤子等)若干、贴贴卡底板每人一份。
3. 环境创设:布置男孩、女孩的照片墙。

活动过程:

一、故事导入:《男孩女孩不一样》

有一天,一个男孩和一个女孩出生了,他们慢慢长大……

仔细观看,请幼儿说一说,他们有什么不一样呢?

小结:男孩、女孩虽然都有其各自性别专属的东西,但同一性别的男孩或女孩也有性格、喜好的不同,比如,"有喜欢红色的男孩,也有喜欢穿短裤的女孩;有喜欢看书的男孩,也有喜欢运动的女孩;有喜欢猫咪的男孩,也有喜欢和蚂蚁聊天的女孩;有安静的男孩,也有力气很大的女孩"。

二、自我介绍,正确认识自己的性别

说一说:你是男孩还是女孩?你喜欢做什么事?简单介绍一下你自己吧!

三、了解保护隐私的常识,形成隐私保护意识

1. 出示课件,引导幼儿认识男孩、女孩的隐私部位。

你从哪里能看出他们不一样呢?

2. 指一指图片中男孩、女孩的隐私部位在哪里。

小结:男孩和女孩都有自己的隐私部位。背心和短裤遮住的地方就是隐私部位,不要让别人看哦!只有在身体检查、生病等特殊情况下,才允许专职医生触摸身体,不是在特殊情况下,自己的身体不能让人摸。

四、贴贴卡游戏,强化性别认知

1. 装扮贴贴卡。

请幼儿根据材料,为男孩、女孩挑选适合的服装进行搭配。

2. 卫生间标志卡。

请幼儿将男孩、女孩贴到相应位置,并说一说。

3. 分发贴贴卡底板,幼儿自主操作。

五、活动延伸

1. 幼儿跟随教师参观照片墙,大胆介绍自己。
2. 图书区投放绘本《男孩女孩不一样》。

附故事《男孩女孩不一样》：

有一天,一个男孩和一个女孩出生了,男孩和女孩慢慢长大了,他们有什么不一样呢？小便的方式不一样,穿的衣服不一样,他们的头发不一样,力气也不一样。男孩喜欢蓝色,喜欢机器人,喜欢大大的T恤。女孩喜欢红色,喜欢洋娃娃,喜欢漂亮的裙子。但是,不是所有的男孩都一样,也不是所有的女孩都一样。有喜欢红色的男孩,也有喜欢穿短裤的女孩；有喜欢看书的男孩,也有喜欢运动的女孩；有喜欢猫咪的男孩,也有喜欢和蚂蚁聊天的女孩；有安静的男孩,也有力气很大的女孩。男孩和女孩都有隐私部位,背心和短裤遮住的地方就是隐私部位,不要让别人看见哦！不管是男孩、女孩,都应该善良、勇敢、自信和快乐,你能做到吗？所有的孩子都是爸爸、妈妈心中的宝贝。你是世界上独一无二的,非常非常宝贵,要好好爱自己哦！

活动设计：黑龙江省农垦建三江管理局中心幼儿园　张超

健康领域《我能行》

设计思想：

3～4岁的幼儿刚刚进入幼儿园经历集体生活,会遇到人生的很多第一次,其中也包括挫折。本次活动来源于幼儿生活,从幼儿不会使用小勺入手,引导幼儿理解故事内容,学习使用小勺的正确方法。通过故事让幼儿知道遇见困难要勇敢面对,不会做的事情要尝试着去做,不要哭泣、急躁,生气、逃避或依赖他人等都解决不了问题,应该大胆战胜困难。

活动目标：

1. 理解故事内容,知道自己的事情自己做。
2. 学习正确使用小勺的方法,养成文明用餐的习惯。
3. 乐于反复练习使用勺子,敢于面对困难,自我挑战。

活动准备：

故事《不用妈妈喂》；消毒过的小勺；装有少量干果的碗,人手1份；正确使用勺子的视频。

活动过程：

一、欣赏并理解故事《不用妈妈喂》，知道自己独立吃饭

1. 小黄猫为什么哭啊？
2. 小黄猫怎么做才不会让自己饿肚子？
3. 你会使用小勺自己吃饭吗？我们怎么做才是好孩子？

小结：小黄猫的做法是不对的，因为它已经长大了，应该向小白猫学习，自己独立吃饭，不用妈妈喂，做一个好孩子。

二、律动

幼儿随音乐做手指律动操，锻炼手指的灵活性。

三、学习小勺的正确使用方法，练习使用勺子

1. 观看视频，示范正确使用小勺的方法。

右手拿勺，用大拇指和食指捏住勺把，中指在下面托住勺把儿，要尽可能把住勺把儿的上端，不能抓住勺的下部，否则手会碰到饭菜，不卫生。

2. 幼儿练习使用小勺吃干果。

分发消毒过的小勺和碗，碗内装有少量的干果。教师巡回指导，提示幼儿安静食用，细嚼慢咽，保持桌面干净，养成良好的进餐习惯。

3. 幼儿整理餐具。

将碗、小勺轻轻地放回碗筐里，养成良好的餐后整理习惯。

四、抗挫折教育：要敢于尝试，战胜困难

请幼儿说一说：在生活中遇到过什么困难？遇到困难时应该怎么做？

小结：在生活中，即使是大人也会遇到各种各样的困难和问题，当我们遇到困难时，不要像小黄猫那样只是哭，哭是解决不了问题的。我们要学着思考并解决问题，不会做的事情可以去学。如果碰到了无法解决的问题，可以向大人求助，寻求解决的方法，要做一个勇敢的小朋友。

五、活动延伸

在活动区域中投放勺子、豆子等材料，幼儿游戏时注意安全提示。

附故事《不用妈妈喂》：

小黄猫不会用小勺，每次吃饭都得妈妈喂。有一天，猫妈妈出去办事，天黑了还没有回家。小黄猫饿极了，看着香喷喷的米饭却吃不了，急得直哭。哭声引来了小白猫，小白猫说："小黄猫弟弟，你为什么哭呀？"小黄猫说："我饿了，可是我不会自己吃饭。以前都是妈妈喂我。"小白猫说："我们长大了，应该学会自己吃饭，不能老让妈妈喂。我现在吃饭不用妈妈喂，你也别让妈妈喂了，自

己吃饭才是好孩子!"小黄猫不好意思地说:"可我不会用小勺。"小白猫说:"我教你呀。"小黄猫高兴地说:"太好了,太好了!我一定好好学习,做一个能自己吃饭的好孩子。"

活动设计:黑龙江省浓江农场幼儿园　祝小红

社会领域《我是中国人》

设计思想:

《3—6岁儿童学习与发展指南》中社会领域的教育建议指出:"向幼儿介绍国旗、国歌以及观看升旗、奏国歌的礼仪。向幼儿介绍反映中国人聪明才智的发明和创造,激发幼儿的民族自豪感。"设计本次活动,希望幼儿能够意识到自己的身份和归属,建立起作为中国人的荣耀感和自豪感,了解自己作为中国人的外貌特征和所使用的语言、文字等,从而奠定坚实的爱国基础。

活动目标:

1. 知道自己是中国人。
2. 能够简单说出中国人的外貌和所使用的语言、文字等的特点。
3. 增强幼儿对中国文化的认同感和自豪感。

活动准备:

1. 物质准备:镜子;图片;德语、英语、韩语、俄语、汉语录音各一段;外国人写字和中国人写字的视频各一段;地图。
2. 经验准备:会唱歌曲《中国少年郎》。

活动过程:

一、地图导入——观察地图游戏

1. 出示世界地图,找到中国的位置,激发幼儿的探究兴趣。

小朋友们,世界地图上有很多国家,我们的国家在哪?它叫什么名字?让我们一起来找找看吧!

2. 观察中国地图的轮廓。

你们看,中国地图的形状像什么呢?

小结:中国地图像一只雄鸡,昂首挺胸,这里就是我们的国家,我们出生在这片美丽的土地上,我们都是中国人。

二、了解中国人的外貌特点

1. 观察图片,说一说,我们跟外国人有什么不一样?

2.请小朋友照镜子,说说自己的外貌特征。

小结:中国人长着黑头发、黑眼睛、黄皮肤,我们是中华人民共和国公民。

三、中国人所使用的语言、文字

1.了解中国人所使用的语言是汉语。

我们所使用的语言是汉语,汉语是我们的母语,是世界上使用人数最多的语言。现代汉民族共同语的官方称谓是普通话。

2.出示外国人和中国人写字的视频,请幼儿说说哪个是我们国家的文字。

小结:我们写的字是汉字,汉字是方块字,笔画横平竖直,表现出我们中国人正直而善良。

四、结束环节——音乐表演《中国少年郎》

教师播放音乐《中国少年郎》,组织幼儿进行音乐表演,活动结束。

小结:随着一代代中国人的努力,祖国越来越强大,祖国强大是我们每个中国人的责任。

五、活动延伸

家园共育:认识56个民族,了解每个民族的语言文化和习俗。

活动设计:黑龙江省农垦建三江管理局中心幼儿园　张婷婷

中班

社会领域《奇妙商店》

设计意图:

保护环境是公民的一种意识,也是一种责任。环保教育不仅可以促进幼儿对自然环境的认知,还可以培养幼儿的社会公德心,促进其社会性品质的发展。《奇妙商店》讲述了大象伯伯以经营商店的形式用废旧物给小动物们制作礼物,间接地教育了小动物们不能随地乱扔废旧物。以此故事为契机,引导幼儿养成不随地乱扔废旧物的习惯,并开动脑筋变废为宝,增强环保意识,养成对自然的敬畏和爱护之情。

活动目标:

1. 了解垃圾污染对人类生存环境的危害,知道保护环境很重要。
2. 鼓励幼儿大胆想象,尝试利用废旧物制作礼物。
3. 体会变废为宝的乐趣,从小树立环保意识。

活动准备:

1. 电子课件:PPT课件、视频、音乐。
2. 实物:果壳、纸团、水果网等生活垃圾;多个奶箱、水彩笔、颜料、彩纸、胶棒等。

活动过程:

一、情境导入:了解保护环境的重要性

欣赏舞蹈音乐《大森林》。

1. 发现森林里的"问题"。

想一想:森林怎么了?为什么会有这么多的垃圾呢?如果我们的身边到处都是垃圾,那地球会怎样呢?

2. 播放课件《脏脏垃圾怪》,引导幼儿了解保护环境的重要性。

小结:地球就像人类的母亲,用身体养育着全人类,给予人类所需要的一切资源。如果大家不保护环境,地球就会被破坏。环境一旦被污染了,空气就会变得污浊,水也会变得不干净。只有保护地球环境,才能保护我们的身体。

3．讨论：如果你看到地上有很多垃圾，你会怎样说？应该怎样做？

大象伯伯也想让森林变得干净一点儿，我们一起看一看，大象伯伯是怎样做的呢？

二、大象伯伯的"奇妙商店"

PPT上展示绘本《奇妙商店》，画内音——小朋友们好，我是大象伯伯，我有个本领，只要你交给我一个废旧物，我就可以把它变成一个漂亮的礼物送给你，谁想来试一试啊？

幼儿将地上的垃圾捡起来交给大象伯伯，请大象伯伯帮忙变废为宝。

三、变废为宝乐趣多

1．出示多个奶箱，幼儿利用水彩笔、颜料、彩纸、胶棒等进行装饰。

2．欣赏、展示自己的作品。

3．利用奶箱进行合作游戏，体会一物多玩的快乐。

游戏一：钻山洞。

游戏二：跳跃障碍。

游戏三：开火车。

四、活动结束

引导幼儿随音乐做放松活动，整理游戏道具。

小结：小朋友们，保护环境是每个人的责任。我们要坚持从小事做起，比如，节约用水、用电，不乱扔垃圾，爱护花草树木等。让我们一起行动起来，为保护我们的环境贡献一份小小的力量，让我们的家园更加美好！

五、活动延伸

美工区投放废旧物材料，幼儿制作创意环保袋等。

活动设计：黑龙江省农垦建三江管理局中心幼儿园　王燕

社会领域《小标志　大文明》

设计思想：

教师应培养幼儿从小爱护环境，增强主人翁意识和责任感。设计本次活动，旨在让幼儿了解生活中常见的环境保护标志的同时，养成爱护环境的良好行为习惯。通过趣味游戏，巩固幼儿爱护环境的行为，激发幼儿做保护环境的主人翁。

活动目标：

1．认识生活中常见的环境保护标志。

2．学习制作环境保护标志。

3．激发幼儿从小爱护环境的主人翁意识。

活动准备：

课件、卡纸、彩笔、手工纸、贴纸。

活动过程：

一、情境导入

请小朋友想象一下：大家来到公园，每人摘一朵花，花坛里只留下光秃秃的花茎了。

1．这样的花坛你们喜欢吗？

2．碰到喜欢的花朵，我们应该怎么做？

小结：小朋友要有环保意识，碰到喜欢的花朵可以拍照留念，不要伤害它们。

二、引导幼儿了解环境保护标志并制作标志牌

1．游戏"开开心心逛公园"。

结合幼儿的生活经验创设情境，引导幼儿认识公园里的各种标志。

（1）规则一：花儿好看我不摘。

（2）规则二：游乐场里讲友爱。

（3）规则三：爱护动物要文明。

2．引导幼儿制作公园的规则标志牌。

怎样才能让更多的人有环保意识，不破坏植物呢？

请你仔细想一想，制作标志牌时，除了"花儿好看我不摘""游乐场里讲友爱""爱护动物要文明"之外，我们还应该提示大家注意什么呢？

小结：公共环境需要大家来维护，不乱扔纸屑，不摘花，不踏草。

3．幼儿利用丰富的手工材料制作环境保护标志牌，教师巡视辅助。

三、展示与总结

1．幼儿展示并介绍自己制作的环境保护标志牌。

2．教师针对本次活动进行小结。

四、活动延伸

在区域活动中利用多种材料制作班级卫生标志牌。

活动设计：黑龙江省鸭绿河农场幼儿园　　杨振楠

健康领域《魔幻消气屋》

设计思想：

　　幼儿在成长过程中难免会遇到挫折和挑战，因此情绪培养非常重要。《魔幻消气屋》是培养幼儿良好情绪的心理健康绘本，可以帮助幼儿缓解消极的情绪情感。在本次活动中，结合绘本提供的情境，师幼共同探讨转移情绪、排解脾气的方法，提高幼儿应对消极情绪的能力，学会自我调节，解决成长过程中遇到的问题。

活动目标：

　　1.让幼儿了解情绪的分类，知道生气是一种正常的情绪，但要学会调节。

　　2.通过游戏培养幼儿的情绪表达能力，学会用适当方式处理生气的情绪。

　　3.培养幼儿积极向上的心态，学会关爱他人，和谐相处。

活动准备：

　　PPT课件、音乐。

活动过程：

一、情境导入，激发兴趣

　　出示PPT中的绘本《魔幻消气屋》：快看，森林里有一个漂亮的小屋子，叫"魔幻消气屋"，它是干什么用的呢？

二、学习并理解各种动物的消气方法

　　1.帮大象消气（幼儿仔细观察图片）。

　　说一说：大象心情怎么样？从哪里可以看出来？猜猜大象是因为什么事生气的？

　　想一想：怎样帮大象消气？

　　做一做：幼儿模仿小精灵打沙包的魔法。

　　2.帮小鸟消气。

　　说一说：猜猜小鸟为什么生气？

　　想一想：你有办法帮两只小鸟消气吗？

　　做一做：尝试用小精灵的魔法帮助小鸟消气。

　　3.帮胖胖猫消气。

　　说一说：小猫身材怎么样？胖胖猫为什么气呼呼的？

　　做一做：幼儿尝试用深呼吸的魔法帮助胖胖猫消气。

小结:刚刚我们学到了这么多消气的方法,请分享给你的小伙伴和家人。

三、创编儿歌

请你把小精灵的魔法编成好听的儿歌吧!

"不生气,不生气,生气我就打沙包;不生气,不生气,生气我就……"

小结:小朋友们不要生气,生气会损伤自己的身体,伤害亲人或朋友间的感情,所以我们要像小精灵一样,把坏情绪发泄出去。

四、谈话活动:爱自己,不生气

说一说不让自己生气的方法。

1．生气的时候可以去做能让自己开心的事,或读自己喜欢的书;把不开心的事情说出来;和自己喜欢的人一起做游戏、聊天、听音乐、进行艺术创作、运动等。

2．不要去和别人比较,做最好的自己。

五、活动延伸

家园共育:睡前进行亲子阅读,共读《不要坏脾气》《为什么我不能》《我的情绪小怪兽》等系列情绪管理绘本。

活动设计:黑龙江省浓江农场幼儿园　高阳

社会领域《垃圾分类大挑战》

设计思想:

根据《幼儿园教育指导纲要(试行)》中科学领域的目标"爱护动植物,关心周围环境,亲近大自然,珍惜自然资源,有初步的环保意识"设计本次活动,旨在通过直观、生动的方式,帮助幼儿认识垃圾桶的标志,培养幼儿的环保意识,使其学会正确分类投放垃圾。此次活动以幼儿为主体,通过提问、讨论、游戏等多种方式完成目标,激发幼儿的学习兴趣,让他们在轻松、愉快的氛围中掌握垃圾分类知识,形成良好的生活习惯。

活动目标:

1．懂得垃圾分类的意义。

2．认识垃圾分类的标志和含义。

3．能在日常生活中将垃圾分类投放,养成良好的环保意识。

活动准备:

地球妈妈哭泣的图片、美丽的地球妈妈的图片、不同种类垃圾桶的标志卡片、贴有相应标志的4个垃圾桶、垃圾分类的相关视频、各种垃圾的图片。

活动过程：

一、图片导入

幼儿观察地球妈妈哭泣的图片。

"地球妈妈怎么了？地球妈妈为什么会哭泣呢？"

讨论地球妈妈哭泣的原因，鼓励幼儿大胆表达自己的看法，引导幼儿明白垃圾缠身是地球妈妈哭泣的原因之一。

二、关爱地球妈妈

既然垃圾会给地球妈妈带来伤害，我们应该怎样处理这些垃圾呢？

1．减少垃圾的产生。

你还知道其他处理垃圾的方式吗？请幼儿自主回答。

2．观看垃圾分类的动画视频，引起幼儿的兴趣。

三、认识垃圾分类的标志

1．展示标志。

逐一出示垃圾桶的标志卡片，请幼儿说一说标志的含义？其代表哪类垃圾？鼓励幼儿根据标志的形状和颜色来猜测其含义。

2．实物观察。

组织幼儿到垃圾桶旁，观察每个垃圾桶上的标志，请幼儿分辨每个垃圾桶是用来装什么垃圾的。

3．小组讨论。

将幼儿分组，每组抽取一些垃圾的图片尝试进行分类，并说一说，为什么这样分？

小结：

可回收垃圾：书本、报纸等废纸；塑料；玻璃；金属；纺织物。

有害垃圾：灯管类；家用化学品类；电池类；含汞类；重金属类（如胶片、X光片、打印机的墨盒等）。

厨余垃圾：废弃食用油脂；菜叶；瓜果皮；残枝落叶；食物残渣等。

其他垃圾：餐巾纸；卫生间用纸；尿不湿；拖把；一次性筷子；烟蒂；大骨头；硬果实；毛发；砖瓦陶瓷；渣土等。

四、操作环节

1．分类游戏。

玩法：每个幼儿抽取一张垃圾的图片，站在相同的起始线上。教师拿出垃圾桶，幼儿按上面的标志快速投放手中的垃圾。

游戏结束后师幼共同评价:哪些小朋友投对了?哪些投错了?为什么?

2.小组竞赛。

每组20张垃圾的图片,开展垃圾分类小组竞赛,哪个小组在最短的时间内正确完成垃圾分类任务,请其分享经验。

说一说:你们是怎么分工合作的?觉得哪个环节做得最好?

小结:正确的垃圾分类不仅可以帮助我们保护环境,还能让垃圾得到更好的回收利用。希望大家在日常生活中能够积极践行垃圾分类投放,并减少垃圾的产生,让我们的地球妈妈永远美丽。(出示美丽的地球妈妈的图片)

五、活动延伸

家园共育:提醒家人购物时自带购物袋,减少使用一次性塑料袋等物品。

活动设计:黑龙江省农垦建三江管理局中心幼儿园　尚慧敏

科学领域《造纸术》

设计思想:

纸是我们随时随地可以接触到的生活与学习用品,又是幼儿十分喜爱的操作材料。一张纸在幼儿的手中可以千变万化,可以画出美丽的图画,可以折出可爱的动物,还可以变成游戏的道具。在用纸的过程中,幼儿偶尔会问:"纸是怎么来的呢?"《3—6岁儿童学习与发展指南》中科学领域的教育建议指出:"成人要善于发现和保护幼儿的好奇心,充分利用自然和实际生活机会,引导幼儿……学习发现问题、分析问题和解决问题。"本次活动旨在利用造纸游戏引导幼儿了解造纸术。造纸术是我们中国古代四大发明之一,故借此次活动让幼儿感受我国劳动人民的伟大智慧,为祖国的灿烂文化感到骄傲。

活动目标:

1.了解中国古代四大发明之一造纸术。

2.尝试用造纸材料制作纸张,了解纸的类别。

3.感受造纸术的乐趣,懂得珍惜纸张。

活动准备:

PPT课件、古法造纸视频、现代造纸视频、抄纸网、抄纸盆、造纸胶、纸浆、搅拌器、各种纸张(打印纸、卫生纸、吸油纸、彩纸、卡纸、皱纹纸、宣纸)、造纸图示。

活动过程：

一、活动导入

认识教师准备的材料，幼儿观察、感受各种纸张的不同之处，并说一说，各种纸都有什么用途？

我们面前的纸用途不同，可以擦汗水、油渍，还可以写字、做手工，吸油纸甚至可以为美味的菜肴吸走多余的油。下面我们来看看，这些纸是怎么造出来的？

二、造纸术及其由来

古代人们都是用什么来代替纸张写字的呢？

1．古代没有纸张，交流只能通过口耳，或结绳记事，或画在树皮、石头或陶器上，或刻在乌龟壳上。

2．到了春秋战国时期，字被刻写在青铜器上，或写在竹简上。

3．秦、汉时期，人们发现写一本书可能会用几车竹简，这十分不方便，因此出现了帛书，也就是用丝织品作为书写载体。东汉时期的蔡伦发明了造纸术，使中国成为世界上最早生产纸张的国家。

4．观看古法造纸视频，了解造纸的过程。

三、操作游戏：古法造纸

1．引导幼儿学会看造纸图示，自己尝试造纸。

2．幼儿操作，尝试用抄纸网抄出纸浆，教师指导。

四、现代造纸

1．观看视频，幼儿了解现代造纸过程。

2．播放PPT，帮助幼儿回顾梳理现代造纸的过程。

小结：现代用的纸是将树木脱皮后送到工厂里，通过一道道复杂的程序进行加工而制造出来的。纸的原材料是树木，因此我们小朋友要懂得节约纸张，保护环境。

五、知识迁移，结束活动

指南针、造纸术、火药、印刷术是我国古代四大发明。中国人从古至今都有智慧、爱发明，非常了不起，作为中国人，我们骄傲和自豪！

六、活动延伸

1．将造纸材料投放到活动区域，幼儿尝试创新制造不同颜色的纸张。

2．和家人一起查阅、了解中国的新四大发明。

活动设计：黑龙江省农垦建三江管理局中心幼儿园　邢慧中

大 班

社会领域《我们一起来喝茶》

设计思想：

饮茶在中国是非常普遍的，茶道是茶文化的核心，是饮茶时的仪式和规矩，蕴含着丰富的哲学思想和道德观念，更是修身养性的方式。主人将茶端至客人面前请其饮用，我们称之为"敬茶"，表达对客人的敬意。幼儿在学习茶道的过程中，可以了解待人接物的礼节，培养谦逊有礼的品质。设计本次活动，旨在引导幼儿对茶文化产生兴趣，通过仔细观察，学习敬茶，亲身体验敬茶礼，加深幼儿对中国悠久的茶文化的理解，培养他们对中华民族的认同感和自豪感。

活动目标：

1．认识常见的几种茶叶，了解茶叶的六大基本类型。

2．学习基本的敬茶礼，知道长幼有序、先客后主。

3．体验中国茶文化，激发幼儿传承与弘扬传统文化的意识。

活动准备：

PPT课件、几套木质茶具、各种常见茶叶、视频。

活动过程：

一、品茶导入，引起幼儿的兴趣

小朋友们，请你尝一尝面前的饮品。

你知道它是什么吗？说一说它的味道。

小结：中国是第一个开始饮茶的国家，人们把饮茶看作是修身养性的方式。世界上其他国家或地区的饮茶习惯和茶叶种植都是直接或间接从中国传过去的。

二、认识茶叶，了解茶叶的生长过程和种类

茶叶种类丰富，不同的茶叶对身体的功效也不同，我们来简单认识一下茶叶的种类。

1．播放PPT，幼儿仔细观察画面，了解茶叶的特征。

2．根据PPT认识茶的种类。

根据茶叶所呈现的色泽进行分类：

绿茶有龙井茶、碧螺春、六安瓜片、竹叶青、黄山毛峰;

黄茶有霍山黄芽、君山银针;

白茶有白毫银针、白牡丹、寿眉;

青茶即乌龙茶,有铁观音、冻顶乌龙、武夷岩茶、凤凰水仙;

红茶有小种红茶、祁门工夫、滇红工夫、闽红工夫;

黑茶有湖南黑茶、六堡茶、普洱熟茶。

三、观看视频,了解敬茶礼

说一说,在视频中你看到了什么?

敬茶是我国自古就有的民俗,表达对客人的敬意。

四、学习敬茶礼

1. 俗语"酒满茶半"。

奉茶时茶汤不要太满,以八分满为宜。

2. 教师演示。

敬茶时要先给客人,然后再给主人,还要先给长辈敬茶。

奉茶时一定要用双手。

端茶的时候手指不要碰到茶杯的杯口,放茶杯的时候,一定要注意轻拿轻放,不要将茶汤洒出来。

3. 幼儿体验敬茶礼。

五、敬茶

1. 同伴互相敬茶:幼儿分组,到茶桌前演示敬茶礼。

2. 给长辈敬茶:请小朋友们给老师敬茶。

3. 整理桌面和茶具,结束活动。

六、活动延伸

在活动区域设立"茶社",幼儿学习冲茶、泡茶。

活动设计:黑龙江省农垦建三江管理局中心幼儿园　李萍

健康领域《舞龙》

设计思想:

舞龙是一种起源于我国的传统民俗文化活动,是在我国正式开展的一种体育项目,是在龙文化的基础上表现龙精神的文化活动。结合东北地域特色,可以和幼儿一起利用废旧材料制作舞龙道具,开展体育游戏活动——舞龙。幼儿在参与舞龙的过程中可以发展协调和平衡能力,同时,教师尝试利用基本的队形变化和合作摆尾姿势,加强幼儿的团队合作意识,激发幼儿传承中华优秀传统文化的兴趣。

活动目标:

1. 学习舞龙的基本技巧和方法,练习听信号进行动作配合。
2. 学习协同蹲起、拐弯快步走,感受与同伴合作舞龙的乐趣。
3. 激发幼儿对中国传统民俗文化的传承意识和兴趣。

活动准备:

1. 热身音乐;舞龙视频;舞龙道具;设置障碍所需要的矿泉水瓶;2根用于空中牵铃铛的长绳;4只桶。
2. 场地设置:在地面上画出一个大大的螺旋形。

活动过程:

一、视频导入

1. 播放舞龙视频,让幼儿感受舞龙的魅力和氛围。
2. 简单介绍舞龙的起源和意义。

舞龙是汉族传统民俗文化活动之一,人们以舞龙的方式来祈求平安和丰收。舞龙时,龙跟着绣球做各种穿插动作,不断展示扭、挥、仰、跪、跳、摇等多种姿势。在我们的家乡建三江,每逢春节、二月二、正月十五等喜庆节日,人们都会在广场上舞龙。

二、学习舞龙动作

1. 伴随音乐做热身运动。
2. 讲解并示范几种基本的舞龙动作,幼儿自行模仿。

(1)举龙。

左手握杆尾,右手握上端,左前臂与胸平,右臂与肩同高,杆距胸一拳,双脚张开与肩同宽。

(2)擎龙。

保持双臂向上伸直,举起左手,右手沿着杆向下滑动,直到双手并拢。

(3)端龙。

右端龙:从举龙滑向右龙,右手握杆至右下方,左手高于右手,左手紧贴胸部。

左端龙:从举龙滑向左龙,向左转,左手握住杆尾贴近背部,右手握住杆中间,左手高于右手。

3．学习不换手"8"字舞龙。

第一个幼儿握住杆不动,转身面向第二个幼儿,用与腰平的杆把龙划向身体左侧。第二个幼儿用与腰平的杆把龙划到身体的右侧,接着将龙的右端划到龙的尾部。

三、分组自由练习

1．幼儿自由分组,用刚刚学会的舞龙动作,合作练习舞龙。教师巡回观察、指导。

2．每组幼儿给大家进行展示。

3．师幼共同点评,分享经验。

四、舞龙表演

播放音乐,小朋友集体表演舞龙,把所有精彩的动作串起来。

现在让我们举起巨龙来表演一下吧!

五、活动延伸

美工区:幼儿用绘画对精彩的舞龙表演进行表征。

活动设计:黑龙江省农垦建三江管理局中心幼儿园　宋若瑶

艺术领域《美丽的汉服》

设计思想:

近年来国潮逐渐兴起,大街小巷着汉服的飘逸身影愈发常见。汉服重新走进了人们的日常生活,唤起人们对中华优秀传统文化的热爱。幼儿身着汉服时,那份由内而外的自信与自豪溢于言表。本次活动将深化幼儿对汉服及其背后文化的理解。通过欣赏汉服的美,帮助幼儿深入了解其历史渊源、款式、特点,以及所承载的深厚的文化内涵,希望幼儿能理解身着汉服不仅外在华丽与典雅,最重要的是内在彰显着民族自豪感,知道汉服代表着中国几千年文化的累积与传承,从而更加珍视这一宝贵的文化遗产。

活动目标:

1．认识和了解汉服,知道汉服是我国汉民族的传统服饰。

2．能说出汉服上几种常见纹饰的特点,尝试合作制作汉服。

3．感受汉服的传统美和其孕育的中华文化,激发幼儿对民族服饰文化的探究兴趣。

活动准备:

1．经验准备:幼儿提前了解一些汉服知识。

2.材料准备:扭扭棒、勾边笔、马克笔、剪刀等手工材料和汉服图片。

活动过程:

一、汉服的秘密

观察汉服图片,幼儿说一说,这些衣服和我们平时穿的衣服有什么区别?谁能给这种衣服起个名字?

这些美丽的衣服叫作汉服,是汉民族的传统服饰,又称衣冠、衣裳、汉装,谁能来介绍一下你了解的汉服知识呢?

秒懂汉服:汉服是汉民族的传统服饰,历史悠久,与其他民族的传统服装和配饰明显不同,体现了古代人民对美的追求和热爱。汉服表现了不同时代的纺织技术、审美意识、生活习俗,是我国"衣冠上国""礼仪之邦""锦绣中华"的体现,是中华文化的瑰宝。汉服文化逐渐复兴,它传承了30多项中国非物质文化遗产及受保护的中国工艺美术。

二、欣赏汉服之美

师幼一起欣赏美丽的汉服,仔细观察其上有哪些特别的花纹。

1.云气纹。

它是汉服传统的装饰花纹之一,就像流畅的圆涡形线条。云都是高高飘荡在空中的,所以,云气纹含有高升和如意的寓意。

2.卷草纹。

它是做S形波状曲线排列的一种花纹,多数刻画的是一种青草,多取牡丹等的枝叶形态,采用曲卷多变的线条,花朵繁复华丽、层次丰富。

3.联珠纹。

它是一种骨架纹样,是由许多个小圆相连接而组成的一个大圆状纹样,并在其中添加代表吉祥的动物、花卉等的纹样。

小结:汉服的款式虽然多样,但始终不变的是汉服所代表的汉民族的文化内涵与礼仪体制,所以当我们穿上汉服的时候,会觉得十分自豪。

三、制作汉服

我们已经简单地了解了关于汉服的知识,老师为小朋友准备了制作汉服的材料,请小朋友分组制作独特的汉服。

教师分发操作材料,幼儿自由选择,勾勒汉服的轮廓。

1.使用勾边笔和马克笔,在汉服上添画一些花纹,以提高其美观度。

2.可以利用扭扭棒扭出花纹的样式,用胶粘在汉服上。

四、结束环节——"汉服走秀"

1.小朋友手拿自己制作的汉服,进行一场汉服走秀,老师拍照记录。

2.分享制作创意,活动自然结束,幼儿整理材料。

五、活动延伸

1.将未完成的汉服放置在美工区,幼儿利用区域时间继续加工制作。

2.通过各种方式搜集和汉服有关的各种各样的发髻、妆容的图片,继续感受汉服的魅力。

活动设计:黑龙江省农垦建三江管理局中心幼儿园　王晓敏

整合《小小水利工程师——"水到渠成"》

设计思想:

安吉游戏不局限在户外游戏活动,更体现在幼儿的一日生活中。将安吉游戏本土化以便适应幼儿的发展,是我们一直在努力实现的目标。此次开展"小小水利工程师——'水到渠成'"活动,旨在将青龙山灌区的知识与搭建结合在一起,利用本土化资源让幼儿自主探索。在活动中,幼儿大胆尝试室内沙水游戏,自主讨论,自主搭建,初步了解灌区的作用,体验搭建的乐趣。通过活动激发幼儿爱家乡的情感,并为家乡有青龙山灌区感到骄傲和自豪。

活动目标:

1.初步了解灌区的作用。

2.积极探索沙水玩具的玩法,自主搭建,能发现问题并主动寻找解决的方法。

3.感受家乡人民的智慧与创新精神,萌生爱家乡、建设家乡的情感。

活动准备:

PPT课件、剖面直管、支架、底座、水槽、水桶、实心小球、水、图片。

活动过程:

一、情境导入

欢迎小朋友来到"智慧星"知识竞赛现场,首先进入抢答环节。

1.我们的家乡叫什么名字?

建三江。(呈现建三江的图片)

2.我们的家乡盛产什么粮食作物?

我们的家乡盛产水稻,所以还有一个更响亮的名字——"中国绿色米都"。(出示图片)

3．水稻生长在什么地方？（出示图片）

水稻生长在有水的田地里。

4．水稻生长需要许多水，这些水是从哪里来的呢？

揭晓答案：在过去的很长时间里，我们都是以抽取地下水的方式来灌溉水稻的，现在怎样灌溉水稻呢？下面我们来看一个视频。

二、小视频，大发现——认识并了解青龙山灌区

1．观看视频，发现问题。

视频里发生了什么事情？

小结：视频里发生了旱灾。为了防旱防灾，聪明的建三江人建设了重大水利工程。

2．了解什么是灌区及它的作用。

（1）视频中的灌区叫什么名字？

青龙山灌区。

（2）青龙山灌区是中华人民共和国成立以来第几大灌区？

第二大灌区。

（3）青龙山灌区引入的是哪条江的水？

黑龙江。

（4）青龙山灌区有什么作用？

①减少地下水的开采。②提高水稻产量。③"喝"了江水的水稻更好吃。

3．了解了这么多关于青龙山灌区的知识，你可以尝试用更丰富的语言来形容青龙山灌区吗？

小结：建三江有一项这么伟大的水利工程，身为建三江人真的感到骄傲和自豪。家乡人民用智慧和勤劳创造了美好的家乡。

4．请幼儿感受灌区的壮观。

观看视频，欣赏首站开闸放水。

讨论：引渠是什么形状的？如果让你来搭建引渠，你觉得哪种材料最合适呢？

小结：我们知道水从高处流向低处，长长的引渠可以把水引到田地里边。

三、齐心协力运小球

请5名幼儿一起游戏，4名幼儿将小球放在剖面直管中，使其由高到低滚落，1名幼儿接球。

教师支持幼儿自主完成游戏挑战，在幼儿发现问题时引导他们主动解决，为进一步提高搭建难度做准备。

四、搭建游戏——"水到渠成"

小小水利工程师们,你们的任务来了,为了让建三江千万亩水稻"喝"上江水,现在需要你们搭建两条引渠。

1．绘制引渠工程图。

两组幼儿分别商议,各选出一名组长绘制引渠工程图,绘制完成后组员按图纸进行施工搭建。

2．注意事项。

(1)搭建材料不够时,举手示意老师,团结合作,小声交流。

(2)搭建完成后,请组长来测试小球是否可以顺利通过。

(3)邀请老师做工程验收员,验收合格后通水。

3．注意施工安全。

(1)剖面直管很重,不要砸到脚。

(2)通水后地面会有水,小心滑倒。

4．幼儿自主搭建。

小小水利工程师们,准备好了吗?请开工吧!

5．通水成功,幼儿验证结果并总结经验。

小结:我们的引渠搭建得很成功,"水到渠成"。(幼儿为自己鼓掌)

五、活动延伸

在沙水区指导中小班的弟弟妹妹搭建引渠。

活动设计:黑龙江省七星农场中心幼儿园　黄晶晶

健康领域《热闹的龙舟比赛》

设计思想:

大班幼儿力量与耐力都有很大程度的提升,但其腿部力量和动作协调性还有待继续加强。他们喜欢参加竞技游戏,合作意识也开始发展,并且对于过端午节也有了初步的经验。端午节习俗中的赛龙舟恰好需要小伙伴之间相互配合,可以很好地培养幼儿的团结协作能力,因此开展提高动作协调性的赛龙舟集体活动,既可以提升幼儿的腿部力量,又能帮助幼儿从视觉体验发展到运动体验,还能感受端午节丰富的文化内涵。

活动目标:

1．了解传统节日——端午节的习俗。

2．练习全蹲走,发展幼儿的腿部力量。

3.体验传统节日的民俗文化,乐于团结协作,感受集体游戏的乐趣。

活动准备:

粽子模型、香包、"小龙舟"模型、赛龙舟的视频、音乐《赛龙舟》、图片等。

活动过程:

一、情境导入

1.端午节就要到了,你知道怎样过端午节吗?

幼儿根据经验讲述,教师出示图片,帮助幼儿梳理端午节习俗。

2.端午节有一项快乐的集体运动——赛龙舟,小朋友们一定喜欢,我们来看一看吧!播放赛龙舟的视频。

二、基本活动:学习全蹲走

刚刚小朋友们看到赛龙舟特别兴奋,我们来模拟赛龙舟吧!

1.组织幼儿进行热身活动,要特别突出下肢的锻炼。

模拟赛龙舟时桨手的动作,幼儿分散,自由探索。

2.幼儿围成一圈,教师请个别幼儿展示全蹲走。

全蹲走的动作要领:

两脚站稳,后背立直,两腿自然分开,脚尖朝前,成全蹲姿势,脚跟提起,用脚掌和踝关节的力量,双脚交替向前走,两手放在背后或屈时前后自然摆动。

在练习时,教师要提醒幼儿保持全蹲姿势,不要将臀部抬起。

3.学习手的动作:肩部用力,双手握拳侧伸。

4.幼儿自由组合,4人一组,练习集体全蹲走。

幼儿一起喊号子,手臂前后一致摆动。

三、集体游戏:赛龙舟

1.幼儿自己布置场地,创设游戏情境。

2.教师介绍游戏玩法。

设置起点,"小龙舟"沿着赛道钻过"桥洞"和下一条"小龙舟"接力,直至所有"小龙舟"到达终点,游戏结束。幼儿分成两队,最快到达终点的队伍获胜。

提醒幼儿和伙伴间保持距离,避免拥挤、踩踏。

3.游戏结束,幼儿自我评价和小结,为获胜队鼓掌祝贺。

四、放松活动

幼儿随着音乐做放松活动,然后整理游戏场地。

五、活动延伸

1.美工区:绘画,或者手工制作粽子、香包等。

2.家园共育:端午节和家人一起采艾草、挂艾草。

活动设计:黑龙江省鸭绿河农场幼儿园　刘丽钊

艺术领域《布艺扎染》

设计思想:

　　扎染技艺源远流长,体现了中华民族的智慧和创造力,将中国传统文化中的审美理念与时尚完美结合。扎染作品色彩斑斓,图案多样,可以激发幼儿的好奇心和学习兴趣,提高幼儿的参与度。设计此次"布艺扎染"艺术活动,传承非物质文化遗产——扎染技艺,满足幼儿的好奇心,培养其创造力和想象力,提高其手眼协调能力和审美能力,帮助他们了解和爱上这项中国古老的民间技艺,成为传播中华优秀传统文化的小使者。

活动目标:

　　1.欣赏多种多样的扎染作品,感受其独特的艺术魅力。
　　2.尝试采用多种技巧来染色,如折叠、卷曲、捆扎等。
　　3.爱上这项中国古老的民间技艺,体验创造的快乐。

活动准备:

　　1.操作材料:纯色的小肚兜、小布包、小手帕和小衣服,以及扎染颜料、剪刀、皮筋、水等。
　　2.相关视频、图片。

活动过程:

一、情境导入

　　美丽的小镇上突然来了许多游客,原来是扎染服装店开业了,大家都来参观。什么是扎染呢?让我们一起看看吧!(出示图片)
　　说一说:你都看到了哪些精美的花纹和图案?
　　小结:这些漂亮的衣服就是通过扎染技术染成的,白色的布料经过精心的捆扎和染色处理,便可以留下精致的花纹。

二、了解扎染的工艺流程和实用技巧

　　扎染是我国民间的一门独特的技艺,小朋友跟我到扎染车间去看看吧!(观看视频)
　　1.扎染需要哪些步骤?
　　2.如何扎?扎好之后要采取哪些措施?

3.请你来讲解,如何染上颜色及利用不同扎法呈现不同的图案?

小结:在扎染的过程中,首先要将布料卷起来并扎紧,然后用水浸湿,接着进行染色,最后晾干,打开就可以看到美丽的图案了。

三、尝试体验扎染技艺(扎染体验区)

小朋友一定被扎染技艺迷住了,现在请大家进入体验区。

幼儿分成4组,动手尝试扎染一些小物件,例如小肚兜、小布包、小手帕和小衣服等。

提示幼儿扎染的细节:

1．卷布时,要用力捏紧布,并且牢牢地绑住皮筋。

2．染布时,避免将颜料洒到桌面上,每使用完一种颜色后都要确保盖好了盖子。

3．桌上备有擦手毛巾,可以用来擦手。

四、作品展示

幼儿大胆展示作品,说一说自己的创作意图和方法。

除了按照视频中的教学方法进行扎染,你还有其他办法可以扎染出更美的作品吗?

小结:即使使用相同的染料,染出来的花纹也会有差异。这些小物件经过小朋友们精心地染色,其花纹变得异常美丽,这就是扎染的独特魅力,它能够让我们获得不同的艺术感受。去把作品展示在我们幼儿园的展示窗里吧!

五、活动延伸

美工区:提供相应的材料,让幼儿继续进行纸艺扎染。

活动设计:黑龙江省浓江农场幼儿园　杨兰

六月 文明生活

主题班会

端午节主题班会活动方案建议

指导思想：

  每年的农历五月初五是我国的端午节，其与春节、清明节、中秋节并称为中国四大传统节日。端午节的传统习俗深受人们喜爱，其中赛龙舟、吃粽子、挂艾草、佩香囊等习俗已成为端午节的标志性活动被传承下来。在端午节来临之际，幼儿园开展端午节主题班会活动，通过挂艾草、沐兰汤、画额等民间传统习俗，让小朋友们亲身体验并了解我国传统节日的意义，了解民俗文化，做热爱生活的人。

活动主题：

  "品味端午 传承文明"。

活动目标：

  ＊知道端午节是我国四大传统节日之一，了解端午节的来历和习俗。
  ＊提高幼儿的动手能力。
  ＊体验端午节带来的快乐，并学会向他人表达端午安康的祝福。

活动形式：

  主题活动。

活动时间：

  6月。

活动内容建议：

一、拂艾草问候

  早上入园时给幼儿举行拂艾草问候仪式，幼儿初步感受节日气氛。

二、端午节的来历

  了解端午节的由来，倾听屈原的故事。
  相传，屈原倡导举贤授能，主张富国强兵，联齐抗秦，遭到贵族子兰等人的强烈反对。屈原遭谗去职，被赶出都城，被流放到沅、湘流域。他在被流放途中，写下了忧国忧民的《离骚》《天问》《九歌》等诗篇。公元前278年，秦军攻破楚都郢，屈原心如刀割，于农历五月五日，在写下了绝笔作《怀沙》之后，抱石投汨罗江自尽,以自己的生命谱写了一曲壮丽的爱国主义乐章。屈原投江后,当地百姓闻讯马上划船捞救,但并没有捞到屈原的尸体。后来为了寄托哀思,人们荡舟江河之上,逐渐发展成为龙舟竞赛。百姓又怕江河里的鱼虾糟蹋屈原的尸体,就纷纷回家拿来米团投入江中,后来就演变成了吃粽子的习俗。

三、端午节的习俗

·端午节吃粽子。

粽子,又叫"角黍",有甜粽和咸粽两大类,其传统形状为三角形,一般根据馅料命名。包糯米的叫米粽,掺红豆的叫蜜豆粽,掺红枣的叫枣粽,枣粽谐音为"早中",意指读书的孩子吃了可以早中状元。

·端午节赛龙舟。

赛龙舟是端午节的主要习俗,起源于屈原投江后,楚国人舍不得这位贤臣,他们争先恐后划船打捞。之后便在每年的农历五月初五赛龙舟以纪念屈原。现在,各地人们对这项活动赋予了不同的意义。

·端午节佩香囊。

古时的端午节,小孩佩香囊和戴五彩绳有避邪驱瘟之意,香囊内有朱砂、雄黄、香药,用五色丝线系紧,清香四溢。各种不同形状的香囊结成一串,形形色色,玲珑可爱,现在主要是起到点缀装饰作用。

·端午节悬艾叶、菖蒲。

民谚说:"清明插柳,端午插艾。"在端午节,人们把艾叶、菖蒲插于门楣上,或悬于堂中,驱邪护宅,寄托保佑家人安康的美好祝福。

·端午节饮雄黄酒。

长江流域盛行端午节饮雄黄酒的习俗。雄黄是一种中药材,中医类书籍中说雄黄能解毒杀虫,因此民间就有了"饮了雄黄酒,百病都远走"的俗语。现代科学研究表明,雄黄酒内服有毒,必须慎用,可以外用。

·端午节拴五色丝线。

我国古代以青、红、白、黑、黄五色为吉祥色,因此,端午节的清晨,人们起床后的第一件事便是在孩子的手腕、脚腕、脖子上拴五色丝线,据说可以避开蛇蝎类毒虫的伤害。

·端午节游百病。

贵州地区端午节这天男女老幼要穿上新衣、带上食品到外面游玩一天,在山间田野采集野花、香草,晚上带回家用水煮后洗澡。当地人称此举为游百病或洗百病,这样做会使一年内吉利、平安。

·端午节驱五毒。

俗语云:"端阳节,天气热,五毒醒,不安宁。"五毒是指蝎子、蜈蚣、毒蛇、蟾蜍、壁虎五种毒虫。所以,端午节这天,人们会在门上贴上纸剪的五毒图像,以避其毒。驱五毒反映了人们除害防病的美好愿望。

· 端午节滚鸡蛋、鸭蛋或鹅蛋。

这一习俗在全国很多地区均流行。在端午节早晨,将煮熟的鸡蛋、鸭蛋或鹅蛋放在儿童的肚皮上滚动,然后剥皮让儿童吃下。据说这样做儿童不会肚子疼,实则为节日的一种嬉儿游戏。

四、感受端午节浓浓的节日氛围

· 教师为幼儿佩戴五彩绳。

· 品尝美味的粽子。

食堂的叔叔阿姨为小朋友包了美味的粽子,请小朋友一起来品尝吧!

· 沐兰汤。

教师身着汉服,端着一盆艾叶水,幼儿排成一队,依次从教师面前走过。教师用艾叶在幼儿的双手、额头、脖颈上轻轻点一下,寓意驱除晦气、身体健康。

· 画额。

教师讲解以雄黄涂抹小儿额头可驱避毒虫的习俗。此次活动以清水代替,重在让幼儿感受这一习俗。

· 佩戴香包。

教师带领幼儿一起制作香包,并给每个幼儿佩戴香包。

五、趣味端午

· 赛龙舟。

幼儿团结合作,一起进行赛龙舟游戏。

· 投壶。

幼儿分两组开始挑战,一组近距离投壶,另一组远距离投壶,然后两组互换位置继续游戏,看哪组投得最多。

· 龙舞粽乐。

幼儿充分发挥想象力,大胆地设计舞龙作品,完成后幼儿体验舞龙的乐趣和吃粽子。

芒种主题班会活动方案建议

指导思想：

谚语云："芒种芒种，连收带种。"芒种时节适宜种植谷类作物，过了芒种之后，植物的成活率会越来越低。芒种是一个忙碌耕种的节气。作为二十四节气中的第九个节气，其是进入夏季后的第三个节气，是一年中最忙的时节。为了让孩子们了解芒种特有的文化，感受传统的节气习俗，我们开展芒种主题班会活动，从不同的角度帮助幼儿了解芒种，同时激发幼儿对芒种这一节气的喜欢和热爱。

活动主题：

"芒种来，萌娃知"。

活动目标：

* 简单了解芒种时节农事活动的特点及节气习俗。
* 通过芒种谚语和相关习俗活动，加深幼儿对芒种的理解。
* 让幼儿感受中华传统节气文化，体验节气活动的乐趣。

活动形式建议：

主题班会、户外拓展、习俗体验。

活动时间：

6月。

活动内容建议：

一、认识芒种节气

· 说一说，现在是什么季节？这个季节有哪些节气呢？
· 欣赏芒种相关视频，通过视频了解芒种节气。

芒种是干支历午月的起始。芒种节气于每年公历6月5~7日交节，芒种在小满和夏至之间，是处在转折期的一个节气。

· 芒种的传统习俗。

在南方，芒种的传统习俗有安苗、煮梅等。每到芒种时节，种完水稻，各地农民为祈求秋天有个好收成，便举行安苗祭祀活动。每年五六月是梅子成熟的季节，新梅子酸涩，其加工的过程就是煮梅。

二、芒种时节的农作物

在南方，有芒种时节收麦子的习俗。麦子是什么样子的呢？稻子和麦子有

什么不同？

找不同游戏——仔细观看图片。

· 弯弯的是稻穗，直直的是麦穗，麦子有尖尖的、针一样的麦芒。

· 脱粒后的麦子身上有一条裂缝，稻子头上有个小缺口。

· 稻子可以做成米饭、粽子、寿司、青团、年糕等，麦子可以用来做蛋糕、面包、馒头等。

· 稻子生长在水田里，麦子生长在旱田里。

我们发现了稻子和麦子的这么多秘密，知道了它们各自的用处，可以把它们画出来。

三、芒种忙起来

1. 吹一吹：将图片散放在桌子上，幼儿听口令，用最快的速度找出和芒种相关的农作物图片并扮作大风吹一吹。

2. 贴一贴：将多种果实与植物的图片分发给小朋友，幼儿快速找到对应的图片并贴一贴。

3. 画一画：请幼儿选择自己想画的农作物，尝试作画。绘画结束后展示作品，并说一说自己画的是什么。

4. 斗草：在古代，芒种节气有一个浪漫的习俗，就是"斗草"，"斗草"分为"武斗"和"文斗"两种玩法。

· "武斗"玩法：两个小朋友各取一根韧性比较好的草，然后双方将草交叉成十字用力拉扯，草未断的小朋友为赢。

· "文斗"玩法：两个小朋友各自拿出采摘的花草，一起"猜花草""对花草名"，答对多者胜出。

这不仅是考验草的韧性，更是考验幼儿们的体力和智力。在炎热的芒种节气，幼儿可以一起玩这些游戏，既可增进小伙伴之间的友谊，又传承了中国节气的习俗文化，还可以提高幼儿的动手实践能力。

5. 送花神：这是一种古老的民间祭祀习俗，人们认为，芒种已过，百花开始凋零，花神退位，故民间多在芒种日举行祭祀花神的仪式。

6. 收小麦：幼儿了解小麦的收割过程，懂得珍惜粮食。

7. 照顾小菜园：幼儿戴上手套，拿着水壶，到幼儿园后院照顾小菜园，为菜苗浇水、拔草。

· 教师讲述农民伯伯的辛苦。

· 说一说，农民伯伯在芒种的时候都会做什么？

· 农民伯伯耕种很辛苦，如果对农民伯伯说一句感恩的话，你要说什么？

四、芒种饮食注意事项

夏季天气燥热,幼儿饮食要以清淡为主,少吃肉,多吃谷菽菜果,多吃能祛暑益气、生津止渴的食物。芒种时节比较闷热,如果孩子吃多了冷饮,容易伤害脾胃。

五、实践活动

有条件的话,可以带领幼儿走进田野,认识小麦、稻子等;还可以带领幼儿到加工厂,参观小麦如何被磨成面粉、稻子如何被磨成大米。小朋友们亲自动手,用面粉、大米来制作各种美食,并明白"想要收获,必先付出"的道理。

世界环境日主题班会活动方案建议

指导思想:

6月5日是世界环境日,体现了世界人民对环境问题的重视,表达了人类对美好环境的向往和追求。为了让幼儿了解现存的环境问题并认识不同种类的环境污染,提高爱护环境、保护环境的意识,故开展世界环境日主题班会活动,旨在帮助幼儿认识环境问题的重要性,激励幼儿从自身出发保护环境,从身边的小事做起,养成保护环境人人有责的意识。

活动主题:

"保护环境,我的责任"。

活动目标:

* 了解环境污染的危害,引导幼儿发现常见的环境污染。
* 学会垃圾分类,尝试从生活中的小事做起,关注环境保护。
* 了解世界环境日的真正含义,愿意从自身做起,保护我们的家园。

活动形式:

主题班会。

活动时间:

6月。

活动内容建议:

一、了解环境污染的危害

- 观看视频,了解工厂污水及旅游不文明行为造成的大自然环境污染。
- 以图片的形式让幼儿了解乱丢电池、塑料袋等不当行为给环境带来的危

害,提醒幼儿从身边小事做起,保护环境。

二、了解世界环境日

· 观看视频、PPT,了解世界环境日相关知识。

1972年6月5日,联合国在瑞典首都斯德哥尔摩举行第一次人类环境会议,通过了《人类环境宣言》及保护全球环境的行动计划。为了人类能世世代代保护和改善环境,联合国大会把每年的6月5日定为"世界环境日",旨在提醒全世界注意地球状况和人类活动对环境的危害。

三、世界环境日的意义

· 引导幼儿说一说,我们周围的环境是怎样的?

· 让幼儿明白,如果不爱护环境,大家赖以生存的地球妈妈就会生病,生物会逐渐消失,地球慢慢会变成一个大垃圾场。

四、不同类型的污染

· 借助PPT向幼儿介绍不同类型的污染,如大气污染、噪声污染、放射性污染等。

· 讨论"我身边的污染",说一说自己看到的破坏环境的行为。

使幼儿知道,只有全世界的人都自觉行动起来,才能杜绝破坏和污染环境的行为。

五、"我做环保小达人"

· 师幼一起讨论保护环境的方法。

· 说一说,怎样成为环保小达人?

1."勿以善小而不为"。

我们要保护地球妈妈,不要因为事情微不足道就不去做。坚持环境保护从一点一滴做起,例如,看见垃圾捡起来,多种植花、树木,去超市购物自带拎兜,减少使用塑料袋。

2.参与垃圾分类、绿色植树活动。

我们不能乱扔垃圾,垃圾可以分成厨余垃圾、可回收垃圾、有害垃圾、其他垃圾等。有的垃圾可以充分地回收利用,比如厨余垃圾可以发酵成有机肥料用来种花、种地。有的垃圾需要焚烧、填埋处理,还有的需要进行化学处理。所以,要将垃圾分类投放在正确的垃圾桶内,便于环卫工人对垃圾进行不同的处理。让我们用实际行动来表达对地球妈妈的关爱吧!

3.提倡节约。

不浪费纸张,节约粮食,节约用水,不使用一次性木质筷子、塑料袋等。

4. 低碳环保。

外出多乘坐公共交通工具,坚持步行、骑自行车,减少二氧化碳排放量。

5. 绘画:"美丽的世界"。

引导幼儿画出自己心中的地球妈妈、美丽的天空、海洋、森林、山村等。

6. 环保小卫士。

走到哪里都要做好"保护环境、爱护地球"的宣传工作,争当环保小卫士。

宣传标语:我是小小环保人,保护环境让我来,水清清,天蓝蓝,花艳艳,地球更美丽,爱护地球如生命。有花有草,我不摘,无花无草,我来种。

六、装饰环保袋

号召大家减少白色污染,共同保护绿色家园。大班幼儿可以交流使用环保袋的益处,积极参加装饰环保袋的活动,用实际行动监督家人使用环保袋。

六月 文明生活

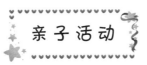

父亲节亲子活动方案建议

指导思想:

父亲陪伴的缺失可能会使幼儿的性格比较内向,不够勇敢和坚强。为了扭转这一现状,我园近几年来一直通过家园互动开展多种形式的活动,使父亲积极参与到陪伴幼儿成长的活动中来,让高大威严的父亲影响幼儿,为幼儿做榜样,使其具备勇敢、自信的优秀品格。

父亲节亲子活动可为幼儿与父亲互动、交往提供机会,增进父子间的情感交流,同时引导幼儿知道6月的第三个星期日是父亲节,了解父亲为家庭的付出方式,感受家庭的温暖,学会爱家人。

活动主题:

"父爱如山"。

活动目标:

* 能用简短、清晰的语言介绍自己父亲的特征及职业。
* 初步了解父亲节的由来,知道6月的第三个星期日是父亲节。
* 了解父亲为家庭的付出方式,乐意用多种方式表达对父亲的爱。
* 通过活动,让幼儿感受家庭的温暖和爱,增进亲情。
* 让父亲感受到自己在孩子成长过程中的重要性,工作之余积极主动地陪伴孩子,为幼儿留下美好的亲子回忆。

活动形式建议:

亲子活动。

活动时间:

6月。

活动内容建议:

一、父亲节的由来

父亲节起源于美国,现流传于世界各地。1909年,华盛顿有一位叫布鲁斯·多德的夫人,她早年丧母,慈爱的父亲把她和5个弟弟含辛茹苦地抚养长大。她长大后,深感伟大、善良的父亲也应该有一个属于自己的节日。于是,她呼吁

建立"父亲节"。最终州政府将每年6月的第三个星期日定为"父亲节"。每到这一天,子女们都会表达对父亲的感激与尊重。

二、"大手牵小手"拓印

孩子与父亲自选颜料或彩泥等材料,进行"大手牵小手"拓印。

三、幼儿配乐朗诵《我的爸爸》

《我的爸爸》:

我喜欢爸爸的大手,喜欢把小手放在他手心上。

我喜欢爸爸举起我,像小飞机一样飞来飞去。

我喜欢坐在爸爸的二郎腿上,就像坐在跷跷板上。"忽悠忽悠",一上一下。

我喜欢爬到爸爸大腿上,再滑到脚上,"哧溜哧溜",就像滑滑梯一样。

我往爸爸背上爬,就像爬山一样。骑上他的脖子,就像到了山顶上。哈哈!最高、最高的高个子,现在是我了。

我喜欢爸爸的怀抱,轻轻一搂,我和妈妈都贴在他的心窝上。

我喜欢爸爸打呼噜,就像打雷一样,"呼噜噜、呼噜噜……",我和妈妈笑得捂住了嘴巴。嘘!别吵醒爸爸。

我喜欢我的爸爸。

朗诵结束:师幼共同小结父亲的伟大和坚强,幼儿表达对父亲的崇拜之情。

四、"我为父亲唱首歌"

例如:《大头儿子小头爸爸》《我有一个好爸爸》等。

五、幼儿才艺表演

· 表演手语《感恩的心》。
· 将歌曲《我的好妈妈》改编成《我的好爸爸》。
· 亲亲父亲,对父亲说一句悄悄话。
· 游戏《击鼓传花》。

教师敲鼓,家长和幼儿传花,鼓声突然停止的时候,手中拿花的幼儿说一句祝福父亲的话,或表演一个节目。如果花落在了家长手里,家长就送全体小朋友一句祝福。

六、"亲情对对碰"

1. "骑大马"。

游戏规则:幼儿骑在父亲的脖子上,父亲绕障碍走,可根据场地分组进行比赛。

2. "蒙眼找宝宝"。

幼儿与爸爸、妈妈距离5米站成一排,所有爸爸蒙上眼睛,妈妈指挥方向,爸爸快速找到自己的宝宝,确认无误后,再揭开眼罩。

3."大鞋与小鞋"。

游戏规则:幼儿光脚踩在父亲的鞋面上,与父亲手拉手,由父亲带着走到终点,然后快速穿上自己的鞋子,最先完成的父子俩为最佳搭档。

七、评选"我是好爸爸"活动

・"我的爸爸力量大"。

游戏玩法:爸爸抱着孩子单腿站立,坚持时间最长者获胜。

这一游戏可以让幼儿知道好爸爸要有健康的体魄,从而关心爸爸,坚持和爸爸每天一起锻炼身体。

・"我的爸爸最爱我"。

游戏玩法:老师将全班小朋友的习惯和爱好等信息匿名记录在一张表格上,爸爸、妈妈各一张,分别针对自己孩子的信息画对号,然后对照两人答案的相似度。

通过这一游戏考验爸爸对孩子的关注度,以及和妈妈的配合度。

・"角色反串"。

游戏玩法:爸爸扮演妈妈,表演妈妈在家中做的事情。孩子演爸爸,表演爸爸在家中的生活常态。

游戏目的是让爸爸从幼儿的反馈中看到孩子对自己的评价,同时让幼儿体验作为父母的不易。

八、家长游戏(推荐父亲参与)

"跳绳比赛""针线活""拔河比赛""蜈蚣竞走"等。

九、拓展游戏:完成感恩作业

・"我来画爸爸"。

・开展"每天一件家务事"活动,如扫地、擦灰、叠被子、洗碗、洗袜子、整理玩具等。

・为父母捶捶背、捶捶腿、洗洗脚,每天给下班回家的父母一个拥抱等。

十、记住父母的生日

生活即教育,生活中的仪式感对于父母和孩子都有重要的意义。因此要常常借助亲人的生日、家庭纪念日等来打造家人专属的节日仪式感。

附 录

红色绘本剧《延河爱》

以延安保育院发生的故事为原型,诠释在特定时期的艰苦环境下,保育员们用一片爱心守护着红色后代、呵护未来希望的故事。

这是一段关于马背摇篮的红色记忆再现;这是一个血泪铸就的革命温情故事;这是一个传承和弘扬延安精神的历史画面。重温这段故事,传承延安保育院的精神,立足岗位,不忘教育初心,懂得感恩,珍惜来之不易的幸福生活。

主要人物:保育院院长、保育员甲、保育员乙、烈士的孩子、院长的孩子、保育院的孩子们、战士们。

第一幕:敌袭

人物:保育院院长、保育员甲、保育员乙、烈士的孩子、院长的孩子、保育院的孩子们。

场景:延安保育院的孩子们正在窑洞外游戏……突然有情况!

道具:服装、背景、自制纺车、滚铁环。

音乐响起……

保育员甲:院长!(带领烈士的孩子急切地跑步上场)报告院长,前方战斗已经打响,上级指示马上转移。

院长:好,全体保护孩子,马上转移。

保育员甲:院长,这是前方烈士的孩子,上级指示必须带走。

院长:好!

(保育员和孩子们一起上场)

保育员乙:院长,我们真的没有能力再多带走一个,羊皮筏子会翻掉,除非——除非有一个孩子能留下。

院长的孩子:妈妈,我留下吧……

(音乐响起,院长与孩子拥抱,表达不舍之情)

第二幕:转移

人物:全体保育员和孩子们。

场景:枪林弹雨中,掩护红色后代转移……

道具:服装、背景。

音乐响起……

保育员带着孩子们艰难地转移,路途中背着、抱着孩子,扶起摔倒的孩子……在队伍转移途中,孩子们被绵延不断的爱护卫着。

第三幕:思念

人物:保育院院长、院长的孩子。

场景:院长与其失去的女儿,时空对话。

道具:服装、背景。

音乐响起……

孩子坐在舞台西北角的高台上,院长坐在东南角的地上,呈遥望状态。两个人跟着音乐节拍微微晃动身体,做动作。

第四幕:战斗

人物:战士们、保育员及孩子们。

场景:转移途中,突遭敌人的围追堵截。

道具:服装、背景、自制冲锋枪道具。

音乐响起……

战士们持枪伴随音乐上场,做激烈战斗、打枪的动作。一名保育员摇着红旗上场,挥手示意其他保育员带着孩子快速逃离混乱的战争场景。在爆炸声中解放军应声倒下,烈士的孩子扑向解放军队伍,危急时刻,院长冲过来将烈士的孩子扑倒护在身下。烈士的孩子摇晃院长的身体,发现院长已无任何反应。他大声哭喊着:"妈妈、妈妈。"在画外音中,战士们及院长起身下场。

画外音:这是他第一次喊妈妈,可是她永远也听不到了,大人在,孩子在,大人不在,孩子也要在。

第五幕:情怀

人物:所有演员。

场景:情感升华,精神传承。

道具:服装、背景、自制冲锋枪道具、红绸子。

音乐响起……

保育员们及孩子们拉着多条红绸子上场,院长抓着绸子的中间位置,其他保育员拉着红绸子转圈,象征党的光辉呈放射状照耀。烈士的孩子及院长的孩子上场在红绸子前方的中间位置做造型。画外音说到丰富的时代内涵时,红绸子拉成五角星状。保育员及部分幼儿敬礼,院长及部分幼儿做托举造型,音乐结束,演员下场。

画外音:今天我们回顾这段历史,是为了缅怀革命战争时期那些默默无闻的保育员,她们用超越亲情的爱,造就了一种信念、一种精神、一份情怀。那段艰苦岁月,铸就了延安精神,跨越时空,薪火相传,至今仍影响着幼儿园的老师,我们将传承保育结合的教育理念,让"一切为了孩子"拥有更为丰富的时代内涵。

跟党走 童心向党
——一堂特殊的党课

人员:1名主讲人,4名副主讲人——甲、乙、丙、丁。
朗诵幼儿:8名。
舞蹈演员:8名。

第一幕:追·忆
背景:中国共产党燎原发展的历史性瞬间。
舞蹈:现代舞蹈。
音乐响起……
幼儿朗诵:
小时候,
祖爷爷常常仰起头,
指向天上的北斗,
跟着您走,
就能到天亮的时候。
小时候,
爷爷常常抬起手,
指着旗帜告诉我,
跟着您走,
那就是劈开黑暗的镰刀、锤头。
小时候,
爸爸常常拉着我的手,
指着东升的太阳告诉我,

跟着您走,
就有一个更加光明、灿烂的美好神州!
副主讲人:
甲:您从一只小小的红船出发,
让世界读懂了您的信仰、您的宗旨、您的追求。
乙:您从茫茫的雪山、草地走过,
跨越了激荡的洪流。
丙:您从延安的宝塔崛起,
点燃了抗日的烽火。
丁:您从西柏坡发出怒吼,
解除了一切剥削者欺压的魔咒。
甲:这一把铁锤,
砸碎了旧时代沉重的枷锁。
乙:这一把红镰刀啊,
从天涯海角收割到天安门城楼。
丙:是您,经历了血与火的洗礼,
把中国从苦难的深渊解救。
丁:是您,经历了卓绝的艰苦斗争,
把一个信念,牢牢植在亿万民众的心头!
甲:于是,东方就响起了一个震动世界的声音!
乙:于是,五星红旗席卷着红色,舞遍全球!
丙:于是,幸福生活来到了我们的家门口!
合:没有共产党就没有新中国!
社会主义建设朝天热火,
丰收的大地洋溢喜悦欢乐,
农业科技发展激起春潮蓬勃!

第二幕:燃·情
背景:习近平总书记考察黑龙江农垦建三江管理局。
表演:工作中的水稻研发人员。
音乐响起……
主讲人:
2018年9月25日,这是一个令我们永远难忘而激动的日子,第一个中国农民丰收节刚过,敬爱的习近平总书记在这一天带着党的温暖和关怀来到黑龙江农垦建三江管理局,来到我们身边,了解粮食生产和收获情况,详细了解七星农场如何运用卫星定位、云计算技术等对万亩田畴实现精准管理。习近平总书记站在高处俯瞰,七星农场万亩大地号一望无垠。水稻什么品种?亩产多少斤?仓储能力如何?机械化率有多高?习近平总书记问得十分仔细。随后,他走进稻田,拿起一把稻穗,看谷粒、观成色。习近平总书记强调:"北大荒建设到这一步不容易。当年这里是'棒打狍子瓢舀鱼,野鸡飞到饭锅里'。共和国把这里作为战略基地、把农业作为战略产业发展起来。半个多世纪过去了,发生了沧桑巨变,机械化、信息化、智能化发展很了不起,令人感慨。北大荒为中国人真正解决温饱问题发挥了大作用。"中国人的饭碗任何时候都要牢牢地端在自己手上。这意味深长的话饱含着对我们新一代北大荒人的深沉期望和殷殷鼓励。

我们的家乡北大荒,以美丽、富饶而闻名于世。作为土生土长的北大荒人,从小就听长辈们讲述北大荒人的故事,感受他们身上的北大荒精神,从当年的亘古荒原到中华大粮仓,几代农垦人战天斗地,锻造出"自力更生、艰苦创业、勇于开拓,甘于奉献"的北大荒精神。如今的北大荒,黑土地生机勃勃,联合收割机轰鸣,迎接着一个又一个丰收年景。

副主讲人:

甲:作为新时代的党员青年。

乙:作为新时代的党员教师。

丙:我们应惜福、感恩,把北大荒精神弘扬。

丁:在我们的教育责任中传承、在教育担当中赓续。

合:因为,我们有一个共同的名字:共产党员!

第三幕:传·承

背景:优秀共产党员事迹。

音乐响起……

幼儿朗诵:

我也知道党员的含义,

我的祖爷爷是党员,

虽然已离开,

但他的事迹辉映千秋。

我的爷爷是党员,

虽然两鬓如霜秋,

但共产主义的信仰依旧。

我的爸爸是党员,
每天忙忙碌碌辛勤工作,
始终把家乡发展放在心头。
我的老师是党员,
用爱的引领书写教师的风姿。
祖国啊,亲爱的党!
我们用闪亮的童心为您献上赞歌!
高举手中的花环,
敞开靓丽的歌喉,
朝着鲜艳的五星红旗,
向着镰刀、锤头,
时刻准备着,听党话、跟党走!

副主讲人:

甲:我们是北大荒新一代党员,在建设北大荒的新征程中自力更生,永葆共产党人的政治本色。

乙:我们艰苦创业,勇于开拓,与北大荒精神与时俱进,锤炼共产党人的斗争精神。

丙:我们甘于奉献,永葆北大荒人的家国情怀,践行共产党人的初心使命!

第四幕:缅·怀

背景:北大荒发展历史。

舞蹈:《拓荒者》。

音乐响起……

主讲人:

一部北大荒发展史,就是一部壮丽的史诗。开发建设北大荒,是中共中央国务院、中央军委的一项重大战略决策,是我国社会主义现代化建设的一项宏伟事业,是在中国共产党领导下的人民群众屯垦戍边、发展生产、支援国家建设、保障国家粮食安全的伟大壮举。

1947年,按照党中央"关于建立巩固的东北根据地"的重要指示,从延安、南泥湾走来的一批荣复军人进入黑龙江,面对一片茫茫荒原,他们发扬艰苦奋斗精神、餐风饮露、顶风冒雪,点燃了"第一把火",拉动了"第一把犁",荒原从此不再沉睡。随后,14万复转官兵、20万支边青年、54万城市知识青年、10万大中专毕业生和地方干部,还有近百万垦荒大军奔赴北大荒。"早起三点半,归来满天星,啃着冰冻馍,雪花冰就饭。"这是早期来到这里的北大荒人生产生活的真实写照。艰苦奋斗,革命理想高于天!

副主讲人:

甲:我们应该记得,在那段岁月,为新中国社会主义农垦事业奠基、开发建设北大荒的卓越决策者、领导者,他就是——王震将军,他的光辉业绩和崇高风范激励着一代又一代北大荒人奋勇拼搏、砥砺前行。

乙:我们应该记得,抢运生产物资的拖拉机陷进大酱缸似的泥潭里,任增学数次潜入满是冰碴的泥底,扒开泥浆,将钢丝绳挂上机车挂钩,挽救了6台机车,自己却冻成了"冰人"。

丙:我们应该记得,18岁的梁军为学好驾驶技术,咬牙搬起几十斤重的拖拉机零件。"我向党保证,坚决完成学习任务。"她终于成为中华人民共和国第一位女拖拉机手。

丁:我们应该记得,在茫茫荒原,带领战士们开垦出万顷良田的周光亚。

甲:我们应该记得,将重沼泽区建成二抚公路的6 800多名黑龙江生产建设兵团战士。

乙:我们应该记得,开发建设北大荒的科学家队伍中的"奶牛之父"张源培——

丙:机电专家桂体仁——

丁:小麦育种专家梁甲农等。

主讲人:更应该记得,一生致力于寒地水稻栽培技术研究和推广,在稻田里累计走过8万多里的水稻专家徐一戎。

合:我们更应该记得,在北大荒博物馆长达25米的巨幅铜墙上,镌刻着的长眠于黑土地的北大荒人的名字。

我们不会忘记,共和国不会忘记!

第五幕:初·心

背景:幼儿园工作场景。

音乐响起……

主讲人:

在工作岗位上,我们要做到:以教育教学为中心,创新发展,深入推进教育现代化建设,加强幼儿园内部管理,提升教师的专业素质,彰显特色,主动发展,各项工作争先创优,以党建为切入点,立足业务抓党建,把业务工作的难点作为党建工作的重点,着力建立师资队伍培养机制,开展"青蓝工程""细胞工程""两带一跟工程",构建爱国主义启蒙教育园本课程体系,积极打造精品教育,牢记立德树人使命。

副主讲人：

甲：习近平总书记曾说过："青年兴则国家兴，青年强则国家强。""青年朋友们，人的一生只有一次青春。现在，青春是用来奋斗的；将来，青春是用来回忆的。"

乙：我们每个人都有梦想，梦想是青春的底色，只有经历了激情的奋斗，才会留下充实、温暖、持久、无悔的青春回忆。

丙：作为新时代的青年党员，心系家国怀壮志，奋斗拼搏正当时。

丁：我们作为幼儿园的青年党员，奋斗新时代，奋斗新征程，坚持以习近平新时代中国特色社会主义思想为指导，传承和弘扬北大荒精神。

合：不忘为民初心，牢记教育使命，勇于担当，脚踏实地，以青春的力量，以梦为马，砥砺前行！

主讲人：请党放心，爱国敬业，坚守初心！

副主讲人、主讲人、舞蹈演员：请总书记放心，党在我心，责任在肩！

全体幼儿：

请习爷爷放心，

我会从小好好学本领，

像您一样，让百姓都过上好日子。

希望您能再来我家乡！

我们会成为建设祖国的栋梁之材！

主讲人、舞蹈演员：请您放心，红心向党！

全体幼儿：童心向党！

副主讲人：振兴龙江有我！

主讲人：共筑中华民族伟大复兴的中国梦有我！

副主讲人：有我们！

全体：有我们！有我们！